D1719667

Franz und Rolf Kimberger

Bad Fürth
Wunschtraum und
Wirklichkeit

Bibliografische Information Der Deutschen Bibliothek

Die Deutsche Bibliothek verzeichnet diese Publikation in der Deutschen Nationalbiblio-
grafie; detaillierte bibliografische Daten sind im Internet über http://dnb.ddb.de abrufbar.

Franz Kimberger und Rolf Kimberger
Bad Fürth – Wunschtraum und Wirklichkeit
Von Heilwasservorkommen, Kurbadträumen und verpassten Chancen

ISBN 3-00-012619-8

Verlag: Geschichtsverein Fürth e.V., Schlosshof 12, 90768 Fürth

Autoren: Dr. Franz Kimberger, Unterfürberger Straße 56, 90768 Fürth
Rolf Kimberger, Schmerlerstraße 13, 90768 Fürth

Gestaltung: Rolf Kimberger, Schmerlerstraße 13, 90768 Fürth

Umschlaggestaltung: Armin Stingl, Engelhardtstraße 6, 90762 Fürth

Druck: G. Kröner, Kapellenstraße 9, 90762 Fürth

Printed in Germany ISBN 3-00-012619-8

Franz und Rolf Kimberger

Bad Fürth
Wunschtraum und Wirklichkeit

Von Heilwasservorkommen, Kurbadträumen und Bäderprojekten

Fürther Beiträge zur Geschichts-
und Heimatkunde Nr. 10
Geschichtsverein Fürth

Inhalt:

Einführung   7

Bohrung im Strengspark

Ein artesischer Brunnen und sein schnelles Ende   7

Auf der Suche nach Bodenschätzen – Die Entdeckung der Heilwasservorkommen

Die erste Versuchsbohrung an der Nürnberg-Fürther Stadtgrenze   8

Ein neuer Bohrversuch in Weikershof   10

Weitere Quellen an der Poppenreuther Straße, am „Bremenstall" und in Boxdorf   11

Die „König-Ludwig-Quelle" wird anerkannte Heilquelle

Schwierige Besitzverhältnisse   12

Großen Plänen steht nichts mehr im Wege – Werbung für das Heilwasser   13

Vom Provisorium zum kommerziellen Kurbetrieb   16

Das Kurbadvorhaben im Kreuzfeuer der Meinungen   19

Heilwasserverkauf in Flaschen   24

Auf dem Weg zum Kurbad – Staatliche Anerkennung als Heilquelle   26

Stolze Bilanz der aufstrebenden Entwicklung bis 1912   32

Kurbad Fürth – Blütezeit und Niedergang

Aufnahme in das Mitteleuropäische Bäderverzeichnis   36

Ausbau des Kurviertels   36

Das König-Ludwig-Bad – Schmuckstück und modernstes Kurzentrum   44

Kleine Heilwasserkunde und Kuranleitung für Fürther Kurgäste   49

Kurbetrieb und Kuranwendungen anno 1914   52

Weitere Investitionen für eine große Zukunft   64

Erster Weltkrieg – Notzeit und Niedergang   65

Wiederbelebungsversuche und Ende des kommerziellen Kurbetriebs   68

Die Espanquelle – Große Pläne im Dritten Reich

Wehmütige Erinnerungen und wieder erwachtes Interesse am alten Kurbad   74

Die Stadt ergreift die Initiative   77

Die Erbohrung der Espanquelle   79

Sanierung der alten Quellen und des früheren Kurparks   82

Phantastische Pläne am Espan   85

Schicksalhaftes Ende des Kurbadprojekts   90

Die Weikershofer Quelle – Eigene Heilbadträume

Ein Gutachten weckt Hoffnungen 93

Neustart, Werbung und Vermarktung der Gustav-Adolf-Quelle 95

Planungen von Kuranlagen und Flussbadebetrieb 104

Fürths erstes Freischwimmbecken 109

Zwischen Ausbau und Rechtsstreit 113

Zweiter Weltkrieg – Ende im Bombenhagel 115

Vier Quellenstandorte – Vier verschiedene Entwicklungen
von 1945 bis zur Jahrtausendwende

Alte Kurbadquellen in neuer Hand – Max Grundig, ein Heilwasserfreund 116

Espanquelle – Kleine Mainau 130

Gustav-Adolf-Quelle – Gescheiterter Neubeginn und Wiederentdeckung 141

Kavierleingelände – Thermalbadträume 150

Thermalbad Fürth – Chancen für die Zukunft

Expertenmeinungen 156

Förderverein Fürther Heilquellen 157

„Machbarkeitsstudie" – Weg in die Zukunft? 158

Anhang I-IX

Anhang I: Fürther Tiefbohrungen und Quellen 160

Anhang II: König-Ludwig-Quelle I – Bohrlochbild der Bohrung 161

Anhang III: Gustav-Adolf-Quelle – Bohrlochbild der Bohrung 162

Anhang IV: Espanquelle – Bohrlochbild der Bohrung 163

Anhang V: Analyse der König-Ludwig-Quelle I 164

Anhang VI: Analyse der Gustav-Adolf-Quelle 165

Anhang VII: Analyse der Espanquelle – oberer Horizont 166

Anhang VIII: Analyse der Espanquelle – mittlerer Horizont 167

Anhang IX: Analyse der Espanquelle – unterer Horizont 168

Quellen und Anmerkungen 169

Bildnachweis 175

Bad Fürth – Wunschtraum und Wirklichkeit

Von Heilwasservorkommen, Kurbadträumen und Bäderprojekten

Zur Wende vom 19. ins 20. Jahrhundert herrschte überall eine große Fortschrittsgläubigkeit. Viele technische Neuerungen wurden in dieser Zeit entwickelt, immer größere und leistungsfähigere Maschinen ermöglichten bisher kaum realisierbare Projekte. Fabrikschlote bestimmten das Bild der Städte, sie galten als Symbole der Wirtschaftskraft und einer Erfolg versprechenden Zukunft. Der Energie- und Rohstoffbedarf stieg ständig. So ist es nicht verwunderlich, dass man um die Jahrhundertwende auch in den Industriestädten Fürth und Nürnberg auf die Idee kam, vor Ort entsprechende Bodenschätze zu erschließen. Aufgrund der seinerzeit noch dürftigen geologischen Kenntnisse des Nürnberg-Fürther Untergrundes erhoffte man sich, Lagerstätten von Kohle, Eisen, Kalisalzen oder Erdöl zu finden. Entsprechende Probebohrungen brachten damals aber nicht den gewünschten Erfolg. Zur großen Enttäuschung kamen „nur" warme Mineralwässer aus verschiedenen, erdgeschichtlich entstandenen Schichten zum Vorschein. Bei den erbohrten „Quellen" handelte es sich durchwegs um sogenannte „Arteser". Darunter sind tief liegende Wasservorkommen zu verstehen, die nicht erst abgepumpt werden müssen, sondern, auf Grund des auf ihnen lastenden Gebirgsdruckes, von selbst an die Oberfläche drücken und als sprudelnde, mehr oder minder hohe Fontänen austreten.

So begann um 1900 mit den Probebohrungen nach Bodenschätzen die wechselvolle Geschichte der Fürther Heilquellen.

Bohrung im Strengspark

Ein artesischer Brunnen und sein schnelles Ende

Bereits 1895 veranlasste der Fabrikbesitzer Friedrich Hieronymus Streng auf dem Gelände seines Waldgrundstücks, jenseits der Siebenbogenbrücke am westlichen Abhang zum Rednitztal gelegen, eine Tiefbohrung. Vermutlich wollte er einen Brunnen für die eigene Wasserversorgung eines geplanten größeren Betriebes anlegen. Das Ergebnis der Bohrung war ein artesischer Brunnen, bei dem durch den natürlichen Gebirgsdruck kochsalz- und sulfathaltiges Wasser aus dem Bohrloch zu Tage trat. Die chemische Zusammensetzung war ähnlich einer später einige Kilometer flussaufwärts bei Weikershof erbohrten Quelle.[1] Das Wasser im „Strengspark" konnte folglich als normales Trinkwasser nicht genutzt werden.

Das erbohrte Mineralwasser versickerte zunächst einfach im Boden und gefährdete so die nahe gelegenen Trinkwasserbrunnen im Wiesengrund. Deshalb schlossen 1899 der Magistrat der Stadt Fürth und Herr Streng einen Vergleich. Hierbei räumt „Herr Friedr. Hieronymus Streng als Eigentümer der in der Steuergemeinde Fürth gelegenen Objekte ... der Stadtgemeinde Fürth das Recht ein, das Wasser aus dem artesischen Brunnen im Grundstücke Plan = N° 1272 zu fassen und durch eine geschlossene Rohrleitung ... in die Rednitz abzuleiten und verpflichtet sich in gleicher Weise auf den genannten Grundstücken solche Handlungen nicht vorzunehmen noch zu dulden, welche geeignet sind, eine Beeinflussung der Beschaffenheit des Grundwassers herbeizuführen." Als Ausgleich für dieses

Zugeständnis bewilligte man ihm u. a. städtisches Trinkwasser zu Sonderkonditionen. Um eine einwandfreie Wasserversorgung der Fürther Bevölkerung zu garantieren, war dieses Abkommen anscheinend sehr wichtig. Wenige Monate später leitete man das Mineralwasser „westlich hinter der Pumpstation ... in die Rednitz" und damit konnte auch der „Filterbrunnen Nr. 7 der städtischen Wasserleitung wieder in Betrieb gesetzt" werden.[2] Eine endgültige Lösung strebte man mit der „Verstopfung des artesischen Brunnens" am 20. November 1902 an.[3]

Angeblich hat sich Friedrich Hieronymus Streng aufgrund dieser Erfahrungen in den nachfolgenden Jahren, nachdem in Fürth durch die beginnende, groß angelegte Nutzung von Heilquellen eine „Heilbad-Euphorie" aufkam, ebenfalls mit dem Gedanken einer kommerziellen Flaschenabfüllung des Wassers getragen. Allerdings scheint er dieses Ansinnen bald aufgegeben zu haben.[4]

Bei einer nochmaligen Revision im Jahr 1959 stellte man fest, dass noch immer ein aus höheren Schichten hervor dringendes Wasser aus einer alten, sich daneben befindenden Zweitbohrung vorhanden war, das

Abb. 1: Überrest der Bohrung im Strengspark.

in einen tieferen Weiher abfloss. Die ganze Brunnenanlage wurde deshalb nochmals gründlich „verstopft". Den Weiher beseitigte man sicherheitshalber.[5]

Auf der Suche nach Bodenschätzen – Die Entdeckung der Heilwasservorkommen

Die erste Versuchsbohrung an der Nürnberg-Fürther Stadtgrenze

Der Nürnberger Kaufmann und Fabrikbesitzer Kommerzienrat Carl Nold kam um 1900 auf die Idee, im Gebiet um die Industriestädte Nürnberg und Fürth vermutete Bodenschätze zu suchen und zu erschließen. Ein hoffnungsvolles Gutachten des damaligen badischen Landesgeologen H. Thürach bestärkte Herrn Nold in seinem Vorhaben.[1] Er gründete ein Betreiberkonsortium aus kapitalkräftigen Geschäftsleuten, aus dem allerdings einige der Mitglieder relativ schnell wieder ausstiegen und ihr Geld zurückzogen.[2] So stand 1901 Kommerzienrat Nold einem Vierer-Konsortium vor, zu dem die Ehegatten Nold, der Kaufmann Duisberg mit Frau, der Brauereibesitzer Held aus Nürnberg sowie der Geheime Commerzienrat Generaldirektor Wacker mit Ehefrau, wohnhaft in Bad Schachen bei Lindau, gehörten.

Anfang des Jahres 1901 ließ Carl Nold im Rahmen einer Versuchsreihe auf Fürther Stadtgebiet eine Erkundungsbohrung durch die „Hannoversche Tiefbohrgesellschaft" in der Nähe des südlichen Pegnitzufers, nicht weit entfernt von der Stadtgrenze zu Nürnberg, niederbringen.

Die Bohrung kam gut voran, am 4. Juli 1901 wurde man fündig. Allerdings fand man nicht die erwarteten Bodenschätze vor, sondern stieß in einer Tiefe von 356 Metern auf kohlensäurereiches, salziges Mineralwasser, das als Fontäne ans Tageslicht schoss. So könnte also dieses Datum gleichsam als Geburtsstunde der Fürther Heilquellen bezeichnet werden. Aus geologischer Sicht erreichte man gerade noch den obersten Teil der Hauptbuntsandsteinschicht (vgl. Grafik Anhang II). Hier traf man auf reichlich zuströmendes Wasser, das unter artesischem Druck stand und anfänglich in einer Menge von 9,5 Litern pro Sekunde ausfloss. Die Steighöhe über Gelände betrug ca. 15 Meter.[3] In der Tiefe von 357,4 Metern wurde die Bohrung eingestellt.[4] Leider finden sich über die Entdeckung der ersten Fürther Heilquelle keine weiteren Zeugnisse mehr.

Durch Prof. Dr. Stockmeyer vom Bayerischen Gewerbemuseum, der späteren Bayerischen Landesgewerbeanstalt, erfolgte bereits anfangs August 1901 eine erste Wasseranalyse mit günstigem Ergebnis.[5] Anscheinend überlegten Kommerzienrat Nold und die anderen Betreiber, wie man den Misserfolg in Bezug auf die nicht gefundenen Bodenschätze reduzieren könnte und wie das erbohrte Wasser zu nutzen wäre. So strebte man eine Vermarktung des Mineralwassers an. Dazu brauchte man neben rechtlichen Voraussetzungen auch einen wohlklingenden Namen und das Wasser musste in der Öffentlichkeit bekannt gemacht werden.

Am 7. März 1902 konnte der Nürnberg-Fürther Generalanzeiger unter der plakativen Überschrift „Fürth als Weltbad" Erfreuliches melden: „Die unter Leitung des Geologen Dr. H. Thürach erbohrte Mineralquelle, über welche nach Anmeldung eines ausreichenden Schutzgebietes im bayerischen Landtag berichtet wurde, hat zur ehrenden Erinnerung an König Ludwig II. den Namen König-Ludwig-Sprudel erhalten. Das unter hohem Druck emporsprudelnde, kohlensäurehaltige Mineralwasser besitzt bei höherem Gypsgehalt eine ähnliche Zusammensetzung und Wirkung wie der Rakoczy Brunnen in Bad Kissingen, schmeckt aber trotz der ziemlich hohen Temperatur von 22 Grad Celsius weit angenehmer als dieser. ... Es ist beabsichtigt, die starke Quelle für Trink- und Badezwecke auszunützen."[6] Eine andere Fürther Zeitung vom gleichen Tag sprach sogar von der Entstehung eines „zweiten Bad Kissingen".[7]

Man darf davon ausgehen, dass die König-Ludwig-Quelle seit 1902 von der Nürnberg-Fürther Bevölkerung sporadisch zu kurähnlichen Zwecken verwendet wurde.[8] Finanzielle Probleme verhinderten allerdings vorläufig einen weiteren Ausbau.

Abb. 2: Kommerzienrat Carl Nold.

Ein neuer Bohrversuch in Weikershof

Das Konsortium war offensichtlich mit dem bisherigen Ergebnis nicht zufrieden, die Probebohrreihe auf mineralische Bodenschätze wurde deshalb umgehend auf anderem Gebiet fortgesetzt. Zu diesem Zweck hatte Kommerzienrat Carl Nold bereits während der noch nicht vollendeten Probebohrung an der Nürnberg-Fürther Stadtgrenze am 6. Mai 1901 ein Grundstück, ca. 300 m von dem seit 1899 eingemeindeten Vorort Weikershof entfernt, erworben.[9] Es handelte sich um eine 0,360 Hektar große „Ödung" nahe dem östlichen Rednitzufer, das in der Hochwasserzone lag. Dieser Umstand weist eindeutig darauf hin, dass die Bohrung nicht auf Heilwasser abzielte. Um Verunreinigungen auszuschließen, hätte man auf jeden Fall dazu ein hochwasserfreies Gelände gesucht. Nold hätte nur das angrenzende, höher gelegene Grundstück erwerben müssen.

Auch zu diesen Arbeiten war die Hannoversche Tiefbohrgesellschaft herangezogen worden. Die Niederbringung begann am 1. Juli 1901. Schon ein Vierteljahr später, am 22. September, „wurde bei einer erreichten Teufe von 324,80 Meter eine ca. 100 Liter schüttende Quelle mit einer Temperatur von 16 Grad Reaumur erbohrt."[10] Da dies 20 Grad Celsius entspricht, handelte es sich also gerade noch um eine Therme.

Die Firma war allerdings beauftragt, nach Kalilagern zu forschen und setzte deshalb die Bohrung fort. In einer Tiefe von 390 Metern stieß man auf Granitblöcke, durchbohrte dann grauen Schiefer, um von 425 Metern ab wieder auf eine mächtige Granitschicht zu treffen.[11] Bei einer Endteufe von 726,90 Metern wurde die Bohrung eingestellt.

Die ursprüngliche Eisenverrohrung war durch das aufsteigende aggressive Mineralwasser schnell zerstört worden. Deshalb

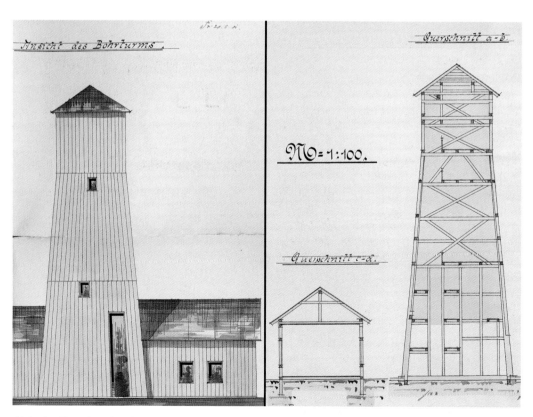

Abb. 3: Bauplan des Bohrturms in Weikershof, Ansicht und Schnitt (verkleinert).

bestand die Gefahr, dass sich die Mineralquelle mit dem Grundwasser mischen und so die Trinkwasserversorgung der Stadt Fürth gefährden könnte. Das Bohrloch wurde deshalb 1903 bis zu einer Tiefe von 52 m, d. h. bis unter den Grundwasserspiegel, „mit einer Holzröhrentour von Kiefernholz 14 cm lichten Durchmessers und 7 cm Wandstärke versehen und der Zwischenraum zwischen Holzröhre und Bohrlochwand zu unterst mit Letten und darüber mit Beton abgedichtet."[12] Am 4. April 1903 wurde der Bohrversuch in Weikershof endgültig beendet.[13] Eine Meldung im Juni 1903 an die Stadt Fürth lautete: „Der Bohrturm ist abgebrochen. Ein kleiner Holzturm von ca. 2 m Höhe wurde neu errichtet, der das Bohrloch umschließt und in dem man das fließende Wasser rauschen hört. Letzteres ist in eingegrabenen Röhren in die Rednitz geleitet und fließt an der Ausmündung ziemlich stark."[14] Aus Sicherheitsgründen, um eine Flussverunreinigung zu vermeiden, musste das Mineralwasser vor dem Einlauf in den Fluss drei Klärschächte durchströmen. Diese Bestimmung wurde allerdings bald wieder aufgehoben.[15]

Eine erste chemische Untersuchung des Wassers erfolgte bereits 1902 durch den bereits mit der Analyse der König-Ludwig-Quelle beauftragten Prof. Dr. Stockmeyer vom Bayerischen Gewerbemuseum. Er wies in dem Gutachten zunächst darauf hin, dass sich das im Rednitzgrund erbohrte Weikershofer Wasser auffallend von dem in der Pegnitztalsohle erbohrten Wasser unterscheidet. Neben dem geringeren Gehalt an Mineralien konnte viermal soviel Eisen nachgewiesen werden. „Das vorliegende Wasser gehört auf Grund seines hohen Gehaltes an Eisenkarbonat unstreitig zu den Eisenwässern. Der Gehalt an purgierend (abführend) wirkenden Salzen (Sulfaten von Kalium, Natrium, Magnesium und Magnesiumkarbonat) beträgt im vorliegenden Wasser 2,0909 Gramm (pro Liter) ..." Im Gutachten aufgestellte Vergleiche mit den weithin bekannten, stark eisenhaltigen, sogenannten „Stahlquellen" in den Kurorten Bad Bocklett, Bad Elster, Franzensbad, Bad Steben und Pyrmont sorgten auch bei dieser Bohrung für Aufsehen. Das Gutachten schloss mit der Einschätzung: „Vorliegendes Wasser zählt demgemäß zu den gehaltreicheren Eisenwässern und es dürfte deshalb angezeigt sein, seine Wirkung in medizinischer Hinsicht zu erproben."[16]

Die damals übliche Bezeichnung „Stahlquelle" ist heutzutage im Zusammenhang mit dieser Quelle nicht mehr gebräuchlich.

Weitere Quellen an der Poppenreuther Straße, am „Bremenstall" und in Boxdorf

Nach Erschließung der König-Ludwig-Quelle sowie jener in Weikershof, wurde 1902 auf dem sogenannten Kavierleingelände, an der Poppenreuther Straße etwa zwischen dem Waisenhaus und dem Poppenreuther Landgraben gelegen, eine weitere Bohrung bis zu einer Endteufe von 1453,86 Metern niedergebracht.[17] Sie stellte den tiefsten, im Fürther Bereich unternommenen, geologischen Erkundungsversuch dar. Die geologischen Gegebenheiten stimmten mit denen an der Nürnberg-Fürther Stadtgrenze ziemlich überein. Bei 90 Metern Tiefe wurden im „Benker Sandstein" eine kleinere Quelle, bei 356 Metern im Buntsandstein eine kohlensäurereiche, salzige Mineralquelle angeschlagen, die beide artesisch hervortraten. Bei der Quelle des unteren Horizonts soll die beachtliche Schüttung von ca. 22 Litern Wasser pro Sekunde vorgelegen haben. Das Mineralwasser besaß eine Temperatur von 20 bis 22 Grad Celsius.

Der Chronist Käppner vermutete beim Bekanntwerden der Ergebnisse: „... da die Gesellschaft nicht auf Wasser bohrt, wird die Quelle eingefüllt werden."[18] Er sollte Recht behalten. Wie aus dem Sitzungsprotokoll des Stadtmagistrates hervorgeht, hatte Carl Nold die Überlassung der neu erbohrten Quelle der Stadt Fürth kostenfrei angeboten. Zur Sicherung der Bohrung wären dabei allerdings dennoch Kosten für die Stadt angefallen. Deshalb lautete der in einer geheimen Sitzung getroffene Beschluss, dass von einer Fassung der an der Poppenreuther Straße erbohrten Quelle durch die Stadtgemeinde abzusehen sei."[19] Eine Schließung der Bohrung wurde veranlasst. Herr Nold erklärte nach dem Vollzug: „.... die Verrohrung ist vollständig gezogen und das Bohrloch ist zuunterst mit Moos, darüber mit Kleinschlag und Letten und zuoberst auf etwa 15 Meter Höhe mit Beton abgedichtet worden."[20] Leider wurde mit dieser endgültigen Maßnahme eine spätere Nutzung ausgeschlossen. Hätte man, wie an den anderen Bohrstellen, lediglich für Ableitung in die nahe Pegnitz gesorgt, wäre dieser Brunnen wenigstens nicht verloren gegangen und hätte spätere Nutzungsvorhaben in den letzten Jahrzehnten vielleicht Wirklichkeit werden lassen.

Das Konsortium versuchte in den nachfolgenden Jahren, auch noch an anderen Stellen im Norden von Fürth Rohstoffvorkommen zu finden. Auch hier stieß man auf Mineralwässer, die erwarteten Bodenschätze aber blieben aus. Die Bohrungen wurden wieder eingestellt und die Bohrlöcher verfüllt. Heute erinnert vor Ort nichts mehr an diese Unternehmungen. Lediglich aus den Akten können die Bohrorte und die Bohrergebnisse noch rekonstruiert werden.

Eine Bohrung befand sich bei Bremenstall, in der Gemarkung Unterfarrnbach, zwischen der Straße von Fürth nach Vach einerseits und dem Bahnkörper der Eisenbahnlinie Nürnberg-Bamberg und dem Farrnbach andererseits.[21] Auch hier erreichte man große Tiefen. „Von 520 m an stieß man auf Phyllit, dann wahrscheinlich auf Gneis bis auf 892 m. Wie tief weiter noch im Gneis (auf Kohle?) gebohrt wurde ist nicht bekannt."[22]

Auch in Boxdorf, unmittelbar südwestlich der Erlanger-Straßenbrücke über die Gründlach, versuchten die Gesellschafter fündig zu werden. Hier erfolgten die Versuchsbohrungen noch 1905/1906. Da es offensichtlich Genehmigungsschwierigkeiten bezüglich der bergpolizeilichen Aufsicht bei der Suche nach mineralischen Bodenschätzen gab, begründete Carl Nold dieses Unternehmen offiziell damit, dass die Gesellschaft die Erschließung schwach salzhaltigen Mineralwassers bezwecke. Vom Resultat der Boxdorfer Bohrung wollte man es abhängig machen, ob die Tiefbohrungen in Zukunft fortgesetzt oder eingestellt werden sollten.[23]

Eine weitere Tiefbohrung war auf einem Grundstück der Gemeinde Ronhof geplant, kam aber nicht mehr zur Ausführung.[24]

Die „König-Ludwig-Quelle" wird anerkannte Heilquelle

Schwierige Besitzverhältnisse

Am 1. März 1905 erschien in der „Frankfurter Zeitung" folgendes Inserat: „Quellenverkauf. Die im Stadtbezirk Fürth erbohrten, salzhaltigen, kohlensäuresauren Mineralwässer: 1. König-Ludwig-Sprudel (Wassermenge 12 Sekundenliter, Temperatur 22 Grad Celsius), 2. Stahlquelle bei Weikershof (Wassermenge 6 Sekundenliter, Temperatur 20 Grad Celsius) sollen verkauft werden. Offerten unter ..."[1]

Die Gründe für den angestrebten Verkauf lagen sicherlich primär in der gescheiterten Suche nach verwertbaren Bodenschätzen. Außerdem waren die Eigentumsverhältnisse der König-Ludwig-Quelle schwierig. Eigentümer des an die Bohrgesellschaft lediglich verpachteten Brunnengeländes war die „Nürnberger Sodafabrik". Kommerzienrat Carl Nold dagegen stand dem Vierer-Konsortium vor, das die Versuchsbohrungen zwar mit anderen Hoffnungen initiiert hatte, aber aufgrund der nunmehr aufgetretenen Situation an einer kommerziellen Nutzung des erbohrten Mineralwassers durchaus interessiert war.

Probleme gab es außerdem mit der ebenfalls an dem Gesamtprojekt beteiligten Bohrgesellschaft, die in finanzielle Schwierigkeiten geriet. Deshalb erklärte Carl Nold am 12. Mai 1905 in einem Brief an den Stadtmagistrat Fürth: „Hierdurch erlaube ich mir die Mitteilung zu machen, daß die Gesellschaft, welche in den letzten Jahren die Versuchsbohrungen durchführte, in Liquidation getreten ist und deshalb auch die erste auf dem Gebiet der Nürnberger Sodafabrik erbohrte und König-Ludwig-Sprudel benannte Quelle veräußert wird. Mit Rücksicht auf die Ausdehnung der Fürther Anlagen und die neuen Straßenzüge dürfte die Erwerbung dieser Quelle für die Stadt Fürth von Interesse sein, weshalb ich mir gestatte, Euer Hochwohlgeboren Aufmerksamkeit auf diese Angelegenheit hinzuweisen."[2] Im Antwortschreiben der Stadt Fürth vom 22.6.1905 steht der bedauerliche Satz: „Wir teilen Ihnen ergebenst mit, daß wir auf den Erwerb der fraglichen Quelle nicht reflektieren."[3]

Die Verkaufsbemühungen zogen sich anscheinend über mehrere Jahre hin. Sicherlich in der Absicht einen Käufer zu finden, versuchte man die Wasservorkommen und ihre Wirksamkeit in der Öffentlichkeit zu würdigen.[4] So erschien 1909 unter der Überschrift „Neu-Kissingen bei Nürnberg" auch ein Bericht über einen Vortrag bei der Deutschen Gesellschaft für Volksbäder, in dem der technische Leiter des Bades Kissingen auf die König-Ludwig-Quelle aufmerksam machte. In diesem Zusammenhang äußerte auch er sein Unverständnis am Desinteresse der Stadt Fürth an der Heilquelle. Er wird zitiert: „... zu verwundern ist nur, daß die Stadtverwaltung Fürths noch keinerlei Versuche gemacht hat, sich dieser Quelle zu bemächtigen."[5]

Einem bereits festgesetzten Versteigerungstermin zuvorkommend, kaufte schließlich am 28. Juni 1909 das Viererkonsortium die auf dem Bereich der Steuergemeinde Fürth befindliche Quelle samt dazugehörigem Gelände. Die vier Gesellschafter erwarben die Nutzungsrechte zu je einem Viertel. Der Kaufpreis belief sich insgesamt auf 40 000 Mark.

Ein Vierteljahr später kauften sie für 30 000 Mark weitere, zur Schaffung eines Kurgartens notwendige Grundstücke.[6] Der

Weg zu einer zügigen Aufwärtsentwicklung war damit frei.

Großen Plänen steht nichts mehr im Wege – Werbung für das Heilwasser

Im nachfolgenden Jahr zeichnet sich eine rasante Entwicklung ab. Nachdem die Eigentumsverhältnisse an der Quelle geklärt waren, schritt man zügig zu einer Nutzbarmachung des erbohrten Mineralwassers für Heilzwecke. „So fand zunächst im Jahre 1910 eine Neuverrohrung der Quelle statt. Da die ursprünglich verwendeten schmiedeeisernen Rohre von dem Wasser der Quelle vollständig zerstört worden waren, wurden nunmehr Kupferrohre von 100 mm Durchmesser verwendet. ... Der Ausfluß nach oben ist mit einer gußeisernen Glocke verdeckt. ... Wird das Strahlrohr über dem Steigrohr geöffnet, so entströmt demselben mit starkem Druck die angesammelte Kohlensäure und wird das rückwärtige Ausflußrohr geschlossen, so springt die Quelle etwa 15 m hoch."[7]

Am 8. Juni 1910 veröffentlichte der für Fürth zuständige Königliche Bezirksarzt Dr. Spaet im Central-Anzeiger eine ausführliche Beschreibung der Heilwirkung des Wassers für die Bevölkerung. Darin wurde die Ähnlichkeit des Fürther Brunnens mit denen in Bad Kissingen und Bad Homburg verglichen. Auch ein Indikationsverzeichnis war beigefügt. Hervorgehoben wurde die Tatsache, dass es sich, weil über 20 Grad warm, um eine Therme mit bemerkenswertem Eisengehalt handle. „Die Heilanzeigen für den Gebrauch des König-Ludwig-Sprudels sind demnach die gleichen wie für die Mineralwässer von Kissingen und Homburg v.d.H., nämlich: Für Trinkkuren: Erkrankungen des Magen-Darmkanals (sowohl Verstopfung wie chronische Diarrhöen), Leberleiden mit Gallenstauung (Gelbsucht), Neigung zu Gallensteinbildung, chronisch entzündliche Zustände der Gallenblase bei Gallensteinbildung, gichtische Diathese, ferner die Unterstützung der Behandlung anderer Stoffwechselkrankheiten wie Fettsucht und Zuckerharnruhr. Was die Dosierung der König-Ludwig-Quelle anlangt, so

Abb. 4: Attraktion - Bohrturm mit Fontäne, Postkarte 1910.

Abb. 5: Besucherandrang am Bohrturm im Eröffnungsjahr, Postkarte 1910.

empfiehlt sich bei nicht zu empfindlichen Verdauungsorganen zunächst die Verordnung von 2 Bechern zu je ca. 250 ccm...“[8] Damit wird nur ein Teil der angegebenen Indikationen erwähnt. Ein weiteres, seinerzeit erstelltes Gutachten registriert eine geringe Radioaktivität des aus der Tiefe kommenden Heilwassers.[9]

Um den Publikumsverkehr anzuregen, verteilte das Besitzerkonsortium zur gleichen Zeit auch eine „Vorläufige Mitteilung an die Herren Ärzte“. Im Stil der Zeit schreiben die vier Gesellschafter: „Ew. Hochwohlgeboren! Wir gestatten uns Ihr Interesse auf die im Jahre 1901 erbohrte und seit dieser Zeit in ununterbrochen starker Schüttung fließende 22 Gr. C. warme König-Ludwig-Quelle in Fürth hinzulenken. ... Wir haben

vorerst an dem Bohrschacht eine einfache Trinkgelegenheit geschaffen, sodaß das Wasser zu Trinkkuren benützt werden kann ...“ Der Abschlusssatz „Der weitere Ausbau der Quelle zu Badeanlagen und Wasserversand ist in Vorbereitung ...“ weist auf die Aufbruchstimmung und die umfangreichen weiteren Pläne hin.[10]

Die Quellenverwaltung wandte sich zur gleichen Zeit mit einem Inserat an die Fürther Öffentlichkeit, pries die König-Ludwig-Quelle werbewirksam durch den Vergleich mit den berühmten Heilquellen von Bad Kissingen und Bad Homburg v.d.H. an und gab gleichzeitig bekannt: „Die Benutzung des Brunnens steht dem Publikum von morgens 6 1/2 bis 9 Uhr, Abends 5 bis 7 Uhr, Sonntags nur zu den gleichen Morgenstunden

„König Ludwig-Quelle".

Die im Jahre 1901 in einer Tiefe von 557 Meter erbohrte 22° C. warme kohlensaure Solquelle, welche dieselben Heilanzeigen wie die Quellen von Kissingen und Homburg v. H. hat, ist nach vollendeter Neufassung der Allgemeinheit vorerst in einer einfachen Trinkgelegenheit zugänglich gemacht.

Die **Benutzung** des Brunnens steht dem Publikum von

Morgens 6½ bis 9 Uhr
Abends 5 bis 7 Uhr
Sonntags nur zu den gleichen Morgenstunden

offen.

Monatskarten zu Trinkkuren werden während dieser Zeit am Brunnen (Kanalstrasse) gegen Vorweis einer ärztlichen Verordnung unentgeltlich abgegeben. Trinkgläser sind am Brunnen vorhanden.

Haltestellen der Strassenbahn: „König Ludwig-Quelle"

für **Fürth :** Kanalstrasse, Doos,
für **Nürnberg :** Kanalbrücke Doos, Leyher Waldspitze (10 Pfg.).

Die Verwaltung
der „König Ludwig-Quelle".

Fürth, Mittwoch, den 8. Juni 1910

Abb. 6: Inserat in der Tageszeitung, 1910.

zur Verfügung. Monatskarten zu Trinkkuren werden während dieser Zeit am Brunnen (Kanalstraße) gegen Vorweis einer ärztlichen Verordnung unentgeltlich abgegeben. Trinkgläser sind am Brunnen vorhanden."[11]

Ein Kurgast gibt damals in der Zeitung seine Eindrücke, wie er die Besucher an der König-Ludwig-Quelle erlebt, wieder. „Es ist erstaunlich, was man an dieser Stelle für Urteile abgeben hört, besonders von Herren, so echten Fürthern. Der eine meint: ‚Prrr! Dös schmeckt mer nit!' – Der andere: ‚A Wei is mer löiber!' – Ein Dritter: ‚Dou is a Seidla Böier doch a andera Woar!' – Ein Vierter: ‚Kohlensäure is grad nit vill drinna'. – Ein Fünfter: ‚Wöi schmeckt denn ner eigentli dös Zeug!' – usw. Vermutlich glauben diese Leute, dort oben soll Limonade oder Selterswasser herauslaufen, womit sie ihren Durst stillen können oder sollen es bloß Witze sein, die da gerissen werden? Wir wollen das letztere annehmen und nebenbei konstatieren, dass schrecklich viele Flaschen und Krüge an der Ludwigsquelle gefüllt und nach Hause geschleppt werden. Natürlich es kost' ja nichts! Wie lange noch? Das wissen wir nicht zu sagen. Ein stadtbekannter Herr, der Kaufmann W. erklärte gestern: ‚Ich mache meine Kur schon seit zwei Jahren mit diesem Wasser, ich erspare seitdem mein Geld, das ich vorher in Bad Kissingen ausgeben musste'. – Na also! Vorwärts mit dem Ausbau des Bades, es wird sich schon machen. Seit acht Jahren läuft das kostbare Heilwasser in seinem Werte unerkannt und unbenützt in die Pegnitz. Unverantwortlich! Es ist Zeit, dass es anders wird. Glück auf!"[12]

15

Vom Provisorium zum kommerziellen Kurbetrieb

Die Quelle erfreute sich schnell immer größerer Beliebtheit, die Zahl der Wasserholer nahm zu. So kam es Anfang Juli 1910 bereits zu ersten Einschränkungen. In der Zeitung war zu lesen: „Die Füllung von Flaschen und Krügen an Ort und Stelle durch das Publikum selbst ist eingestellt worden. Es ist nunmehr nur das Trinken gestattet wie an jedem anderen Kurbrunnen auch. Vielleicht liegt hier eine sanitätspolizeiliche Verordnung vor. Es ist nicht ausgeschlossen, daß durch unverständiges Zuvieltrinken des mit nach Hause genommenen Wassers, weil es eben nichts kostet, leicht krankhafte Unterleibsstörungen, wie bösartige Durchfälle und dergleichen, erzeugt werden können.“[13] Infolge der Rezeptpflicht war es vorbei mit eigenmächtigen, sogenannten „wilden Kuren“. Eine ausschließliche Anwendung des Wassers im Sinne eines Medikamentes einschließlich eines geregelten Kurbetriebes, bedeutete bereits eine streng medizinisch-balneologische Nutzung. Ohne diese Voraussetzungen wäre schon damals eine staatliche Anerkennung des Mineralbrunnens als Heilquelle unmöglich gewesen. Insofern beugte diese Maßnahme nicht nur einer medizinisch unkontrollierten Anwendung vor, sondern war sicherlich auch eine wichtige Voraussetzung für eine geplante, zukünftige kommerzielle Heilquellennutzung.

Der zunehmende Besucherandrang führte zu Konsequenzen bei den Quellenbetreibern. Um eine raschere Abfertigung der zahlreichen Brunnengäste zu gewährleisten, wurde der Quellenausfluss in zwei Verteilungsrohre gefasst und zwei „Brunnenfräulein“ in Dienst gestellt. Nachdem die Gäste eine lange Schlange vom Eingang durch das ganze Gelände bis zum Brunnen bildeten, wurde „streng darauf gesehen, dass von den Trinkern der Heilquelle die Reihenordnung eingehalten wird.“[14] Ende Juni ließ man als Service für die Besucher der Quelle einen „Wagen der elektrischen Straßenbahn“ schon früh um 6 Uhr fahren.[15] Am 1. August lässt die Meldung aufhorchen, dass am Sonntagvormittag der Andrang der Brunnengäste so stark war, dass zeitweise

Abb. 7: Andrang bei der Einweihung der König-Ludwig-Quelle, Postkarte 1910. „Brunnenfräulein“ an der provisorischen Heilwasserausgabe.

der Zugang gesperrt werden musste.[16] So ist es nicht verwunderlich, dass wenige Tage darauf von dem Konsortium in der Öffentlichkeit ein weiterer Ausbau angekündigt wird. Es sollen in allernächster Zeit Wandelhallen, ein Wasserturm und ein Raum zum Abfüllen des Wassers errichtet werden. Auch die Stadt ging nun daran, die vorbeiführende Kanalstraße in einen ordnungsgemäßen Zustand zu bringen.[17]

Eine Zeit lang war man allerdings auch durch ein inzwischen umgehendes Gerücht beunruhigt, „wie man hört beabsichtigen die Besitzer der Quelle nun doch, diese auf Nürnberger Gebiet zu leiten, da ihnen dort außerordentlich günstige Anbietungen zu Grunderwerb gemacht worden seien."[18] Im September 1910 erwarb das Konsortium aber weitere angrenzende Flächen, um ihre ehrgeizigen Ziele in Fürth zu verwirklichen. Die Zeitung kommentierte dies wohlwollend: „Die Besitzer arbeiten rastlos daran, den Besuch der Quelle zu fördern – ein Streben, das die volle Anerkennung der Öffentlichkeit und die regste Unterstützung der Stadtgemeinde Fürth verdient."[19]

Eine originelle Kirchweihpostkarte dieses Jahres dokumentiert zum einen die zunehmende Beliebtheit der König-Ludwig-Quelle und weist zum anderen auf Mängel des Provisoriums hin. Anscheinend fehlen vor Ort die notwendigen Toiletten, deshalb schlägt der Karikaturist den Verkauf von „Nachttöpfen" vor. So sieht man im Hintergrund der Karte die seriösen männlichen Kurgäste mit dem Trinkglas in der einen und einem Nachttopf in der anderen Hand. Gleichzeitig flüchten wegen eines dringenden Bedürfnisses Kurgäste aus dem Gelände. Interessant ist aber auch die Umgebung, die der Zeichner darstellt. Er zeigt nicht nur die noch sehr einfach ausgestatteten Kureinrichtungen, sondern auch die Lage des Kurunternehmens zwischen rauchenden Industrieschornsteinen und dem Dorf.

Datiert auf den 15.11.1910 wurde der Fürther König-Ludwig-Quelle von der Königlichen Generaldirektion der Berg-, Hütten- und Salzwerke ein Wasserschutzbereich zugesprochen. Er erstreckte sich in etwa von Atzenhof, über Farrnbach zur Siebenbo-

genbrücke, von da zur Fernabrücke, von hier aus nach Nürnberg zum Spittlertor und zur Burg, von dort nach Ronhof und über Stadeln zum oben genannten Ausgangspunkt.[20]

Mit einer erstmaligen, am 16. Mai 1911 erschienenen, wissenschaftlichen Veröffentlichung in einer ärztlichen Fachzeitung, der „Münchener Medizinischen Wochenschrift", durch den Königlichen Bezirksarzt Dr. Spaet, wurde das Aufrücken Fürths in die Reihe der deutschen Heilquellenorte zielsicher vorbereitet. Berichtet wurde auch über „auffallend günstige Erfolge" nach den Anwendungen im verflossenen Sommer, mit gleichzeitiger Ankündigung weiterer

Abb. 8: Kirchweihpostkarte; Karikatur des Kurbetriebs, 1910.

Verbesserungen: „Die Besitzer der Quelle beabsichtigen nunmehr eine den Anforderungen der neuzeitlichen Hygiene vollkommen entsprechende Anlage zu Trink- und Badekuren zu schaffen; es ist dies vom öffentlich-gesundheitlichen Interesse außerordentlich zu begrüßen, weil damit zahlreichen Bewohnern der beiden Industriestädte Fürth und Nürnberg, welchen die Mittel zum Besuch oft recht teuerer Badeorte mangeln, es ermöglicht wird, ohne zu große Auslagen in ihrem Wohnorte eine Trink- und Badekur durchzumachen. Bei entsprechender Ausgestaltung der ganzen Anlage wird es dann auch an Kurgästen aus der näheren und entfernteren Umgebung sicher nicht fehlen.“[21]

Zwischenzeitlich war eine kleine kurparkartige Anlage geschaffen worden. Am 28. Mai 1911 stand eine ähnliche Großanzeige wie im vorhergehenden Jahr in der Zeitung, jetzt aber mit der Überschrift „Eröffnung der Trinkkur an der König-Ludwig-Quelle in der neu erbauten Brunnenhalle“.[22] Anstelle der provisorischen Wasserausgabestelle des Vorjahres, bedeutete dies den offiziellen Beginn eines geregelten Fürther Heilbadebetriebes. Von diesem wichtigen Tag gab es sogar Postkarten mit der Abbildung des ersten Kurkonzertes, aufgeführt von einem in der Fürther Garnison stationierten Militär-Musikkorps.

Abb. 9: Zeitungsinserat vom 28.5.1911.

Schon wenige Tage darauf, am 14. Juni 1911, besichtigte Prinz Ludwig von Bayern die vorbildlichen Gesundheitseinrichtungen der Stadt Fürth. Außer dem Lazarettzug des Roten Kreuzes und dem Nathanstift stand auch die König-Ludwig-Quelle mit dem neuen Kurpark auf dem Programm, „... wo die Ankunft um halb 10 Uhr vormittags erfolgte. Prinz Ludwig besichtigte die Anlagen zirka eine halbe Stunde, währenddessen S. Kgl. Hoheit von den Besitzern der Quelle und durch Oberbürgermeister Kutzer über alles Aufschluß erhielt. Zu Ehren des Prinzen fand am Brunnen, von 9 Uhr vormittags ab, Festkonzert durch das Musikkorps des 21. Inf. Regts. unter persönlicher Leitung von Herrn Obermusikmeister Schreck statt.“[23] Vom Besuch des Prinzen gibt es eine zeittypische patriotische Anekdote: „Als der Prinz beim Besuch der König-Ludwig-Quelle aus der Trinkhalle herauskam, bemerkte er in dem spalierbildenden Trinkpublikum einen mit der 1870-er Gedenkmünze geschmückten Veteranen. S. Kgl. Hoheit sprach den Mann mit den Worten an. ‚Was fehlt Ihnen‘. Und als die Antwort lautete: ‚Danke Kgl. Hoheit, mir fehlt nichts‘, meinte der Prinz: ‚Sie sind doch Kurgast hier!‘ Und nun kam heraus, dass den alten Krieger Leibbeschwerden drückten. Verständnisinnig und lächelnd bemerkte der Prinz hierzu: ‚Nun soll Ihnen die Quelle Heilung bringen‘, reichte dem Veteranen die Hand und wünschte ihm gute Besserung. Das Vorkommnis ist ein erneuter Beweis der Leutseligkeit des hohen Herrn im Verkehre mit jedermann aus dem Volke.“[24]

Um das neue, Erfolg versprechende Unternehmen weiter vorwärts zu bringen, mussten noch weitere Analysen und Begutachtungen erfolgen, damit die König-Ludwig-Quelle offiziell als Heilquelle anerkannt werden konnte. Die 1911 von Prof. Dr. Fresenius durchgeführte Untersuchung konnte eine bemerkenswerte Beständigkeit des Mineralgehaltes nachweisen.[25] Ein Gutachten von Prof. Dr. L. Kionka aus dem selben Jahr zeigt auf, dass die Schüttung für einen groß angelegten Badebetrieb ausreicht. Die

Abb. 10 und 11: Seine Königliche Hoheit Prinz Ludwig von Bayern besucht die König-Ludwig-Quelle in Fürth am 14. Juni 1911.

Summe der mineralischen Bestandteile pro Kilogramm Wasser beträgt 11,293 Gramm. Die Quelle wird als eine der strontiumreichsten Deutschlands bezeichnet. Sie hat einen bemerkenswerten Eisengehalt. Da die Wassertemperatur bei etwa 22 Grad Celsius liegt, handelt es sich um eine Thermalquelle. Unter den Kat-Ionen wurden die Natrium- und Calcium-Ionen als vorherrschend bezeichnet, unter den An-Ionen die Chlor-, Sulfat- und Hydrocarbonat-Ionen. Außerdem besitzt die Quelle einen hohen Kohlensäuregehalt.

Das Gebiet nahe der Stadtgrenze war damals noch kaum bebaut und bestand hauptsächlich aus Wiesen und Äckern. Dem Unternehmen wurde in dem Gutachten eine große Zukunft versprochen. Zum einen lobte man die Vorzüge der schönen Lage, und zum anderen verwies man auf die erwarteten Tausende von Kranken und Heilungssuchenden, „welche im dortigen Industriegebiet durch ihren Beruf und ihre Tätigkeit genötigt sind eine unzweckmäßige Lebensweise zu führen. Alle diese können, ohne sich in ihrem Beruf irgendwie stören zu lassen, und ohne zeit- und geldraubende Badereisen zu unternehmen sich den Genuß einer Trink- und Badekur mit diesem heilkräftigen Wasser verschaffen.“[26]

Das Kurbadvorhaben im Kreuzfeuer der Meinungen

Auch die Bevölkerung nahm in diesen Aufbruchjahren regen Anteil an der Entwicklung der Kurbadidee. Besonders interessant und amüsant sind Leserbriefe aus dieser Zeit. In ihnen spiegeln sich sowohl romantische Hoffnungen auf eine große Bäderzukunft, aber auch kritische Einschätzungen zu den Vorhaben an der Stadtgrenze wider. Im Folgenden sollen Fürther Zeitgenossen zu Wort kommen, die beinahe täglich über die Zeitung ihre Meinungen austauschten. Die Leserbriefe werden weitgehend ungekürzt wiedergegeben, da sie die Zeit lebendig werden und uns heute schmunzeln lassen.

Abb. 12: Trinkhallenneubau, Postkarte 1911.

Abb. 13: Neu angelegter Kurpark mit Trinkhalle, Postkarte 1911.

Abb. 14: Erstes Morgenkonzert an der König-Ludwig-Quelle am 28. Mai 1911.

Abb. 15: Blick auf die neuen Kuranlagen von der Espanseite, Postkarte 1911.

Fürth i. B.
r-Konzert bei der König Ludwig-Quelle

Besonders im Frühsommer 1910 entwickelte man Visionen und diskutierte das Pro und Contra. Ein, den modernen Technologien aufgeschlossener Fürther erhofft ein neues Freizeitvergnügen auf der Pegnitz. „Bad Fürth. Wenn ich auf dem Wege zur König-Ludwig-Quelle durch unseren prächtigen Stadtpark schlendere das Leben und Weben in der Natur, besonders in der Vogelwelt beobachte, beschleicht mich oft der Gedanke: Wenn nur auch unsere alte Pegnitz etwas mehr an dem Leben in der neuen Zeit teilnehmen könnte! Was bietet sie doch mit ihren Windungen, mit ihren prächtig eingefaßten Ufern für abwechslungsreiche Bilder. Wäre es nicht reizend, wenn hier ein netter Dampfer, vielleicht vom Stadtparkeingang an der Engelhardtstraße an, hinauf bis zum zukünftigen Ludwigsbad den Fluß beleben und den Verkehr vermitteln könnte! Wasserreichtum, Tiefgang und Platz zum Wenden sind überall mehr als ausreichend vorhanden. Rauch, Ruß und großer Lärm ließen sich bei einem elektrisch betriebenen Flußdampfer leicht vermeiden. Bei mäßigen Betriebssätzen habe ich um die Frequenz keine Sorge und welches Gaudium gäb's bei den Kindern und Stadtparkgästen, wenn der Dampfer käme. Unser zukunftsreicher König Ludwig-Brunnen hat schon öfter einen Vergleich Fürth Bad-Kissingen nahegelegt. Laufen nicht auch dort auf der Saale ein paar Dampfer vom Kurort zur Saline! Und welches Fahrwasser bietet das Saale-Flüsschen im Vergleich zu unserer Pegnitz! Nächstes Jahr um diese Zeit heißt es, können schon Soolbäder im neuen Badehaus genommen werden und die Trinkquelle wird einen anderen Rahmen gefunden haben. Findet sich bis dahin nicht auch ein unternehmerischer Geist, der es wagt die Einrichtung der Dampfschiffahrt auf der Pegnitz in die Hand zu nehmen?"[27]

Wenig später stellt ein weiterer Leser dieser und anderen Ideen seine, vermutlich durchaus der Wirklichkeit entsprechende Sicht der Gegebenheiten gegenüber und zieht daraus für das Vorhaben ein pessimistisches Resümee. „Am Badestrand an der Pegnitz. Ich habe mit großem Vergnügen die Anregungen gelesen, die Sie in ihrem geschätzten Blatte in letzter Zeit über die Ausgestaltung des König-Ludwig-Bades gebracht haben; so über die Verbindung der Quelle durch ein Motorboot, den gemachten Vergleich mit der Brühl'schen Terrasse und zuletzt das Drängen nach Vollendung der Anlagen für Bade- und Trinkgelegenheit, mit Hinunterleiten des Heilwassers nach dem Stadtpark. All dieses müssen wir wohl den bewährten Händen der Quellenbesitzer überlassen und je länger die Ausführungen auf sich warten lassen, um so besser werden die zu schaffenden Anlagen werden – gut Ding will Weile haben! Nur eines habe ich nicht verstehen können, wie man an dem Quellenplatze von einer besonders guten und reinen Luft reden kann. Diese wäre wohl da, wenn der Wind recht bläst und alle Vorbedingungen sind dafür gegeben, weite, frische Wiesen, klares – Gewässer hätte ich beinahe gesagt, aber Gott sei es geklagt, das Gewässer ist nicht klar, eher alles Andere als das! Wie sieht da die in Rupprechtstegen so herrliche Pegnitz aus, was haben sie aus dir gemacht, du klares, helles Forellenflüßchen, in dem man mit Wonne ein erfrischendes Bad nehmen kann! Wie mußt du dich schämen, du schmutziges, träges Stadtkind gegen deine liebliche Schwester Rednitz! Gerade an dem Quellenplatze bietet sich die Pegnitz in einem so unsauberen Zustande, daß es unbegreiflich ist, wie eine solche Verunreinigung geduldet werden kann, ohne für Abhilfe zu sorgen. Sonst ist man so sehr darauf bedacht, hygienisch einwandfreie Zustände zu schaffen und hier dieser Sammelplatz von Dreck und Gestank u. Sumpfgasen! Wo bleibt da die Aussicht, wer hat da Wandel zu schaffen – nur dann, nach Beseitigung dieser Sch..., kann von guter Luft und einer unterhaltenden Motorfahrt geredet werden – aber jetzt nicht! Auch von der Erbauung eines Bade- und Kurhauses an dieser Stelle ist vorläufig abzuraten. Hier kann nichts Gescheites entstehen. Seit Jahren schon sind Untersuchungen im Gange über die Art der Verunreinigung der Pegnitz und ihre Ursachen; an verschienen ‚Schöpfstellen' wird Wasser zur Untersuchung entnommen, über das Ergebnis hat aber bis jetzt noch nichts verlautet. D.R."[28]

In dieser Zeit erscheint ein sehr ironisch abgefasster Artikel über „Fürth in Bayern – Kur und Badeplatz". „Du liebes, altes, dummes Fürth, warum warst Du so dickköpfig und hast Dich vor wenigen Jahren nicht schnell eingemeinden lassen! Dein neuer Heilquell hätte viel stolzer fließen können, die Nürnberger hätten nicht erst nach dem Fabriknest Fürth zu pilgern brauchen, sondern im eigenen Gebiet die Heilstätte gehabt. Nürnberg wäre außer seinen sonstigen Vorzügen gegenüber Fürth noch Badestadt geworden und die hämischen Witze über die mangelnden Zugänge hätten ungesprochen bleiben müssen. Nun ist aber der glänzende Augenblick versäumt und wir armen Fabrikstädter müssen versuchen, mit unserm aufgehenden Gestirn ins Reine zu kommen. Die prunkende Meldung der Gratisabgabe des Heilwassers ließ mich meinen umfangreichsten Wassertopf ergreifen und mich zum jüngsten Born eilen, vorahnend, daß ich in dieser Saison meiner heißgeliebten Gattin die Vorbereitungen zur beabsichtigten Kissinger Reise in ihren Uranfängen durchkreuzen werde. Ich erwartete an der Quelle eine Brunnenmaid zu finden, die mir lächelnd das Glas mit Heilwasser kredenzen würde, fand jedoch abends halb 7 Uhr alle Pforten verschlossen. Dahinter wühlte ein wilder Geselle im Erdreich, der aber der harrenden Menschenansammlung knurrend und seiner Macht bewusst, meldete: ‚Vor halber achte gitts ka Wasser!' Schließlich schlug auch diese Stunde und wir leidenden Menschenkinder konnten unsere Gefäße füllen und zum ersten Mal die Wirkungen des Heilbades Fürth verspüren. Ich lagerte mich gemütlich an der Pegnitz Strand und ein köstlich Bild entstand vor meinem Geiste. Mein Blick streifte bis zum Stadtpark hin und ich sah ihn sich ausdehnen bis zur Heilquelle, zu welcher eine Brücke führt vom Espan her über den Pegnitzstrom. Jenseits am Espan waren üppige Wiesenflächen und hübsche Gartenanlagen gepflanzt, noch junge Waldungen spendeten zwar spärlich, aber vielversprechend Schatten den Hunderten, die von Nah und Fern herbeigekommen, um dem leidenden Körper Heilung und dem abgespannten Geist Kräftigung und Ruhe zu verschaffen. Zu meinen Häupten erstand ein prächtiges Badehaus mit großer Terrasse, welche die Blicke nach dem Pegnitztal schweifen läßt, in der gedeckten Wandelhalle spazieren Männlein und Weiblein, vorherrschend in den mittelfränkischen, mir so wohlbekannten Dialekten flirtend: ‚Gelt Kuni, dös is schöi, daß mir oitz ah Kurgäst sei könna!' ‚Du Schorschla, schau ner, wos döi fer an Trumm Deckel afn Kupf hout, do is ja döi Kolonnaden z'kla!' – Ein kräftiger Donnerschlag brachte mich wieder mit meinen Phantasien in die Gegenwart und leider mußte ich feststellen, daß noch einiges geschehen darf, bis die Wirklichkeit den vorauseilenden Wünschen entspricht. Drum heran Ihr edlen freigiebigen Spender, die Ihr wirklich Euerer Vaterstadt wohl wollet! ... Wir kleinen Fabrikstädter wollen kein Luxusbad, einfach, nett, zierlich, sauber soll es sein, daß die Fremden sich wohl fühlen bei uns und nicht nur wiederkommen, sondern auch andere mitbringen und der Ruf unserer vielgelästerten, uns aber doch so lieben Vaterstadt so gut wird, wie er es schon lange zu sein verdient, wenn nicht Nörgler in und außer der Stadt von jeher gern daran gemäkelt hätten. Wie wär's, wenn wir der Stadt Bad Kissingen einen Teil der zum Kauf gestellten Wandelhallen, Brunnentempel usw. abkaufen würden – die Brunnenmädchen wachsen schon von selbst hierzulande..."[29] Im weiteren regt der Schreiber an, ein Komitee zur Förderung des Heilbadbetriebes zu gründen. Er macht auch gleich den konstruktiven Vorschlag, entsprechende Förderer zu ehren, indem sie auf einer „ehernen Gedenktafel" an der Rückseite eines zu planenden König-Ludwig-Denkmals im Kurgelände eingraviert würden. Andere Leser verfolgen in den nachfolgenden Zeitungsausgaben die Bildung eines Fördervereins weiter.

Heilwasserverkauf in Flaschen

Im Juli 1911 begann als nächste Stufe einer balneologischen Nutzung der Versand von Mineralwasser, bestehend aus dreierlei Modifikationen.[30] Gelobt wurde auch das erst kürzlich eröffnete Thermalbad und der Dosana-Sprudel, euphorisch als „Naturschatz Frankens" bezeichnet. Außerdem gab es bald einen neuen Werbespruch: „Was Karlsbad ist für Böhmen, ist Fürth für Bayern!"[31]

Nach Veröffentlichung eines balneologischen Gutachtens durch den Fürther Bezirksarzt Dr. Spaet,[32] konnte ab Juli 1911 ein Flaschenvertrieb, versehen mit Indikationshinweisen beginnen. Der zunächst zur Verfügung stehende einzige Brunnen, die „König Ludwig Quelle" diente der Herstellung von drei verschiedenen Produkten. Den Beginn dieser neuen Art der Quellennutzung dokumentierte ein an die Bevölkerung verteiltes Werbeblatt vom Juli 1911. Es enthält so viele wichtige und interessante Angaben und spiegelt den Zeitgeist wider, so dass es wörtlich wiedergegeben werden soll.

„Hochgeehrter Herr!

Wir beehren uns Ihnen anzuzeigen, daß wir außer der Abgabe unseres bewährten *Natürlichen Heilwassers König Ludwig Quelle* (gesetzlich geschütztes Wortzeichen) den Vertrieb unserer hervorragenden Erfrischungsgetränke aufgenommen haben, welche wir aus dem heilkräftigen Wasser der König Ludwigquelle herstellen. Nach vollzogener Enteisenung des reinen Quellwassers, welches nach der bakteriologischen Untersuchung von Prof. Dr. Heim in Erlangen keimfrei dem Quellschacht entströmt, welche Enteisenung in hygienisch einwandfreien Bassins mit weißem Glasplattenbelag vorgenommen wird, sättigen wir nach Entfernung des überschüssigen Salzgehaltes das Wasser mit der, der Quelle entströmenden freien Kohlensäure zu einem wohlbekömmlichen Mineral-Tafelwasser, dem gesetzlich geschützten *Dosana-Sprudel*. Dieses reine klare Wasser ist nicht allein seines erfrischenden Wohlgeschmackes wegen ein Tafelgetränk ersten Ranges, sondern es eignet sich vermöge seiner reichen Mineralisation zum täglichen Gebrauch bei Leber-,

Abb. 16: Fuhrwerk der König-Ludwig-Quelle bei der Lieferung in Nürnberg.

Abb. 17: Annonce der Brunnenverwaltung in den Tageszeitungen im April 1911; gleichzeitig offizielles Flaschenetikett mit Analyse, Heilanzeigen und Preisen.

Abb. 18: Bestellkarte zum Werbeblatt, Vorder- und Rückseite.

Nieren- und Gallenleiden, bei Gicht und bei Entzündungen der Luftwege – ebenso zum Vermischen mit Wein, Whisky, Milch und Fruchtsäften.

Unsere gleichzeitig gesetzlich geschützte *DOSANA* ist zusammengesetzt aus dem Dosana-Sprudel und reinen Fruchtsäften. Die großen Anforderungen, welche heute das Nerven zerrüttende Hasten und Jagen auf allen Lebensgebieten an die Leistungsfähigkeit der geistigen und körperlichen Kräfte stellt, bringen es mit sich, daß der Genuß alkoholischer Getränke immer mehr eingeschränkt wird. An deren Stelle treten die erfrischenden, Durst löschenden Fruchtgetränke, unter denen der außerordentlichen Zusammensetzung wegen, unsere *DOSANA* den weitaus ersten Rang einnimmt, zumal ihr der reine Quellenzustand einen charakteristisch kernigen Geschmack verleiht. In jedem Hause, in den Bureaux, an allen Arbeitsstätten, auf Ausflügen und Wanderungen und nicht zum wenigsten in der Krankenstube und in den Krankenhäusern, sollte dieses wohlbekömmliche Labsal vorhanden sein. Der billige Preis, 20 Flaschen für Mk. 4.– frei ins Haus, leere Flasche 5 Pf., ermöglicht einen allgemeinen Verbrauch und stehen Großbezügen mit Vorzugspreisen zu Diensten. Wir bitten um Ihre geschätzten Aufträge und empfehlen uns Ihnen in dieser Erwartung

Hochachtungsvoll!   König Ludwig Quelle, Fürth i.B.“[33]

Auf beigefügter Bestellkarte wurde neben dem oben genannten Dosana Erfrischungsgetränk auch das natürliche Heilwasser der König-Ludwig-Quelle, sowie Dosana-Sprudel, das „ff. Mineral-Tafelwasser“, angeboten. Die Lieferungen erfolgten ebenfalls frei Haus, bei sogar frachtfreiem Versand nach auswärts. Für den Transport innerhalb der Stadtgebiete von Nürnberg und Fürth stand ein eigener, pferdebespannter Transportwagen zur Verfügung.

Auf dem Weg zum Kurbad – Staatliche Anerkennung als Heilquelle

Für die weitere Entwicklung des Kurbadprojektes war es sehr wichtig, dass der „Mineralwasserbrunnen“ offiziell als „Heilwasserquelle“ anerkannt wurde. Dazu mussten mannigfaltige wissenschaftlich-amtliche Hürden überwunden werden, Analysen und Gutachten allein reichten dazu nicht aus. So hatte, von der Öffentlichkeit kaum bemerkt, schon am 7. Oktober 1911 eine erste Inspektion durch die Ansbacher Kreisverwaltung stattgefunden. An der Kommission war auch der Regierungsmedizinalrat und Universitätsprofessor Dr. Heim aus Erlangen beteiligt. Das Gremium äußerte sich bei einer eingehenden Ortsbesichtigung über die bestehenden Anlagen, speziell bezüglich der „außerordentlich praktischen, der modernsten Hygiene entsprechenden Einrichtungen, wobei insbesondere die Moorbäder allgemeinen Anklang fanden“, sehr lobend und anerkennend.[34]

Auch im darauf folgenden Jahr 1912 arbeitete das Direktorium der König-Ludwig-Quelle verstärkt an einem Ausbau des Kurbetriebes. So wurde das Gelände an der Talseite mit einem Holzpalisadenzaun eingefriedet[35] und der Hochwasserdamm zur Pegnitz verbreitert. Durch Zukauf weiteren Geländes an der Ecke Kanal- und Dr.-Mack-Straße wurde eine „Erweiterung der Promenaden“ möglich.[36] Immer wieder wird im Laufe des Frühjahrs und Sommers in den Zeitungen auf den geplanten großzügigen Ausbau des Bades hingewiesen. Dazu werden Ärzte, Gastronomen und Honoratioren zur Besichtigung eingeladen, im Berolzheimerianum wurden entsprechende Pläne in der Öffentlichkeit vorgestellt.[37]

Kein Wunder, dass der Zulauf anhielt und der Kurbetrieb weiter zunahm. Im März 1912 schwärmt der Fürther Central-Anzeiger vom neu eröffneten Thermalbad, wodurch „unsere geliebte Vaterstadt Fürth ... eine wertvolle Bereicherung“ erhalten habe. Wieder werden über die Zeitung die verschiedenen Anwendungsbereiche und positiven Heilwirkungen ausführlich dargestellt.[38] Gegen entsprechende Gebühren wurden im Thermalbad folgende Behandlungen angeboten:

1. Thermalbäder mit der natürlichen Kohlensäure der Quelle
2. Thermalbäder mit verstärkter Kohlensäure mit Sauerstoff
3. Wärmesprudelbäder mit ständigem Zufluss der Quelle während der Badedauer
4. Moorbäder und Fangopackungen.

Ein Fürther verweist in diesem Zusammenhang in einem Leserbrief darauf, dass er einerseits das nunmehr erweiterte Kurangebot bewundere, andererseits prangert er die seiner Meinung nach zu hohen Preise für die Bäder der Ludwigsquelle an. „Ich hatte Gelegenheit, die vollständige Einrichtung des jetzt eröffneten Thermalbades zu besichtigen, und man kann sagen, daß sie eine im weitesten Sinne praktische und gut getroffene ist. Was einen aber befremden muß, sind die überaus hohen Preise der Bäder. So soll ein Moorbad 4,50 M kosten, und in dem gleichen Preisverhältnisse stehen alle anderen Bäder. Es sind diese Preise nicht angetan, so manchen Kranken, der schon lange leidet, Hoffnung zu geben, durch die Bäder Heilung zu finden, weil es einfach ausgeschlossen ist, daß sich ein Minderbemittelter viele solche Bäder leisten kann, und mit einem Bad ist bei manchen Krankheiten nicht gedient. Man glaubte allgemein, daß bei der König-Ludwig-Quelle, das Bad so errichtet werde, daß es allen Kreisen zum Nutzen sein könne und ganz besonders denjenigen, die nicht von hier wegkönnen, um sich ein Luxusbad auf sechs bis acht Wochen zu leisten. Es gibt gewiß recht viele in unseren beiden Industriestädten Fürth und Nürnberg, denen die Hilfe von Bädern aus dieser Quelle dringend nottut, die aber nicht in der Lage sind, solche Preise zu bezahlen, wie sie das Direktorium der Quelle verlangt. Mögen die wenigen Zeilen dazu beitragen, daß das Direktorium Mittel und Wege schafft, auch Minderbemittelten die Thermalbäder benut-

zen zu lassen. Der Dank vieler kranker Leute kann ihm dann gewiß sein.“[39]

Das Lokalblatt des Fürther Central-Anzeigers greift das Anliegen des Einsenders auf und kommentiert die euphorische Situation des aufstrebenden Kurbetriebes pragmatisch: „Die Bitte des Herrn Einsenders möchten wir warm unterstützen. Wir gehen von folgender Erwägung aus: Die Quelle wird sich nie zu einem Weltbad ausgestalten. Denn die beiden Industriestädte mit ihren Begleiterscheinungen sind nicht dazu angetan, in ihrer Mitte ein Weltbad emporblühen zu lassen. Wir sagen gern: leider! Die Leitung der Unternehmung ist daher in erster Linie auf einen Massenbesuch aus den beiden Städten angewiesen. Und da muß sie mit der Finanzkraft des hiesigen Publikums rechnen, wie das alle anderen Geschäfte auch zu tun gezwungen sind. Das große Publikum aber ist und bleibt die industrielle Bevölkerung, die sich Bäder für 4,50 M nie und nimmer leisten kann. Vielleicht können Vorzugspreise für Fürther und Nürnberger, auch bei einer bestimmten Anzahl von Karten, eingeführt werden. Die Bevölkerung ist sehr dankbar, wenn sie gutes zu angemessenem Preise findet. Die Leitung des Bades wird das Entgegenkommen nicht zu bereuen haben.“[40]

Der Zuspruch zu den Kureinrichtungen war trotzdem enorm. Im Juni werden für das Jahr 1912 bereits 14 000 einheimische und auswärtige Besucher gezählt. Außerdem werden über 3 000 Thermalbadanwendungen sowie Stromsprudel- und Moorbädernutzungen gemeldet.[41]

Zum Aufschwung der Kuranlagen gehörte auch, dass das Umfeld entsprechend verändert wurde. Bereits im Vorjahr war die Kanalstraße in Kurgartenstraße umbenannt worden.[42] Allerdings scheint der Zustand der umgetauften Straße noch nicht ihrem neuen Namen entsprochen zu haben, weshalb man die Stadtverwaltung anging, „dieses Bemühen kräftigst zu unterstützen“. Ebenso wurde von der Stadt gefordert, dass sie „alle Hebel in Bewegung setzt, um den Promenadenweg von der Quelle zum Stadt-

Abb. 19: Betrieb auf dem erweiterten Gelände, 1912.

Abb. 20: Blick auf das erweiterte Kurgelände und neue Milchtrinkhalle, Postkarte 1912.

Abb. 21: Erweitertes Gelände und neue Promenaden in Richtung Stadtpark, 1912.

Abb. 22: Trinkhalle mit Promenaden, Postkarte 1912.

Abb. 23: Kurbetrieb an der Trinkhalle, 1912; links: junger Mann mit Tennisschläger.

Abb. 24: Trinkhalle innen, Postkarte.

Abb. 25: Kurgelände mit Thermalbadgebäude, Postkarte 1912.

Abb. 26: Uferpromenade zum Thermalbad mit neu gepflanzter Uferallee, Postkarte 1912.

park entlang der Pegnitz durchzuführen und die heillosen Zustände in der Dr. Mackstraße zu beseitigen".[43] Andererseits begannen Privatleute in Anbetracht des regen Publikumsverkehrs zu investieren. Gegenüber der Kuranlage wurde im Sommer 1912 „das neue, hochelegant eingerichtete Bier- und Kaffe-Restaurant ‚Zum Kurgarten'" eröffnet. Unter der Leitung des renommierten und erfahrenen Wirtes erhoffte man, dass „das Unternehmen rasch in Aufschwung und Blüte gelangen" sollte.[44]

Einen Meilenstein auf dem Weg zu einem großen Kurbadunternehmen bildete die staatliche Anerkennung der König-Ludwig-Quelle als Heilquelle. 1912 war es endlich so weit, die Bemühungen des Direktoriums und der Stadt waren von Erfolg gekrönt. Zwei Jahre waren seit der Antragstellung der Stadt Fürth bei der Bayerischen Staatsregierung für die Prädikatisierung des König-Ludwig-Brunnens zur Heilquelle im Juli 1910 ins Land gegangen. Neben den eingereichten Wasseranalysen musste der Magistrat auch amtliche Erhebungen über die Frequenz der Quelle anstellen. „Sie ergaben, dass die Zahl der Besucher eine sehr starke ist und dass die inzwischen eingerichteten Thermal-, Stromsprudel- und Moorbäder in sehr bedeutender Zahl abgegeben werden. Die Äußerungen der Kurgäste über die Erfolge der Trinkkuren lauteten günstig."[45] Am 13. August 1912 wurde endlich das Ergebnis des Verfahrens veröffentlicht: „Auf Antrag der Badeverwaltung der König Ludwig-Quelle, G. m. b. H., in Fürth wird die auf Pl.-Nr. 984 der Steuergemeinde Fürth gelegene kohlensäurehaltige Kochsalzquelle als öffentlich benützte Heilquelle im Sinne des Art. 20 des Wassergesetzes vom 23. März 1907 erklärt."[46]

Stolze Bilanz der aufstrebenden Entwicklung bis 1912

Rückblickend auf die Jahre 1910 und 1911 schrieb der Stadtmagistrat in seinem Verwaltungsbericht 1913 als Resümee: „Begreiflicherweise nahm die gesamte Bevölkerung von Fürth an dem Gedeihen

Abb. 27: Kaffee-Restaurant „Zum Kurgarten" in der Kurgartenstraße, Postkarte.

Kreis- Amtsblatt
von Mittelfranken.

Ansbach, den 13. August 1912.

Nr. 23. Inhalt: Schutz der Heilquellen; hier die König Ludwig-Quelle in Fürth. — Verleihung von Bergwerkseigentum. — Vornamensänderungen. **Mit Beiblatt Nr. 45.**

Nr. 4067 b 5.

(Schutz der Heilquellen; hier die König Ludwig-Quelle in Fürth betr.)

Nachstehend folgt Abdruck einer Entschließung des K. Staatsministeriums des Innern vom 13. Juli 1912 Nr. 7707/5.

Ansbach, 20. Juli 1912.

K. Regierung von Mittelfranken, Kammer des Innern. Dr. von Blaul, K. Regierungspräsident.

* * *

K. Staatsministerium des Innern.

(Schutz der Heilquellen; hier die König Ludwig-Quelle in Fürth betr.)

Auf Antrag der Badeverwaltung der König Ludwig-Quelle, G. m. b. H., in Fürth wird die auf Pl.-Nr. 984 der Steuergemeinde Fürth gelegene kohlensäurehaltige Kochsalzquelle als öffentlich benützte Heilquelle im Sinne des Art. 20 des Wassergesetzes vom 23. März 1907 erklärt.

J. A. gez. von Braun.

Abb. 28: Anerkennung der König-Ludwig-Quelle als Heilquelle.

Abb. 29: Gastraum des Kaffee-Restaurants „Zum Kurgarten", Postkarte.

des Fürther Bades den allerlebhaftesten Anteil. Der Glaube der Fürther Bevölkerung an die Heilkraft der Quelle war von Anfang an ein starker und allem Anscheine nach ein nicht unbegründeter. In großer Zahl machten die Fürther von den Einrichtungen Gebrauch, auch als die Badeverwaltung eine Eintrittsgebühr eingeführt hatte. ... Das Jahr 1912 scheint den Anfang einer mächtigen Entwicklung des Bades zu bedeuten."[47]

Wie stolz die Fürther auf das zunehmend aufstrebende, neue Bad waren, gibt ein Leserbrief in der lokalen Presse wieder. Außerdem erhält man einen kleinen Einblick in das beschauliche Treiben des Kurbetriebs.

„Die König Ludwig Quelle und ihr Direktor. Heutzutage, wo der Anschauungsunterricht in den Schulen, speziell in Heimatkunde, eine so große Rolle spielt, würde günstige Gelegenheit geboten sein, den Schülern vor Schluß der Schulen die König Ludwig Quelle mit deren inneren Einrichtungen besichtigen zu lassen und den Kindern eine Beschreibung des Gesehenen als dankbare Ferienaufgabe aufzugeben. Nicht nur, daß die Quelle heute schon als Sehenswürdigkeit der Stadt Fürth aufgeführt werden dürfte, es wäre auch sehr interessant, aus dem Gemüte eines Kinderherzens zu erfahren, welche Eindrücke die Heilquelle mit ihrer mustergültigen Einrichtung hinterlassen hat. Ist es doch zum Staunen, welch große Fortschritte die König Ludwig Quelle-Kuranlage in der kurzen Zeit und insbesondere seit vorigem Jahr gemacht hat. Nicht nur, daß sich die Frequenz der Kurgäste täglich steigert, auch die tägliche Benützung der Bäder hat bereits die Zahl 100 überschritten, dank der großen Erfolge, welche die Bäder aufzuweisen haben. Außerdem hat der Versand des Dosana-Sprudels nach allen Gegenden Deutschlands derartige Dimensionen angenommen, daß die Zahl der dieses Jahr versandten Flaschen vorzüglichen Tafelwassers weit über 100 000 hinausgeht; ein Beweis, welch großer Beliebtheit sich das Tafelwasser heute schon erfreut. Diese staunend rasche Entwicklung haben die Besitzer der Quelle vor allem der glücklichen Akquisition durch Engagement des früheren Kurdirektors von Marienbad, Herrn von Trotter, zu verdanken. Wer von den Kurgästen kennt ihn nicht, den leutseligen Herrn Direktor, den Tiroler Oberleutnant, in dessen Begegnungen überall der Charakter des ‚Küßt d'Hand' so innig zum Ausdruck kommt, der überall in der Kurgesellschaft zu bemerken ist und für Jedermann liebenswürdige Worte hat, der nicht rastet, bis er die König Ludwig Quelle in der Welt so berühmt gemacht hat, daß solche gleichzeitig mit den Plätzen Karlsbad, Kissingen, Homburg usw. als Heilquelle ersten Ranges genannt werden wird. Wie anders sieht heute der Kurpark aus, nachdem der Herr Direktor noch nicht ein Jahr hier ist. Es wird den Kurgästen an Komfort geboten, was sich in dem Entwicklungsstadium des Bades nur bieten läßt. Während die frühere Leitung vom besuchenden Publikum schon ziemlich viel Anspruchslosigkeit verlangte. Die unerwartet rasche Fortentwicklung des Unternehmens zeigt deutlich, daß, wie überall so auch hier, noch so tüchtige Laien zur Leitung eines Kurbades nicht berufen sind, sondern nur ein geübter Fachmann von der Tüchtigkeit des früheren Direktors von Marienbad, der sich nicht an Kleinlichkeiten hängt und dem Publikum stets größtes Entgegenkommen zeigt. Auch das Personal trägt durch die Anordnungen des Herrn Direktors bedeutend zur Hebung des Bades bei. So hätte man zur Bedienung des Bades keine besseren Kräfte gewinnen können, als das Bademeisterehepaar von Bad Kissingen, die beide sich gegen die Badenden stets dienstgefällig zeigen und ‚last not least' gehört auch der Appenzeller Herr Signer dazu, der sich alle Mühe gibt, durch seine reichen Erfahrungen in der Molkerei beste Qualität, Milch, Yokhurt, Kaffee, Schokolade usw. mit vorzüglichem Brot den Kurgästen verabreichen zu lassen. ... Der 3. Juli war der 11. Geburtstag der König-Ludwig-Quelle; an diesem Tag wurde sie erbohrt. 9 Jahre lang war sie unbenutzt und erst seit 1910 fließt sie zum Heile der Menschheit. Möge nun die Badeanlage unter der aufopfernden, bewährten Leitung ihres derzeitigen Direktors zum Vorteile der Unternehmer, nicht minder aber zum Vorteile unserer teuren Vaterstadt und besonders zur Heilung vieler Leidenden in ihrem Entwicklungsgang rasch fortschreiten, damit sie bald wird, was Geheimrat Kraus prognostiziert hat: das erste Weltbad für Zuckerkranke. J.W."[48]

Ein Schreiben, das die König-Ludwig-Quellen Geschäftsführung vom „Kommando S.M.S. Nürnberg" aus China erhielt und das anschließend in der Zeitung veröffentlicht wurde, belegt, dass man werbewirksam um einen „weltweiten" Ruf des Fürther Mineralwassers bemüht war. „Tsingtau, den 28. Juni 1912. Es freut mich, der Brunnen-

Direktion der König-Ludwig-Quelle mitteilen zu können, daß sowohl der Dosana-Sprudel, als auch das Heilwasser der ‚König-Ludwig-Quelle' die Ausreise auf der ‚Patricia' durch die heiße Gegend der Tropen gut überstanden haben. Die Wasser haben hier allgemein Anklang gefunden. Besonders auf einer Fahrt den Yangtse aufwärts, die S.M.S ‚Nürnberg' etwa 1100 Kilometer in das Innere Chinas brachte, wurden die Wasser der Dosana-Sprudel als Erfrischung bei der enormen Hitze, die dort Anfang Juni herrschte, sehr gerne getrunken. Das Mineralwasser Dosana-Sprudel war sehr bekömmlich. gez. Moosmayer, Fregattenkapitän"[49]

Abb. 30: Typische Inserate, 1912-1914.

Kurbad Fürth – Blütezeit und Niedergang

Aufnahme in das Mitteleuropäische Bäderverzeichnis

Mit der Anerkennung des König-Ludwig-Brunnens als „Heilquelle" im Juli 1912, war der endgültige Schritt für eine Aufnahme Fürths in die Klasse der Heilbäderorte vollzogen. Als im Jahr 1913 die 12. Ausgabe des „Bäder-Almanach", ein in 40 000 Exemplaren aufgelegtes Nachschlagewerk für „Ärzte und Heilbedürftige" erschien, nahm die Stadt Fürth mit ihren Heilquellen bereits einen ehrenvollen Platz, neben anderen berühmten europäischen Ortsnamen, ein. So lautete der Untertitel dieses fast 700 Seiten umfassenden Buches: „Mitteilungen der Bäder, Luftkurorte und Heilanstalten in Deutschland, Oesterreich-Ungarn, der Schweiz und den angrenzenden Staaten".

Über eine Seite war in dem Werk der König-Ludwig-Quelle gewidmet. Neben Analysenergebnissen, Heilanzeigen und Kureinrichtungen erfolgten auch Hinweise zur Nutzung und ärztlichen Versorgung. Im Originaltext heißt es: „Das Bad ist das ganze Jahr über geöffnet ... Den Kurgästen steht die große Zahl der Aerzte in Nürnberg und Fürth zur Verfügung, darunter Spezialärzte sämtlicher medizinischen Gebiete. Auch ist die Universität Erlangen mit Schnellzug in 15 Minuten erreichbar." Um den Lesern als zukünftigen Kurgästen die Umgebung schmackhaft zu machen, wurden ausführlich mögliche Unterhaltungs- und Freizeitangebote vorgestellt. „In Fürth bietet der nahe Stadtpark, welcher durch eine bequeme, der Pegnitz entlang laufende Promenade mit den Parkanlagen der König Ludwig-Quelle verbunden wird, mit seinen schönen neuen Anlagen Gelegenheit zu schattigen Spaziergängen. Parkrestauration, Stadttheater, Gemäldeausstellung in den schönen Räumen des Kunstvereins. In den Parkanlagen der König Ludwig-Quelle befindet sich eine Milchtrinkhalle von einem Appenzeller geleitet, und können Molken-, Kefir-, Yoghurt-Kuren gebraucht werden." Außerdem besteht „vielfache Gelegenheit zu Ausflügen". Genannt werden hier als Attraktionen, die Alte Veste im Fürther Stadtwald, die Hohenzollernburg Cadolzburg sowie die günstige Gelegenheit zu Ausflügen in die Fränkische Schweiz und nach Nürnberg, mit seinen berühmten Kulturschätzen und den „Zerstreuungen einer modernen Großstadt". Zum Schluss erfolgt noch der erfreuliche Hinweis, dass in Fürth keine Kurtaxe bezahlt werden muss.[1]

Obwohl es offensichtlich aufwärts ging, wollte ein Mitglied des Viererkonsortiums, Herr Duisberg, im April 1913 seinen Geschäftsanteil am Heilbad veräußern. Er hatte ihn zunächst der Stadt Fürth angeboten, wohl in der Meinung, sie wäre primär daran interessiert. Eigentlich verlockend, entscheidend wichtig für die Kommune hier einzusteigen, möchte man meinen. Doch sie teilte mit, „es bestehe vorerst kein Interesse". Die Antwort bei einem nochmaligen Versuch ein Vierteljahr später lautete: „Wir beabsichtigen nicht, den uns angebotenen Geschäftsanteil zu kaufen."[2] Welche Gründe bewogen die Stadt zur Ablehnung? War man so unvermögend, misstrauisch, womöglich kurzsichtig? Stand damals doch das Ehrenprädikat für eine Benennung als „Bad Fürth" in gar nicht weiter Ferne.

Ausbau des Kurviertels

Sehr erfreulich entwickelte sich 1913 die zunehmende Besucherfrequenz der König-Ludwig-Quelle. So zählte man in diesem Jahr bereits die sehr erstaunliche Zahl von 11 709 Bade- und 74 380 Trinkkurgästen. Die Qualität und die gesundheitsfördernde Wirkung des Fürther Heilwassers sprach sich schnell herum. Die intensive Werbung für die König-Ludwig-Quelle in Fürth und der Region tat ihr übriges. Sicherlich lag ein weiterer Grund für das enorme Interesse im damals herrschenden Zeitgeist. Der Besuch und das Ambiente eines aufstrebenden „mondänen" Kurbadbetriebes beflügelte am „Vorabend" des 1. Weltkrieges, in der Blüte

Abb. 31: Überregionale Werbung mit großen Werbeplakaten (55cm x 100cm), 1913.

der Kaiserzeit, das bürgerliche Bewusstsein der Einwohner der Industriestädte Fürth und Nürnberg. Zudem trieb in dieser Zeit vermutlich auch die Neugierde viele Menschen an die Stadtgrenze, die sehen wollten, wie die Pläne des neuen Kurgebäudes und der Anlagen des Kurgeländes allmählich Gestalt annahmen.

Großartig und stolz wurde in der örtlichen Zeitung bereits im Dezember 1912, anlässlich des Richtfestes, über den Kurhausneubau der König-Ludwig-Quelle berichtet und die Vollendung angekündigt. „Wer etwa einige Wochen das Gelände der König Ludwig Quelle dahier nicht gesehen hat, und jetzt einen Besuch dort macht, wird mit größtem Erstaunen die umfangreichen Bauten betrachten, die die Gesellschaft dort durch den Architekten Prof. Dr. Vetterlein errichten läßt." Der erste Bauabschnitt, der Bäderbau, „läßt ein ganz großartiges Bauwerk erhoffen". Der Bericht endet mit der Vision, dass sich Fürth in Bälde, nach Fertigstellung rühmen darf „das modernste und künstlerisch bedeutungsvollste Heilbad Deutschlands zu besitzen."[3]

Nachdem mehrere repräsentative Entwürfe für die Errichtung der neuen Kurge-

bäude verworfen worden waren,[4] erhielt 1912 der Architekt Prof. Dr. Vetterlein den Auftrag zur Umsetzung. Voll des Lobes wird in der gleichen Zeitung geschwärmt: „Von der künstlerischen Phantasie des Architekten Prof. Dr. Vetterlein darf man sich aber etwas ganz Großartiges erwarten. Zählt dieser Architekt doch zu den Besten seines Faches, der sich durch große Monumentalbauten einen glänzenden Namen gemacht hat."

Am 7. Januar 1914, am Geburtstag Seiner Majestät König Ludwig III., fand die feierliche Eröffnung der gesamten Kuranlage statt. Zunächst wurde vorab an mehreren Tagen Fachleuten und Repräsentanten aus allen Bereichen der Politik das neue Kurgebäude und seine modernen Kureinrichtungen vorgestellt, bevor auch die Öffentlichkeit Zutritt fand. Besonders wichtig war die Besichtigung für eine Reihe von Ärzten aus Fürth, Nürnberg, Erlangen, Bamberg und Bayreuth, die für die zukünftigen Kurgäste sorgen sollten. Kommerzienrat Nold, Medizinalrat Bezirksarzt Dr. Spaet, Badverwalter Wolf und die Ingenieure der ausführenden Technikfirma empfingen die Ehrengäste und führten sie fachkundig durch die

Abb. 32: Werbeanzeige. Das Logo zeigt den Entwurf des neuen Kurbadgebäudes.

Abb. 33: Postkarte „Neues Badehaus der König-Ludwig-Quelle". Nicht verwirklichter Entwurf.

Abb. 34: Postkarte mit Modell des König-Ludwig-Bades. Nicht verwirklichter Entwurf.

Räume. Mit Staunen sahen die Besucher, in welch vorbildlicher Weise das Badegebäude eingerichtet war. Man schwelgte bei der Vorstellung in den höchsten Tönen. „Oberstes Prinzip war: das Beste auf diesem Gebiete bei billigsten Tarifen der leidenden Menschheit zu bieten. Die Stadt Fürth kann stolz sein, daß in ihrem Weichbild ein Bad erstanden ist, das sich mit berühmten Weltbädern messen kann. Auch Bayern hat damit ein neues großes Bad."[5] Ein anderer Beobachter berichtet über die Reaktionen der Gäste, dass „dieselben entzückt von der vorbildlichen Einrichtung des Fürther Weltbades" sowie von den Aufmerksamkeiten waren, die sie genießen durften. „Nach dem Rundgang wurde ihnen im Baderestaurant ein Imbiß in Zungenbrötchen mit Bier und in Kaffee mit Gebäck bestehend, dargeboten."[6]

Mit dem Neubau des Kurgebäudekomplexes wurde auch das Umfeld kräftig verschönert. Gewissermaßen war somit ein neuer Stadtteil an der Stadtgrenze entstanden. Alles, einschließlich des verzierten Parkzaunes, schwelgte im Jugendstil. Die Kanalstraße war in Kurgartenstraße umbenannt worden und mit gestuften, fliesenbesetzten Randsteinen sowie einer Allee-Bepflanzung versehen. Wie in allen Kurorten üblich,

alles möglichst schick und nobel. Ein verzierter, weißer Holzzaun hinter einem breiten Gehsteig begrenzte den Kurpark, der ein eigenes Eingangstor mit Kassenhäuschen besaß. „König Ludwig Bad" stand nun stolz und einladend am Portal der mit Majolika geschmückten Eingangshalle und über dem Tor zum Kurpark. Gegenüber des Eingangstores hatte ein Gastronom bereits 1912 das neue, hochelegant eingerichtete Bier- und Kaffee-Restaurant „Zum Kurgarten"[7] errichtet.

Ein Panoramabild aus dem zur Eröffnung erschienenen Bäderprospekt zeigte einen Überblick über alle Gebäude und Anlagenteile. Zur Pegnitz hin begrenzte ein Promenadenweg den weitläufigen Kurgarten. Vor dem großen Kurmittelhaus befand sich eine neu angelegte Grünanlage mit dem runden Fontänenbecken. Von dort gelangte man über einen Aussichtstempel und eine Freitreppe zur Trink- und Wandelhalle. Unweit davon befand sich dann ein Musikpavillon zur Abhaltung von Kurkonzerten. Die industriell bestimmte Umgebung wurde vom Zeichner dezent ignoriert. Dafür wurde auf dem Bild im Hintergrund gleichsam als „Krönung" dieser großartigen Anlage die Nürnberger Burg dargestellt.

Abb. 35: Panoramabild aus dem Kurbadprospekt 1914.

Abb. 36: Postkarte zur Eröffnung des neuen Kurbadkomplexes, 1914.

Abb. 37: Foto des Kurbades im Eröffnungsjahr 1914 mit angrenzenden Fabrikgebäuden.

Abb. 38: Eingangsportal mit Kasse an der Kurgartenstraße, Postkarte 1914.

Abb. 39: Kurparkgelände mit Kureinrichtungen von Norden, Postkarte 1914.
Hinter dem Musikpavillon das Casino/Restaurant im Kurpark mit Terrassenanlagen.

Abb. 40: Nordostflügel des Kurmittelhauses, Bäderprospekt 1914.

Abb. 41: Musikpavillon und Uferpromenade, Bäderprospekt 1914.

Abb. 42: Kurmittelhaus von Westen mit neu angelegtem Park, Bäderprospekt 1914.

Abb. 43: Aufgang zur Aussichtsterrasse, Bäderprospekt 1914.

Abb. 44: Hauptportal an der Kurgartenstraße, Bäderprospekt 1914.

Das König-Ludwig-Bad – Schmuckstück und modernstes Kurzentrum

Der anlässlich der Einweihung des Kurgebäudes erstellte Bäderprospekt entführt uns auch nach fast hundert Jahren noch in die Welt der Fürther Kurgäste. Auf 24 Seiten wurden die Kureinrichtungen in Bild und Wort vorgestellt.[8] Die Gesamtkonzeption war im Stil der Zeit geschmackvoll und repräsentativ. Gleichzeitig wurde größter Wert auf modernste Kur- und Bädertechnik gelegt. Die Anlagen der Promenaden waren nach Entwürfen von Prof. Schultz aus Bad Naumburg geschaffen worden, ebenso wie das Kochsalz-Thermalbad. Leider gibt es davon keine Bilder mehr. Bekannt ist nur, dass die Wände hübsch mit blauen Kacheln ausgelegt waren, dazu kontrastierte ein weißes Bassin. Die Baderäume erstellten ebenfalls versierte Fachleute aus dem berühmten Nauheim. Im nahen Kurgarten stand die Trinkhalle mit Ausgabestelle der Fürther Originalkurgläser und Heilwasserverabreichung, gedacht auch als Aufenthaltsort bei Regenwetter.

Die Attraktion war jedoch der neue Repräsentationsbau. Betrat man ihn von der Kurgartenstraße aus durch das Hauptportal, gelangte man im Erdgeschoss, vorbei an den Kassenräumen, zu den Verwaltungsräumen und dem Lesezimmer. Im Obergeschoss befanden sich Warte- und Sprechzimmer, das Laboratorium des Arztes, sowie Inhalationskabinen. Im gleichen Gebäudeabschnitt waren auch die Haupttreppe und der Personenaufzug untergebracht. Um den Kurgästen den Aufenthalt so angenehm wie möglich zu gestalten, wurde besonderer Wert auf eine vornehme, kunstvoll behagliche Ausgestaltung der Vorhallen gelegt. Das Kurmittelhaus sollte ähnlichen Einrichtungen in altbekannten Kurbädern in nichts nachstehen.

Im rückwärtigen Teil befand sich der „Bäderflügel" mit den Zimmern für Wannenbäder, Thermal-, Moor- und Fangobäder; Gurgelbehandlung und Inhalation, mit jeweils daran angegliederten Ruheräumen. Im Erdgeschoss waren die Bäder für die Herren untergebracht, das Obergeschoss beher-

Abb. 45: Eingangshalle, Bäderprospekt 1914.

Abb. 46: Vorhalle der Damenbad-Abteilung, Bäderprospekt 1914.

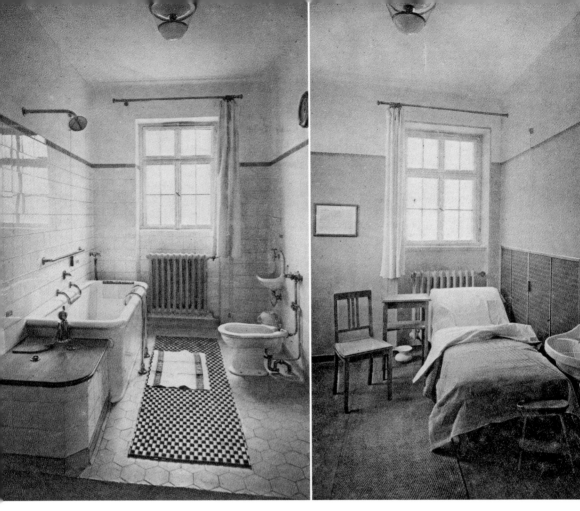

Abb. 47: Thermalbad, Bäderprospekt 1914.   Abb. 48: Ruheraum, Bäderprospekt 1914.

bergte die Behandlungsräume für die Damen und Kinder. Während im Repräsentationsbau die ästhetische Frage im Vordergrund stand, bemühte man sich im Bädertrakt, eine möglichst moderne Badanlage zu schaffen, die alle damals bekannten Hygienemaßnahmen berücksichtigte.

Für die Thermalbäder musste das 22 Grad Celsius warme Wasser der König-Ludwig-Quelle zunächst auf Badetemperatur gebracht werden. Da das Thermalwasser bei Erwärmung seinen Gehalt an natürlicher Kohlensäure verliert, entwickelte man ein neuartiges Wärmetauschverfahren und aufwändige Regulierungsvorrichtungen, um die enthaltene natürliche Kohlensäure zu erhalten und die für den Badebetrieb erforderlichen Temperaturen herzustellen. Als besonderer Vorteil erwies sich

die große Ergiebigkeit der Quelle, die eine Zwischenspeicherung unnötig machte und die Wannenfüllungen auf direktem Wege ermöglichte.

Die Badezimmer entsprachen den damaligen hygienischen Anforderungen in vorbildlicher Weise. Der Baderaum selbst war frei von jeglichem Mobiliar und ausschließlich mit badetechnischen Einrichtungen ausgestattet. Berücksichtigt man die Sanitärsituation der damaligen Durchschnittsbevölkerung in Stadtwohnungen, mit Etagentoiletten und ohne Badezimmer, wird der im Kurkomplex betriebene Luxus noch deutlicher. So wird im offiziellen Kurprospekt die Ausstattung auch detailliert angepriesen: „Im allgemeinen sind Badewannen aus weiß glasiertem säurebeständigen Feuerton zur Aufstellung gekommen, doch haben einige Zellen auch Wannen aus Holz erhalten, um den dahin gehenden Wünschen des Badepublikums gerecht zu werden. An das Fußende der Wanne schließt sich der Wäschewärmer und das Füll- und Ablaufventil in einer mit Platten verkleideten Ummantelung an; am Kopfende der Wanne befindet sich ein Halter für das Kopftuch. Beim Ein- und Aussteigen und bei der Benützung der Brause geben die Handgriffe bzw. die Haltestange dem Badenden einen sicheren Halt." Weiter heißt es: „Besondere Sorgfalt wurde auf die Brauseeinrichtung verwendet. Durch die eigenartige Anordnung des Brausekopfes ist es jedem Badegast ohne fremde Hilfe möglich, jeden gewünschten Körperteil kalt oder warm zu duschen, ohne den Kopf zu treffen. Der Wanne gegenüber ist ferner in sämtlichen Bädern ein Wandbrunnen zur Entnahme von frischem Trinkwasser angebracht; in den Bädern der Frauenabteilung außerdem noch ein Bidet mit Randspülung und Unterdusche. Die Bidets werden mit Thermalwasser und warmem Süßwasser gespeist."[9]

Für Kinder bis zu 10 Jahren wurden besondere Badegelegenheiten geschaffen.

Für Buben und Mädchen gab es je einen Baderaum. Hier waren paarweise je vier kleine Holzbadewannen aufgestellt, die durch halbhohe Zwischenwände getrennt waren.

Hochmodern war die Einrichtung der Moorbäder. Während bislang in ähnlichen Einrichtungen der Moorbrei in sogenannten Moorküchen in die Wannen gefüllt und dann fertig in die Baderäume gefahren wurde, installierte man im Fürther Kurmittelhaus ein Rohrleitungssystem, durch das die aufbereitete Moormasse mittels Pumpen bis in die Baderäume geleitet wurde. Dort bereitete man vor den Augen des Kurgastes das Moorbad zu. Der Prospekt versprach als weitere Therapievariante die „Thermalwasserüberschichtung" des Moorbades, so dass z. B. Herzkranke kein Moorvollbad nehmen mussten. Zur Luxusausstattung gehörten auch eine daneben liegende Reinigungswanne und angrenzende Ruheräume. Raffinierte Kalt- und Warmwasserbrausen zeugten vom technischen Aufwand. Am Kopf jeder Moorbadewanne befand sich zudem ein „Kopfkühler". Ähnlich aufwändig war eine Fangoabteilung eingerichtet.

Abb. 49: Moorbadhalle, Bäderprospekt 1914.

Abb. 50: Moorbad, Bäderprospekt 1914.

Mit Stolz weist der Kurprospekt auf die Gurgelräume und das Inhalatorium im Kurmittelhaus hin. „In dem unteren Teile des Moorbadeflügels, bequem von der Trinkhalle und dem Kurgarten zugänglich, sind die beiden Gurgelräume für Damen und Herren gesondert angelegt. Jeder Raum enthält 8 Gurgelstände, bestehend aus einem Gurgelbecken mit Wasserspülung und zwei Handgriffen zum sicheren Halt beim Rückwärtsbeugen. Die einzelnen Stände sind durch Alabasterscheiben voneinander getrennt. ... Im Obergeschoß befinden sich 2 Räume für die Inhalationsbehandlung. Jeder Raum enthält fünf Inhalationstische aus Alabasterglas, welche durch kleine Scheidewände aus demselben Material voneinander getrennt sind. Die Vernebelungsapparate sind, nach dem System von Prof. Spieß, mit elektrischem Antrieb, stehen frei auf den Tischen und können von den Inhalierenden selbst ein- und ausgeschaltet werden. Im Gegensatz zu den älteren Systemen erzeugt der Vernebler nach Prof. Spieß staubfeinen,

nicht nur in Tröpfchenform auftretenden Medikamentennebel, der bis in die tiefsten Partien der Lunge eingeatmet und von dort wieder ausgestoßen wird. Erst auf diese Weise können die bei Asthma und bei Erkrankungen der Luftwege angewandten Medikamente ihre volle Heilkraft entfalten. ... Damit die beim Inhalieren sich lösenden Schleimabsonderungen bequem abgestoßen werden können, ist neben jedem Tisch ein Porzellanbecken mit Wasserspülung eingelassen. Ein Ventilator sorgt für die Fortschaffung der ausgeatmeten Produkte und ständige Erneuerung der Raumluft.“[10]

Neben einer Belüftungsanlage war das Gebäude mit einer ganz modernen Warmwasserheizung „mit automatischer Temperaturregelung“ ausgestattet. Besonders faszinierend für die damalige Zeit dürfte die in allen Räumen installierte elektrische Signalanlage gewesen sein. Der Beginn der Elektrifizierung in Fürth lag erst ein gutes Jahrzehnt zurück. Die Signalanlage war für Notfälle bei den Kurgästen gedacht. Einer-

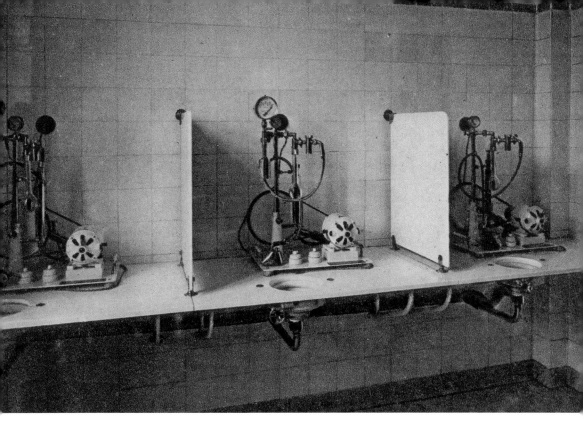

Abb. 51: Inhalatorium, Bäderprospekt 1914.

seits sollten die Signale zwar das Personal aufmerksam machen, andererseits sollten die Kurgäste aber auch nicht in ihrer Ruhe und ihrem Erholungsbedürfnis gestört werden. Im Kurprospekt konnte man darüber lesen: „Aus diesem Grunde ist hier die vor kurzem erfundene Lichtsignal-Einrichtung zur Anwendung gebracht worden. Sobald der Badende den Glockenzug benützt, leuchtet über der betreffenden Zelle im Gang eine rote Lampe auf und zeigt dem Wärter an, in welche Zelle er gerufen ist. Gleichzeitig ertönt eine Signalglocke, ähnlich dem Schlagwerk einer Uhr, und macht den Wärter aufmerksam. Das Schlagwerk sowohl wie das Lichtsignal kann vom Wärter nur in der betreffenden Zelle abgestellt werden, es ist also ausgeschlossen, daß ein gegebenes Signal überhört oder vergessen wird."[11]

Noch heute beeindrucken die Prospektbilder. In die Freude über die respektable Fürther Bäderwelt mischt sich aber auch Wehmut, dass davon heute kaum mehr etwas zu sehen ist.

Kleine Heilwasserkunde und Kuranleitung für Fürther Kurgäste

Neben der Werbung für das neue Kurzentrum musste natürlich bei der Bevölkerung auch Aufklärungsarbeit bezüglich der Heilwirkung des dort verwendeten Wassers geleistet werden. Dazu wurde eine umfangreichere Schrift zur König-Ludwig-Quelle angeboten. In ihr legte man zunächst wiederholt die chemische Zusammensetzung des Wassers dar und versuchte anschließend, den Kurbadbesuchern die medizinischen Eigenschaften und Wirkungen des Quellwassers vorzustellen.[12]

Im Vordergrund standen die Trinkkuren. Vorsichtig versuchte man, den medizinischen Laien auf den Trinkgenuss einzustimmen und die wenig salonfähige Wirkung zu erklären. Zunächst wurde grundsätzlich darauf verwiesen, dass man zwei Hauptwirkungen bei einer Trinkkur mit Mineralwässern unterscheiden kann. Zum einen gibt es die gut nachweisbaren Wirkungen auf die Verdauungsorgane sowie den Magen-Darmkanal, und zum anderen die weniger offensichtlichen Heilwirkungen der Mineralstoffe, die erst ausgelöst werden, wenn das Mineralwasser aus den Verdauungsorganen in den Blutkreislauf gelangt ist. Bei letzterem wurden besonders von ihrer chemischen Zusammensetzung her schwächere Wässer von vielen Ärzten skeptisch eingestuft. „Ganz anders liegt die Sache bei jenen Quellen, welche infolge ihrer chemischen Beschaffenheit schon bei dem Eintreten in den Darmkanal eine örtliche Wirkung dort ausüben – hier ist der Einfluß des Mineralwassers ein unverkennbarer, die Anregung der Darmtätigkeit und ihrer Folgen in Form mehr oder minder reichlicher Darmentleerungen ist ein offensichtlicher Erfolg, der auch von dem größten Zweifler nicht in Abrede gestellt werden kann. Zu den Quellen, welche eine derartige offenkundige Wirkung in erster Linie auslösen, gehört die König Ludwig Quelle in Fürth. Sie verdankt diese Wirkung ihrer eigenartigen chemischen Zusammensetzung und zwar sowohl nach der Qualität als auch nach der Quantität der im Heilwasser enthaltenen Stoffe."[13]

Im Sinne einer balneologischen Breitenaufklärung wurden in der Broschüre die Qualitäten des Fürther Wassers gegenüber anderen berühmten Heilquellen herausgestellt. Ausgehend von der Frage: „Ist nun diese Wirkung auf die Regelung der Darmtätigkeit für die Gesundheit des Menschen von so großer Bedeutung, daß sie besonders hervorgehoben werden muß?", wurden

medizinische Anwendungsgebiete aufgezeigt und für Laien begründet. „Diese Frage ist unbedingt zu bejahen! Es ist eine nicht nur den Ärzten sondern auch dem Laien wohlbekannte Tatsache, daß Störungen in der Verdauungstätigkeit schwere Störungen im Allgemeinbefinden hervorrufen können. Diese Schädigungen sind zweierlei Art, einmal mechanische Schädigungen, dann Schädigungen durch Giftwirkung. Ist nämlich der Darm durch festen Inhalt und durch Gase stark aufgetrieben, so wird der Raum im Unterleib sehr beengt, es kommt vor allem ein Zusammendrücken der größeren Gefäße zustande, die das Blut teils dem Unterleibe zu-, teils von diesem wegführen. Die Folge ist, daß das frische Blut nicht in richtigem Maße dorthin zuströmen und das verbrauchte von dort nicht abfließen kann – Es kommt also auf diese Weise teils eine Blutstauung zum Oberkörper mit Kongestionen zum Kopf, teils eine Stauung schlechten Blutes im Unterleib mit Hämorrhoidalzuständen und deren Folgen zustande. Auch die Unterleibsorgane der Frauen sind durch derartige Auftreibungen des Darmes und ihre Folgen vielfachen Schädigungen ausgesetzt.

Verbleibt der Darminhalt zulange im Darm, so fängt er an sich zu zersetzen, es kommt zur Bildung von Fäulnisgiften, diese treten dann durch die Darmschleimhaut in den Blutkreislauf über und führen dort eine Reihe von schleichenden Vergiftungserscheinungen hervor, wie Kopfschmerzen,

Abb. 52: Werbemarken als Aufkleber für Briefe und Karten.

Appetitverlust, Mattigkeit und Abgeschlagenheit, allgemeines Unbehagen, nervöse Störungen usw. Es sind dies Folgeerscheinungen von Stuhlträgheit, die eine sorgfältige Regelung der Darmtätigkeit notwendig machen und wenn die König Ludwig Quelle gar keinen anderen Erfolg als diesen erzielen würde, so hätte sie schon deshalb eine außerordentlich große gesundheitliche Bedeutung.

Diese günstige Wirkung auf die Tätigkeit der Darmdrüsen kann natürlich nicht ohne Einfluß bleiben auf die anderen drüsigen Organe, die dem Darme so innig angegliedert sind wie Leber und Bauchspeicheldrüse, auch die Tätigkeit dieser Organe wird lebhaft angeregt, es kommt daher vor allem bei den Trinkkuren an der König Ludwig Quelle zu ergiebiger Ausscheidung der Galle, teils durch vermehrte Blutzufuhr zu den Unterleibsorganen, teils dadurch, daß die Hindernisse, welche durch katarrhalische Anschwellungen und Schleimauflagerungen dem Gallenflusse entgegenstehen, beseitigt werden."[14]

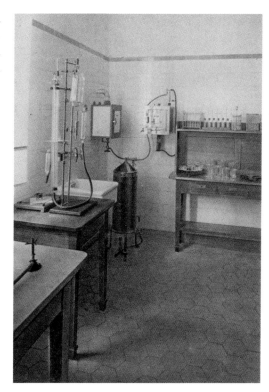

Abb. 53: Laboratorium, Bäderprospekt 1914.

Außerdem wurde ausführlich darauf hingewiesen, dass besonders günstige Heilergebnisse bei folgenden Erkrankungen zu erwarten seien: bei Zuckerharnruhr, bei Stoffwechselerkrankungen wie Gicht und Fettleibigkeit, bei bestimmten Herzerkrankungen, bei katarrhalischen Anschwellungen der Luftwege und noch vielen anderen Leiden.

Die Palette der Anwendungsgebiete war breit. So konnten sicher viele Menschen aus dem Großraum gesundheitliche Gründe für eine Kurbehandlung finden. Verbunden mit der räumlichen Nähe und den dadurch geringen Benutzerkosten sowie der attraktiven Gestaltung und perspektivisch angelegten Öffentlichkeitsarbeit erstaunt der zunehmende Zulauf an Kurgästen nicht.

Abb. 54 und 55: Postkarten von der König-Ludwig-Quelle, 1914.

Kurbetrieb und Kuranwendungen anno 1914

Die Zeitungen waren seinerzeit voll des Lobes. Über den ersten Mai-Sonntag 1914 steht zu lesen: „Schon kurz vor 5 Uhr kamen mit der ersten Straßenbahn und mit der Ludwigsbahn, die bekanntlich in der Nähe des Bades eine besondere Haltestelle eingerichtet hatte (die heutige U-Bahn-Station Stadtgrenze) die ersten Kurgäste. Bald füllten sich die hübschen Anlagen, so daß zur Hauptkurzeit von ½ 8 – 9 Uhr etwa 1000 Personen anwesend waren. Zu dieser Zeit konzertierte auch das Trompetenkorps des in Fürth stationierten Chevauleger-Regimentes". Mit einem Glas Heilwasser in der Hand, promenierte man bei angeregter Unterhaltung durch die hübschen Anlagen. „Neu ist gegenüber den Einrichtungen des Vorjahres der Konzertplatz mit Bäumen und Bänken um den Musiktempel herum, ferner die vollständige Anpflanzung der Anlage, die bedeutende Erweiterung zur Dr.-Mack-Straße zu, die Anpflanzung hinter dem Gebäude am Pegnitzufer und schließlich der Kinderspielplatz. Alles wurde von den Besuchern mit großer Freude wahrgenommen. Das Leben, das zu dieser schönen Morgenstunde dort herrschte, machte einen sehr imposanten Eindruck. Übrigens wurde es als sehr angenehm bemerkt, daß in der Trinkhalle eine neue Verteilungsleitung vorhanden ist, die es ermöglicht, daß das Thermalwasser an 20 Zapfstellen vom Publikum selbst entnommen werden kann. Darunter sind zwei Zapfstellen für gekühltes und zwei Zapfstellen für erwärmtes Thermalwasser." Wiederholt wird stolz erwähnt, dass die Fürther Einrichtung ähnlich der von Bad Kissingen sei.[15]

Überall wurde jetzt, nach der Errichtung der modernen Kuranlagen, die Werbetrom-

Abb. 56: Kurgäste mit Trinkbechern.

mel gerührt und die Attraktion an der Stadtgrenze ins rechte Licht gerückt. Zum 13. Jahrestag der Erbohrung der König-Ludwig-Quelle veröffentliche der leitende Kurarzt Dr. Spaet einen Artikel in der „Nordbayerischen Verkehrs- und Touristenzeitung", mit dem er die neuesten Veränderungen aufs Höchste pries. „Wer noch vor wenigen Jahren die frühere ‚Kanalstraße‘ passierte, ahnte wohl nicht, welch wertvolle Heilquelle – an den dortigen Hängen zufällig erbohrt – ungenützt in die Pegnitz sich ergoß; noch weniger hätte er wohl daran gedacht, daß auf diesem ganz vernachlässigten Stadtgebiet in so kurzer Zeit ein Etablissement sich entwickeln würde, das mit Recht in seinen Einrichtungen altbewährten Heilbädern sich an seine Seite stellen darf. ... Die gärtnerischen Anlagen mit dem hübschen Blick auf das ausgedehnte Wiesental an der Pegnitz und auf den nahegelegenen Stadtpark

bieten den Kurgästen einen Aufenthalt, von dem jedermann auf das angenehmste überrascht und voll befriedigt ist." Dazwischen wies er eingehend auf die vielseitigen hervorragenden Heilwirkungen des Wassers und die regionale und überregionale Freizeitbedeutung der Kureinrichtungen hin.[16]

Das Heilbad Fürth erfreute sich von Anfang an nachweislich großer Beliebtheit. 1914 war gewiss ein Erfolgsjahr! Es wurden 108 334 Mineralwasser-Wannenbäder, 15 120 Moorbäder, 56 500 Inhalationen, 3 005 Fangopackungen verabreicht. Dabei erzielte man einschließlich des Trinkkurbetriebs und Heilwasserversands 929 369 Mark Einnahmen.[17]

Für den Eintritt in den Kurgarten und den Gebrauch der Trinkkur mussten die Kurgäste 25 Pfennige für eine Kurkarte entrichten. Die Benutzung anderer Einrichtungen war nicht gerade billig. In Fürth kostete

Abb. 57: Kurbetrieb im oberen Kurpark, Postkarte 1914.

Abb. 58: Kurbetrieb am Musikpavillon, Postkarte 1914.

Abb. 59: Wandelhalle mit Milchwirtschaft, Postkarte 1914.

Abb. 60: Platz zwischen Wandel- und Trinkhalle. Links hinten ein Restaurationskiosk, 1914.

Abb. 61: Eintreffen der Kurgäste am Haupteingang.

Abb. 62: „Schlange stehen" bei der Heilwasserausgabe.

Abb. 63: Gruppenfoto am Standort des Berufsfotografen. Links hinten Bohrturm der KLQ II.

Abb. 64: Familienausflug in den Kurpark.

damals der Besuch des Thermalbades pro Besuch 3,50 Mark, „in Serie" und für Kinder waren die Preise auf 3 Mark ermäßigt. Moorbäder je nach Applikation kosteten 4 bis 6 Mark, Inhalationen 1,45 Mark.[18] Vergleicht man die zur gleichen Zeit üblichen Einkommens- und Lebenshaltungspreise wird klar, dass zwar der Besuch des Kurgartens und die Trinkkuren für jedermann erschwinglich waren, die Spezialbehandlungen zählten allerdings sicherlich zum Luxus. So verdiente bei dem bis 1914 relativ stabilen Geldwert ein Facharbeiter ca. 4 Reichsmark am Tag, monatlich ca. 100 Mark.[19] Arbeiter und Angestellte beim König-Ludwig-Bad hatten 1914 z. B. folgende Monatseinkünfte: ein Brunnendiener 150 Mark, dagegen eine Brunnendienerin nur 120 Mark, eine Abortwärterin und eine Gurgelraumwärterin je 60 Mark, ein Portier 150 Mark, ein Gärtner 250 Mark, ein Badediener 300 Mark. Der Kutscher erhielt bei freier Wohnung ebenfalls 300 Mark. Der Betriebsleiter wurde bei freier Logis mit 10 000 Mark Jahresverdienst veranschlagt.[20] Zur gleichen Zeit kostete ein Kilogramm Roggenbrot 34 Pfennige, 1 Kilogramm Schweinefleisch 1 Mark 70 Pfennige. Trotz der relativ hohen Preise für die Kuranwendungen, kann man sich über die damaligen hohen Besucherzahlen des Bades wundern.

Was bekamen die Badegäste bei einem Besuch für ihr Geld geboten, welche Empfehlungen für die Kuranwendungen wurden ausgegeben? Aus der zur Eröffnung des Kurbades aufgelegten Informationsschrift kann man dazu für Trinkkuren folgende Hinweise entnehmen: „Die König Ludwig Quelle kann zu jeder Jahreszeit kurgemäß gebraucht werden. Die beliebteste Zeit zu Trinkkuren ist bekanntlich die wärmere Jahreszeit, es hat dies seinen Grund darin, daß bei unseren klimatischen Verhältnissen nur zu dieser Zeit die gewöhnlich mit den Trinkkuren verbundene Bewegung in Form der Promenade und Spaziergänge möglich ist. ... Was die Tageszeit anlangt, in der das Wasser getrunken werden soll, so eignet sich am besten hierzu die Zeit vor dem ersten Frühstück. Bezüglich der Wärme des Wassers wäre zu erwähnen, daß sich die natürliche Temperatur von 21-22 Grad Celsius selbst für die schwächsten Verdauungsorgane eignet, indes sind Vorrichtungen an der Quelle geschaffen, zu weiterer Erwärmung des Wassers wie auch zu des-

Abb. 65: Uferpromenade im Kurgarten in Richtung Stadtpark, Bäderprospekt 1914.

sen Abkühlung, so daß die Temperatur je nach Bedarf noch besonders geregelt werden kann. ... Der Kurgast, der die Quelle nur als Vorbeugungsmittel gegen Krankheiten benützt, wird am zweckmäßigsten je nach Wirkung auf den Unterleib täglich morgens 2-3 Becher zu je 200-250 Gramm trinken. Bei besonders hartnäckiger Darmträgheit empfiehlt es sich, dem Wasser durch einfaches Eindampfen hergestelltes konzentriertes Thermalwasser je nach Bedarf beizugeben."[21]

Für jedes der verschiedenen Krankheitsbilder wurden detaillierte Kuranweisungen erteilt. Ganz nebenbei wird immer wieder darauf hingewiesen, dass der regelmäßige Gebrauch von Dosana-Sprudel als gewöhnliches Tafelgetränk der Gesundheit, unabhängig von den speziellen Trinkkuren, im allgemeinen sehr förderlich sei. Der Kurgast, der sich einer vorbeugenden Trinkkur unterzog, musste seine Lebensweise wenig ändern. „Allerdings soll er während der Trinkkur nicht zu schwer verdauliche Speisen und nicht zuviel Alkohol genießen. Am besten wird er natürlich während dieser Zeit ohne alkoholische Getränke leben, indes sind geringe Mengen leichten Weines oder Bieres immerhin zulässig. Man hat sich nur zu hüten, zu bald nach dem Genuß des Heilwassers solche Getränke oder ungeeignete Speisen wie sauere und fette Sachen oder Obst zu genießen."[22]

Eine weitere wichtige Frage war: „Wann soll der Kurgast Bewegung machen, wann der Ruhe pflegen?" Auch hier wurden den Kurgästen klare Regeln an die Hand gegeben. Im allgemeinen empfahl man während der etwa 3/4 -1 Stunde Trinkzeit am Morgen sich „mäßige Bewegung zu machen" und je nach Befund entsprechende Ruhepausen dazwischen einzulegen. „Ob der Kurgast nach Tisch schlafen darf, hängt hauptsächlich von seinem Kräftezustand ab. Schwächliche blutleere Personen sollen unbedingt in irgend einer Weise nach dem Mittagsmahl 1 Stunde ruhen, am besten in halbliegender Stellung (Chaiselongue). Auch vollblütige, fettleibige Personen sollen nicht unmittelbar nach der Mahlzeit stärkere Bewegung machen, sondern ca 1/2-1 Stunde allerdings am besten in sitzender Stellung – Lehnsessel – etwas ruhen, wirkliches Schlafen nach dem Mittagsmahl aber vermeiden. ... Bezüglich der Nachtruhe ist zu bemerken, daß, wenn irgendwo, so namentlich während

Abb. 66: Kurgartenpartie. Die Uferallee nimmt Gestalt an (vgl. Abb. 26). Bäderprospekt 1914.

einer Trink- und Badekur der Schlaf vor Mitternacht am meisten sich empfiehlt, zumal ja Trinkgäste schon frühzeitig am Brunnen erscheinen sollen."[23]

Neben den Trinkkuren fanden die Badekuren guten Zuspruch. Die kohlensäurehaltige Kochsalztherme wurde insbesondere bei allen rheumatischen und gichtischen Erkrankungen sowie bei Frauenkrankheiten empfohlen. Weiter sollte eine Badekur bei „verschiedenen nervösen Depressionszuständen" helfen, „bei denen das kohlensaure Bad belebend und erfrischend wirkt. ... Sehr wirksam sind die Bäder auch bei Kindern, die an der englischen Knochenkrankheit (Rachitis), an der Skrophulose mit Drüsenschwellungen usw. leiden."[24]

Für die Behandlung mussten sich insbesondere Herzkranke nach den Vorschriften des Arztes richten. Neben bestimmten Temperaturen galt es, eine Badedauer von 15 bis maximal 30 Minuten ohne ärztliche Anordnung niemals zu überschreiten. Für die Badekuren erhielten die Patienten folgende Verhaltensregeln: „Während des Bades bleibt der Badegast ruhig sitzen, es lagert sich dann die Kohlensäure des Wassers in Form kleiner und mittelgroßer heller Bläschen an dem Körper an, nach Ablauf von 5-10 Minuten holt der Badende durch sanfte Wellenbewegung mit den Händen unter der Wasseroberfläche entfernte Wassermengen herbei, diese geben dann ihrerseits wieder ihre Kohlensäure an den Körper ab und so kann dies wiederholt werden, bis die ganze Körperoberfläche dicht mit eng aneinander gelagerten Kohlensäurebläschen bedeckt ist. Auf diese Weise kann im Bade selbst die Kohlensäureeinhüllung des Körpers nach Bedarf abgestuft und die Stärke des Kohlensäurebades reguliert werden."[25]

Die medizinische Begründung der Therapiemaßnahmen war verbunden mit Hinweisen auf die weiteren Vorzüge des Fürther Heilwassers. „Diese Kohlensäureauflagerung bewirkt dann eine starke Erweiterung der Blutgefäße der Haut, damit wird das Blut

Abb. 67: Teller und Bestecke der Kurbadrestauration mit KLQ-Monogramm.

aus den inneren Organen an die Körperoberfläche geführt und Entlastung des Herzens bedingt. Diese Wirkung der Kohlensäure wird noch wesentlich unterstützt durch den Gehalt der Quelle an Mineralsalzen, wie Kochsalz usw., welcher ebenfalls die Blutzufuhr zu den Hautgefäßen und damit eine Entlastung der inneren Kreislauforgane bewirkt und so dem Einfluß der Kohlensäure die Wege ebnet. Es ist also in der Wirkung niemals gleich, ob man ein natürliches Kohlensäurebad mit Süßwasser oder ein Mineralwasserbad mit natürlicher Kohlensäure nimmt."[26]

Die Gesamtanlage des König-Ludwig-Bades umfasste 1914 neben den Badehäusern I und II, die Trinkhalle sowie zwei Toilettengebäude, einen Musikpavillon, eine Wandelhalle für schlechtes Wetter und ein mit dem Kurbetrieb verbundenes Kaffeerestaurant. Außerdem standen den Kurgästen in unmittelbarer Umgebung der Kurparkanlagen noch vier gut eingerichtete Tennisplätze, Spielplätze und Wiesen, mit einer Gesamtfläche von insgesamt ca. 5 Hektar, zur Verfügung. Eine attraktive Verbindung des Stadtparks mit dem Kurgarten war in Planung. Neben diesem öffentlichen Bereich gehörten zum Kurbad noch entsprechende Betriebs- und Versorgungseinrichtungen. U. a. waren dies: Wäscherei, Lagerhalle, Fabrik- und Bürogebäude, Kessel- und Maschinenhaus, Ökonomiegebäude, Hausmeisterwohnung, Scheunen, Remisen, Gartenhäuser und ein Gemüsegarten.[27]

Für den Heilwasserversand waren alle erforderlichen Einrichtungen vorhanden. Im Erdgeschoss des Badehauses wurde das Wasser der König-Ludwig-Quelle quellfrisch und unbehandelt unter Luftabschluss in Flaschen gefüllt, „ein Verfahren, das Gewähr leistet für unveränderte mineralische Zusammensetzung und Haltbarkeit." Die Reinigung der Flaschen erfolgte durch eine elektrisch betriebene Flaschenreinigungsanlage. In ähnlicher Weise wurde auch das Heilwasser der Bavaria-Quelle im Quellenpavillon abgefüllt.[28]

Abb. 68: Heilwasserversand. Flaschen und Rechnungsformular.

Postscheck-Konto:
Nürnberg 3030   Fürth i. B.,...............191...
Telephon 1590

Rechnung   16008 *
der König Ludwig Quelle G. m. b. H.
für

Sie empfangen:	Pf.	Mark	Pf.
3/4 ltr. Bordfl. König Ludwig Quelle			
1/1 ltr. Patentfl. Dosana Sprudel			
1/2 ltr. Patentfl. Dosana Sprudel			
3/8 ltr. Bordfl. Dosana Sprudel			
1/2 ltr. Dichyfl. Dosana Sprudel			
1/1 ltr. Patentfl. Dosana			
3/8 ltr. Dichyfl. Dosana			
Summe			

Bestellungen werden innerhalb 48 Stunden effektuiert. – Zahlbar ohne Abzug. – Leere Flaschen bleiben Eigentum der König Ludwig Quelle G. m. b. H. – Das berechnete Flaschenpfand wird bei Zurückgabe der Flaschen vergütet.

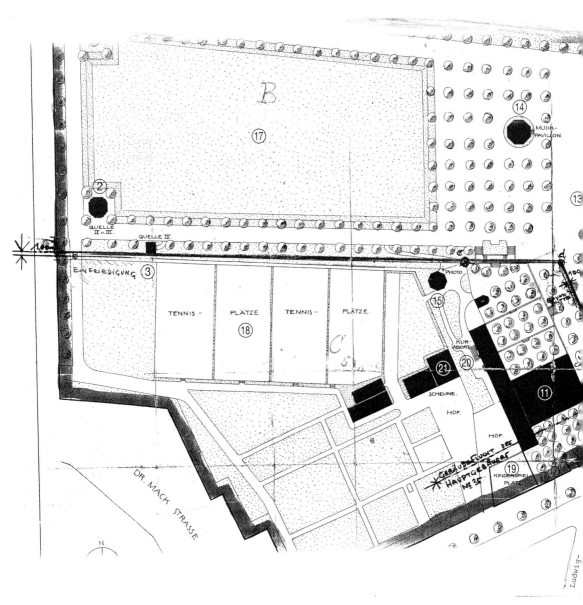

Abb. 69: Gesamtplan der Kuranlage mit allen Einrichtungen und Gebäuden (verkleinert).

Heilquellen

1 König-Ludwig-Quelle I
2 König-Ludwig-Quelle II und Dosana-Quelle
3 Bavaria-Quelle

Kurgebäude

4 Hauptportal Kurmittelhaus
5 Badgebäude I
6 Moorbäder

7 Badgebäude II
8 Trinkhalle
9 Wandelhalle

Kurpark mit Einrichtungen

10 Eingang/Kasse
11 Casino/Restaurant
12 Fontäne im oberen Kurpark
13 Aussichtsterrasse
14 Musikpavillon

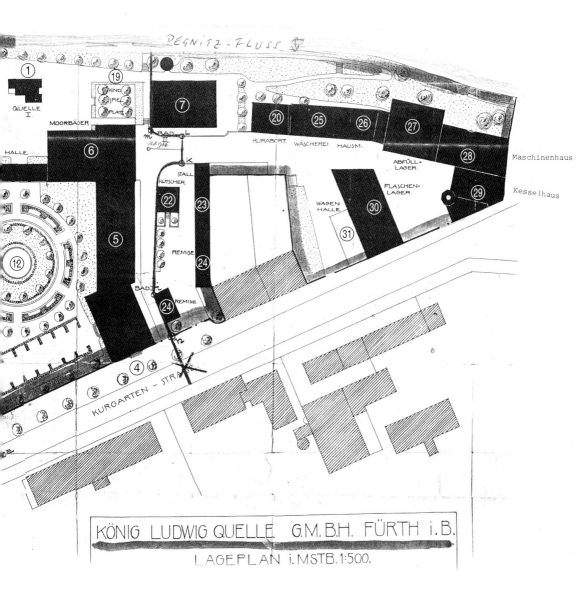

15 Fotografenstand

16 Uferpromenade

17 Wiese

18 Tennisplätze

19 Kinderspielplatz I und II

20 Kurabort I und II

Betriebsgebäude

21 Scheune

22 Kutscher

23 Stall

24 Remisen

25 Wäscherei

26 Hausmeister

27 Abfülllager

28 Maschinenhaus

29 Kesselhaus

30 Flaschenlager

31 Wagenhalle

37 Betriebsangehörige sorgten für einen reibungslosen Ablauf des Kurbetriebs und für die Gäste. Folgendes Personal war im Eröffnungsjahr im König-Ludwig-Bad neben dem gut besoldeten Betriebsleiter und dem „Correspondent für Brunnenbetrieb" beschäftigt: eine Buchhalterin, eine Maschinenschreiberin, zwei Kassiererinnen, ein Werkmeister, ein Maschinist, drei Badediener, vier Badedienerinnen, eine Inhalationsdienerin, eine Wäscherin, zwei Hilfswäscherinnen, ein Portier, ein Mooraufbereiter, ein Helfer, ein Brunnendiener, drei Brunnendienerinnen, zwei Abortwärterinnen, eine Gurgelraumwärterin, ein Gärtner, zwei Gartenarbeiterinnen, ein Gartenaufseher, ein Kutscher, ein Brunnenmeister und Packer, zwei Füllerinnen.[29]

Weitere Investitionen für eine große Zukunft

Starker Andrang von Kurgästen und der dadurch vermehrte Heilwasserbedarf, machte bereits 1914 drei weitere Erbohrungen von Heilbrunnen erforderlich. Zuerst wurde in 365 Meter Tiefe eine der König-Ludwig-Quelle I chemisch ähnliche Therme erschlossen und erhielt deshalb den Namen König-Ludwig-Quelle II. Mit einer Schüttung von 300 Kubikmetern pro Tag brachte sie einen erheblichen Zugewinn. Im gleichen Bohrloch traf man in einer Tiefe von 162 Metern auf eine weitere Wasserführung mit Schüttung von etwa 25 Kubikmetern in 24 Stunden. Sie bekam die Bezeichnung „Dosana-Quelle" und diente hauptsächlich der Tafelwasserherstellung. Dieser geheimnisvoll klingende Name lässt sich recht einfach erklären. Während „Sana" mit Gesundheit zu tun hat, weist die Vorsilbe „Dos" auf den benachbarten Nürnberger Vorort hin. Kurze Zeit später wurde durch eine Solitärbohrung für den gleichen Verwendungszweck in 170 Meter Tiefe, bei einer Tages-Schüttungsmenge von ca. 12 Kubikmetern die nur 15 Grad warme „Bavaria-Quelle" hinzugewonnen.

Der Fürther Kurbetrieb verfügte nunmehr über 4 verschiedene, therapeutisch

Abb. 70: Erbohrung der Bavariaquelle.

verwertbare Wässer. Das Schüttungsvolumen der beiden Quellen König-Ludwig-I und II reichte für eine Verabreichung von 2 000 Thermalbädern pro Tag in den 22 Einzelbaderäumen aus. Im Jahresbericht 1915 schwärmte man, „die Höchstleistungsmöglichkeit des Trinkkurbetriebs ist ... eine nahezu unbegrenzte. Es können mit der vorhandenen Einrichtung ohne weiteres 5 000 Personen in der Zeit von 6-9 Uhr vormittags glasweise mit Heilwasser zur Trinkkur versorgt werden. Bei einer Vergrößerung der

Verteilungsleitung um das Doppelte läßt sich diese Zahl auf 10 000 Personen pro Tag erhöhen."[30]

Kein Zweifel, was in den Zeitungen stand war keine Angeberei. Dank der vorhandenen Einrichtung erhoffte man eine gute Zukunft. Die Schüttung allein der König-Ludwig- I und II -Quellen lieferte in 24 Stunden eine Million Liter Mineralwasser.

Im Eröffnungsjahr registrierte man zahlreiche Badegäste aus allen Teilen Deutschlands, sowie 75 000 Personen aus der näheren Umgebung, die zum Zwecke einer Trinkkur angereist kamen. Zum einen konnten die Kurgäste im großen Kurgarten die Trinkhalle zur Abgabe des König-Ludwig-Heilwassers nutzen. Zum anderen wurde das Heilwasser der Bavaria-Quelle durch eine Auslaufstelle am Quellenpavillon, unterhalb des Aussichtspavillons, zunächst nur für Trinkkuren zugänglich gemacht. Es sprudelte hier aus einem Zierhahn in ein Rundbecken.[31] Zur Verwunderung von Spaziergängern existierte diese Einrichtung noch bis ins Jahr 2002.

Erster Weltkrieg – Notzeit und Niedergang

Schwere Zeiten kündigten sich an, als am 31. Juli 1914 der deutsche Kaiser, ebenso wie „Seine Majestät der König von Bayern" den Kriegszustand erklärten. Auf den Betrieb des Fürther Kurbades hatte dies vorerst keinen nennenswerten Einfluss, auch nicht was die Besuchsfreudigkeit betraf. Bis in das Frühjahr 1915 fanden an Sonn- und Feiertagen sogar noch die üblichen „Künstlerkonzerte" statt. Eine Besichtigung der Kuranlagen war nur mehr an Werktagen von 10-12 Uhr gegen eine Gebühr von 20 Pfennigen möglich.[32] Zur Belebung des Kurbetriebes führte man ab sofort die Neuregelung ein, dass die gelösten Tageskarten zu einem mehrmaligen Besuch der Badeanlagen am gleichen Tage berechtigten.[33]

Anstelle der erst vor kurzem gepriesenen Aufwärtsentwicklung, machten sich jedoch bald und in steigendem Maße schlimme, kriegsbedingte Auswirkungen bemerkbar.

Bei weitem bekamen nicht nur Fürther Kureinrichtungen solches zu spüren. Fast alle deutschen Badeorte hatten alsbald unter den Kriegseinflüssen zu leiden, angefangen von massiven Einschränkungen, bis hin zu vorübergehenden Schließungen und drohendem Ruin. Es war gewiss nicht verwunderlich, wenn das noch junge Fürther Unternehmen in besonderer Weise um seine Existenz ringen musste, auch wenn die Herren Wacker und Nold als vermögende Initiatoren und Investoren rettend zur Seite standen. Verzweifelt bemühte man sich um Auswege.

Bereits im Sommer 1914 erfolgte ein allgemeiner Aufruf des kgl. Bayerischen Kriegsministeriums, in dem die Stadt gebeten wurde, besonders an die wohlhabenden Familien zu appellieren, für Kriegsverwundete kostenlos Unterkunft und Verpflegung zur Verfügung zu stellen. Die Situation war akut, bereits am 28. August 1914 traf in Fürth der erste Verwundetentransport ein. In der Folgezeit brachten 185 Eisenbahnzüge weitere 81 298 Verwundete nach Fürth, wo sie in neun behelfsmäßig errichteten Notlazaretten betreut werden mussten.[34] Am 19. November 1914 schickte die Quellenverwaltung einen Brief an den Fürther Oberbürgermeister Dr. R. Wild. „Die Gesellschaft bietet Offizieren und Mannschaften der Deutschen Armee und Marine, deren Gesundheit durch den Krieg gelitten hat, die Bade- und Trinkanlagen zu kostenlosem Gebrauch an. Das Bad wird auch den Winter über geöffnet bleiben."[35] Es zeugt von der vaterländischen Gesinnung und Großzügigkeit, wenn die König-Ludwig-Quellen-Gesellschaft anbot, monatlich 180 Personen eine vierwöchige kostenlose Badekur angedeihen zu lassen. Bezirksarzt Dr. Spaet erklärte sich zur Behandlungsübernahme bereit. Die Zeitung berichtet im Mai 1915: „Die König-Ludwig-Quellen-G.m.b.H. hat sich damit die Anerkennung der Sanitätsbehörden errungen. Es wurden bis Ende April an Militär- und Vereinslazarette abgegeben 103 000 Flaschen Mineraltafelwasser Dosana-Brunnen, ca. 3 000 Flaschen Heilwasser König-Ludwig-Quelle, an Militärkurgäste

Illustrirte Zeitung

Leipzig, Berlin, Wien, Budapest, New York.

Nr. 3763. 145. Band. Die Illustrirte Zeitung erscheint wöchentlich. Preis vierteljährl. 9 ℳ, frei ins Haus 9 ℳ 25 ₰. Preis dieser Nummer 1 ℳ. Der Anzeigenpreis beträgt für die einspaltige Nonpareillezeile oder deren Raum 1 ℳ 50 ₰, auf Seiten mit redaktionellem Text 2 ℳ. 12. August 1915.

Abb. 71: Werbung speziell für verwundete und erkrankte Krieger, 1915.

Abb. 72: Patriotische Anzeige, 1915.

6 500 kohlensaure Thermal- u. Moorbäder u. lokale Moor- und Fangopackungen."[36]

Mit Kriegsbeginn stellte sich außerdem die Frage, wie man mit den bis dahin beliebten und weit verbreiteten ausländischen Mineral- und Heilwässern umgehen sollte. In der Zeitung erfolgten patriotische Aufrufe, „daß man sich ... in erster Linie solchen Gebieten zu wendet, auf denen Deutschland das feindliche Ausland ohne weiteres ersetzt und übertrifft, ist selbstverständlich, und wenn es sich um medizinische Gebiete handelt, wie z. B. das Bäderwesen, so tritt zu den allgemein wirtschaftlichen Gesichtspunkten noch der des vaterländischen Gefühls. ‚Deutsche Volksgesundheit nicht aus Welschland schöpfen'. Wir haben in Deutschland und Oesterreich-Ungarn reiche Schätze an Heilquellen, die den Kranken und Genesenden Gesundheit, den Gesunden Kraft zu neuen Taten bringen, und es ist Verrat an unserer segensspendenden deutschen Erde, wenn, z. B. wie es Tatsache ist, vor dem Kriege Millionen Flaschen fremder Heilwässer für teures Geld nach Deutschland eingeführt wurden. Es sei nur das französische ‚Vicy' erwähnt, das sowohl hinsichtlich einer Badekur als einer Trinkkur in der vaterländischen ‚König-Ludwig-Quelle' zu Fürth-Nürnberg seinen Meister findet."[37] „Eine weitere im Bereiche des König-Ludwigs-Bades in Fürth jüngst erbohrte erdig-alkalische Quelle wird auch vollen Ersatz für die wegen ihrer diuretischen Wirkung in Deutschland verwendeten französischen Quellen von Contrereville (besonders Le Pavillon und La Souveraine) bieten."[38]

Am 6. Juni 1915 konnten sich die Fürther, wenn auch zum letzten Mal, eines Königsbesuches erfreuen. „Mit großen Ehrenerweisungen und unter Hochrufen der zahlreichen Volksmenge" wurde Ludwig III. am Hauptbahnhof empfangen, um „im Auto eine Besichtigungsfahrt zu unternehmen. Zunächst wurden verwundete Krieger im Lazarett des Roten Kreuzes besucht. ... Darauf folgte noch eine Besichtigung der König Ludwig Quelle. Der König war überrascht über die prachtvolle Neuanlage des großartigen Bades..."[39]

Leider wirkten sich die Folgen des Krieges immer mehr auf die Geschäftsentwicklung des Kurbades aus. Am 8. Januar 1916 sah sich die König-Ludwig-Quellen-GmbH leider gezwungen, der Stadtverwaltung eine schlimme Nachricht zu unterbreiten: „Infolge der langen Dauer des Krieges und der damit verbundenen, ständigen Steigerung der Betriebskosten bei gleichzeitigem Rückgang der Besucher, wurde eine Schließung vom 15. 1.1916 an beschlossen. Die Wiedereröffnung soll am 1.5.1916 erfolgen."[40]

Nach dem Betrieb in den Sommermonaten des Kriegsjahres 1916 wurde vom 1. September bis April 1917 eine erneute Pause notwendig. In einem Schreiben der Direktion vom 25. April 1917 wurde vermeldet: „Infolge ungenügender Kohlenbelieferung ist die Kurverwaltung außerstande für die Saison 1917 zu eröffnen. Der Versand der König Ludwig- und der Bavaria-quelle erleidet keine Unterbrechung."[41]

Im März 1918 ließ die Direktion der König-Ludwig-Quelle folgende Erklärung in der Zeitung veröffentlichen: „Es war beabsichtigt, das König-Ludwig-Bad für die Dauer der Sommermonate zu öffnen, leider konnten aber von der Ortskohlenstelle Fürth die für den Betrieb benötigten Kohlen nicht erreicht werden. Der Betrieb der Trinkkur allein ohne Badekur ist nicht angängig, da eine Kur ohne die andere nicht durchführbar ist, andererseits die natürliche Quellentemperatur der König-Ludwig-Quelle ebenfalls für manche Krankheiten nicht ausreichend ist, weil viele Trinkkurgäste nach der ärztlichen Verordnung die König-Ludwig-Quelle angewärmt trinken sollen. Diese Vorrichtung zur Erwärmung erfordert Dampf. Eine andere Einrichtung hierfür läßt sich bei dem Mangel an Material zur Zeit nicht beschaffen. Ferner hängt die Bereitung der für die Unterstützung der Wirkungen in vielen Fällen unentbehrlichen Bittersole ausschließlich von der Möglichkeit der Verdampfung des Heilwassers ab. Zur Verdampfung ist Kesselfeuerung notwendig und diese können wir für die Dauer der Saison nicht durchführen. Da mit dem Betrieb der Trinkkur allein nicht allen Heilung suchenden gedient werden kann, muß leider auch auf den angeregten beschränkten Betrieb verzichtet werden, dagegen erleidet die Abgabe der Heilwässer ‚König-Ludwig-Quelle' und ‚Bavaria-Quelle' ... keine Unterbrechung."[42]

Von dieser Entwicklung waren die Fürther nicht begeistert. Ein Leser meldet sich in der Zeitung daraufhin zu Wort: „... Ich möchte im Namen vieler Kranken und Erholungsbedürftigen, insbesondere kranker Krieger, darauf hinweisen, daß es sehr bedauerlich ist, wenn – besonders in der jetzigen Zeit – so ungeheuer Vieler Leiden verlängert und verschlechtert wird, anstatt, daß eine Verwaltung in erster Linie danach trachtet, ein derartiges, heilbringendes Unternehmen zum Wohle der Menschheit so viel wie möglich aufrecht zu erhalten bzw. es zu unterstützen. Ein solches Heilinstitut geht in der Kohlenversorgung entschieden vor allen anderen Privatbetrieben. Ich gebe mich der Hoffnung hin, daß diese Worte, die im Sinne vieler Kranken und

Heilsuchenden, die in der jetzigen Ernährungsweise eine viel intensivere Kur benötigen wie früher, eine titl. Verwaltung Fürths veranlassen, dafür Sorge zu tragen, daß dieses Heilinstitut seine Pforten wieder öffnen kann." Unterzeichnet: „Einer im Namen Vieler."[43]

Leider half dies alles nichts, das Unternehmen blieb auch 1918 geschlossen. Das Vierer-Consortium, das für den Unterhalt zuständig war, hatte bereits begonnen, sich aufzulösen. Herr Duisberg hatte sich ohnehin schon 1913 zurückgezogen. Nun folgte ihm auch Dr. Held. Übrig blieben nur die Herren Commerzienrat Carl Nold und Generaldirektor Commerzienrat Alexander von Wacker. Die sich zunehmend verschlechternde gesamtdeutsche Wirtschaftslage machte ein Fortbestehen immer schwieriger.[44] Jedoch versuchte man offensichtlich mit allen nur greifbaren Mitteln, das Fürther Heilbadunternehmen weiter zu betreiben.

Wiederbelebungsversuche und Ende des kommerziellen Kurbetriebs

Überraschend für alle Fürther wurde am Pfingstsonntag, den 23. Mai 1920 das Bad nach fast dreijähriger Pause mit einem Promenadenkonzert plötzlich wieder geöffnet.[45] Der Preis für Eintrittskarten wurde für Erwachsene auf 1 Mark erhöht, bei Kurkonzerten verlangte man das Doppelte.[46] Das

Abb. 73: Eintrittskarte nach der Wiedereröffnung, 1920.

Abb. 74: Kurbad um 1920. Die Bäume an der Uferpromenade wachsen heran (vgl. Abb. 66).

Pfingstsonntag Eröffnung des König-Ludwig-Bades Fürth

Kur- und Badezeit: täglich von 6½ bis 12 Uhr und 3–6 Uhr.

Am Pfingstsonntag und Pfingstmontag bei günstiger Witterung Promenadenkonzzeit von 8–9½ Uhr vormittags.
Bei Bedarf um 6 Uhr früh Sonderwagen der Straßenbahn ab Plärrer zur Stadtgrenze.
—— Der Zug der Ludwigs-Eisenbahn ab 6 Uhr Nürnberg hält bei Bedarf an der Stadtgrenze. ——

Abb. 75: Inserat zur Wiedereröffnung am 23. Mai 1920.

vollständig neu renovierte Bad mit den „prächtig weiterentwickelten Parkanlagen" wurde durch einen Zeitungsartikel und ein Inserat groß angekündigt: „Das König Ludwig-Bad ... wird, wie wir unseren Lesern zu ihrer Freude mitteilen können, seinen Betrieb nunmehr wieder in vollem Umfang aufnehmen. Der rührigen Direktion ist es gelungen, alle Schwierigkeiten, die sich in den Weg gestellt hatten zu überwinden und ihre Kur- und Badeeinrichtungen der Öffentlichkeit wieder zur Verfügung zu stellen. Wir zweifeln nicht, daß der rege Zuspruch seitens des heilungssuchenden Publikums sofort wieder einsetzen wird, umso mehr als die vorzüglichen Einrichtungen des Bades und die weltberühmten Erfolge seiner Kurmittel jede Konkurrenz mit den bekanntesten Bädern der Welt bestehen. Außerdem wird sich der Besuch des Bades um so mehr empfehlen, als man bei den teueren Reiseverhältnissen ein Vermögen sparen kann, daß sich für Nürnberg und Fürth bei dem Mangel an Einrichtungen für medizinische Bäder geradezu ein dringendes Bedürfnis für die Wiedereröffnung des König Ludwigbades notwendig gemacht hat ..." Der Artikel schloss mit einem patriotischen Appell: „Schon aus vaterländischem und lokalem Interesse können wir den Besuch des König Ludwigbades nur bestens empfehlen."[47]

Der frühere wirtschaftliche Erfolg stellte sich jedoch nicht mehr ein. Mit einem Anschlag gab die Direktion der König-Ludwig-Quelle den Kurgästen bereits nach wenigen Betriebswochen, am 30. Juli 1920, wieder die Schließung bekannt. „Wegen neuerdings aufgetretenen Schwierigkeiten bei der Aufrechterhaltung des Bad- und Brunnenbetriebs ist das König-Ludwig-Bad genötigt, Brunnen- und Badebetrieb ab 31. Juli zu schließen. Die Wiedereröffnung des Bades findet bei günstigen Verhältnissen im nächsten Frühjahr statt."[48] Dazu sollte es jedoch nicht mehr kommen.

Welche Gründe verbargen sich hinter dem schnellen Ende? Die Betreiber versuchten, die Schuld dem Arbeitspersonal zu geben, die bessere Arbeitsbedingungen und eine höhere Bezahlung im Rahmen eines Tarifvertrages wünschten. Vermutlich wurden insgesamt die wirtschaftlichen Voraussetzungen für einen Kurbetrieb in der Nachkriegszeit falsch eingeschätzt. Hinweise gibt ein gleichzeitig erschienener Artikel in der Fränkischen Tagespost, in dem der Verband der Gemeinde- und Staatsdiener sich in der Öffentlichkeit über Vorwürfe hinsichtlich der angeblich überhöhten Forderungen des Arbeitspersonals rechtfertigt. Zum einen scheint der Zuspruch, vielleicht aus Geldmangel, geringer als erhofft gewesen zu sein. So gab die Direktion an, dass durchschnittlichen Tageseinnahmen von 1 000 Mark, tägliche Ausgaben von 1 500 Mark entgegenstanden.[49] Die Höhe der Tageseinnahmen lassen im Vergleich mit den Eintrittspreisen also darauf schließen, dass wesentlich weniger zahlende Besucher die Kureinrichtungen in Anspruch nahmen. Zum anderen versuchten die Betreiber deshalb vermutlich, die Betriebskosten auf Kosten des Personals möglichst niedrig zu halten. Die Beschäftigten reklamieren deshalb in der Öffentlichkeit: „Dabei wurde dem Badepersonal entgegen der gesetzlichen Bestimmungen eine tägliche Arbeitszeit von 10 Stunden und mehr, dem Maschinisten aber eine solche von 14 Stunden zugemutet, bei einer Bezahlung, die weit hinter den ortsüblichen Löhnen zurückblieb. ... Auch das Personal des König Ludwig-Bades hat ein Recht auf eine den Verhältnissen entsprechende Bezahlung."[50]

Auch von anderer Seite drohte Gefahr. Die für die Heilquellen bestehende Wasserschutzzone für die König-Ludwig- und die Dosana-Quelle wurde in der Nachbarstadt Nürnberg mit Argwohn gesehen. „Die Festsetzung einer solchen Zone würde für das Stadtgebiet Nürnberg ziemlich bedeutsame Wirkungen haben, schon bei einfachen Kanalisationen wären sehr erhebliche Schwierigkeiten zu befürchten, insofern, als Bohrungen über 20 Meter unzulässig wären und zwar auf einem Gebiete, das sich schlimmstenfalls über die ganze Stadt bis nach Erlenstegen erstreckt."[51] Die Entscheidung darüber, ob in einem bestimmten Gebiet zum Schutz der Quellen keine Bohrungen über eine gewisse Tiefe hinab vorgenommen werden durften, lag jedoch nicht in kommunaler oder privater Hand, sondern beim Oberbergamt.

Die König-Ludwig-Quellen-GmbH bot ihr Eigentum 1920 mehrfach zum Verkauf an. Aber weder die Stadt Fürth, noch Nürnberg zeigten Interesse. Die Offerte für das gesamte Anwesen einschließlich Inventar lautete auf etwa 4 Millionen Mark. Am 4.1.1921 kam ein Vertrag mit der Spiegelfirma Offenbacher zustande. Im Verkaufsangebot wurde eine Wertsumme von 2 010 000 Mark genannt, bei einem errechneten Jahres-Nettoverdienst von 291 000 Mark, im Falle eines balneologischen Weiterbetriebs. Allerseits sehr beklagt wurde, dass die Stadt das Objekt nicht selbst käuflich erworben hatte.[52] Von jetzt an war eine weitere Quellennutzung nicht mehr möglich. Der neue Eigentümer, die durch Aufnahme der Offenbacherschen Werke vergrößerten Bayerischen Spiegel- und Spiegelglasfabriken AG in Fürth, hatte mit dem erworbenen Objekt etwas ganz anderes vor. „Es soll als Verwaltungsgebäude für die Gesellschaft eingerichtet werden."[53]

Schon bald darauf beklagte der Fürther Stadtchronist Paul Rieß: „Aus dem Hauptgebäude der König Ludwig Quelle, Kurgartenstraße, werden nun die schönen Marmor-Wandvertäfelungen herausgenommen und verkauft. In den Räumen finden dann kaufmännische Büros Aufnahme. Der Quellen-

und Badebetrieb liegt immer noch still. Es ist wirklich schade um die schönen Anlagen."[54, 55]

In der Öffentlichkeit wurden in den nachfolgenden Jahren die verpassten Chancen zum Weiterbetrieb des Kurbades vielfach bedauert. Der Verein zur Wahrung der bürgerlichen Interessen der Stadt Fürth, „E.V.-Treu Fürth", wandte sich bereits am 22. August 1922 an die Behörden, dass in der ganzen Bevölkerung Missstimmung herrsche. „Die Stadt soll sich der König Ludwig Quelle annehmen, bevor die Öffentlichkeit in derbster Weise vorgehen wird. ... Diese Frage hat mit Parteipolitik nicht das Geringste zu tun."[56] An die Stadtverwaltung erging kurz darauf ebenfalls der Aufruf, die Sache neu aufzugreifen. „Während man nach dem Kriege anderswo die unbedeutendsten und kleinsten Heilquellen weiter ausbaute und für sie die Werbetrommel schlug, geschah von Seiten der Badeverwaltung Fürth nichts dergleichen, man nahm erst sehr spät den Betrieb in beschränktem Umfang auf und fand es nicht für nötig, die teilweise entstandenen Schäden auszubessern."[57] Auch der Stadt wurden Vorwürfe gemacht. „Die Quelle, der Park, das Badehaus mit all seinen heilversprechenden Einrichtungen sind nun infolge verpaßter Gelegenheiten ... der Allgemeinheit entzogen worden. Der ... Stadtrat sah ruhig zu, ließ geschehen, was er hätte verhindern sollen, er lehnte sogar die Übernahme des seinerzeitigen billigen Angebotes ab. Angeblich aus Geldmangel ... während in Wirklichkeit die Eingemeindungsfreunde, die seinerzeit im Stadtrat die Mehrheit hatten, in ihrer Wahnpolitik ihre Blicke nur nach Nürnberg richteten."[58] Es gab noch weitere Einsprüche hinsichtlich der neuen Nutzung. Beklagt wurde, dass beim Verkauf des Kurgeländes sogar amtliche Bestimmungen übergangen worden wären und dieser deshalb anfechtbar sei. „Noch kein Stadtrat hat sich erbarmt und in den Akten nachgeblättert, in denen ausdrücklich eine Entschließung der Regierung von Mittelfranken steht, wonach die Umgebung der Quelle als Schutzgebiet

Abb. 76: Luftbild der Bayerischen Spiegelglasfabriken Bechmann-Kupfer A.G. Fuerth.
Links oben der nun als Verwaltungsgebäude genutzte ehemalige Kurbadkomplex.

E. Bein

de la Firme:

**BAYERISCHE SPIEGELGLASFABRIKEN
BECHMANN-KUPFER, A.G.
FUERTH (BAVIÈRE)**

*

Spécialités:

Miroirs, encadrés en celluloïd, metal et bois
Garnitures à raser, hautes et pliantes
Glaces à 2 faces et de voyage
Porte-blaireaux
Ecrins avec necessaire toilette
Boîtes à poudre modernes
Verreries argentées
et autres nouveautées

Abb. 77: Werbeaufdruck auf der Rückseite des Luftbildes.

erklärt wurde und Ansiedlungen von Industrien nicht statt gegeben werden darf."[59] In einer Stadtratssitzung wurde die Thematik ausführlich erörtert. Oberbürgermeister Dr. Wild rechtfertigte sich dabei u. a. für die getroffenen Entscheidungen mit dem Argument: „Was nicht ein Privatunternehmer zum Blühen bringen konnte, hätte auch die Stadt niemals vorwärts bringen können."[60]

1923 wünschte der Verkehrsverein Fürth in einem Brief an den Stadtrat die Wiederinbetriebnahme des Bades, eventuell im Zusammenhang mit einer Privatklinik oder im Anschluss an das Stadtkrankenhaus.[61]

Im Weiteren verfiel das Kurbad zusehends. Paul Rieß beklagte 1928: „Das Heilwasser der Ludwigsquelle fließt ... unverwertet in die Pegnitz. Die Gebäudlichkeiten in den Gartenanlagen sind noch vorhanden, aber verlassen und verödet stehen sie da."[62]

Eine neue Initiative zur Wiederbelebung ergriff 1929 Herr Martin Bauer, vormals als Treuhand-Direktor auch mit der Liquidation des König-Ludwig-Bades befasst und neuerdings Bevollmächtigter der König-Ludwig-Quellen-GmbH Fürth-Köln. Er hatte für den 23. 09. 1929 einige namhafte Persönlichkeiten im Bergbräu-Gasthof zu einer Besprechung eingeladen. Thema: „Die eventuelle Wiedereröffnung der König-Ludwig-Quelle". Erschienen waren vier Stadträte, ferner der Kaufmann J. L. Weiskopf, sowie Fabrikbesitzer Wilhelm Schmidding, welcher gleichzeitig das Amt des Geschäftsführers der König-Ludwig-Quellen-GmbH inne hatte. Die Gesellschaft verfügte noch über Teile des Grundbesitzes und beabsichtigte den Rückkauf der an die Bayerischen Spiegelglasfabriken veräußerten Liegenschaften.

Im Laufe des Abends wurde eine Reihe von früheren Badegästen benannt, die seinerzeit die Kur zur vollen Zufriedenheit gebraucht hatten und es mit Freuden begrüßen würden, wenn die Quellen Ihre Heilwirkung baldmöglichst wieder spenden könnten. „Es soll also das mit außerordentlich hohen Mitteln (durch die Herren Dr. Wacker und Carl Nold) geschaffene und von allen Seiten bewunderte Werk, wieder ins Leben gerufen werden."[63] Die Planungen zogen sich bis in das Frühjahr 1933 hinein, leider ohne verwirklicht zu werden.

1931 scheint das Ende besiegelt. In der Zeitung wird berichtet, dass die Spiegelfabrik die Anlagen weiter demontierte. „Diese veranlaßte die Herausnahme der Kupferrohre, durch deren Verkauf ein beträchtlicher Erlös erzielt wurde. Wohl dringt das Mineralwasser heute noch aus der Tiefe; aber es ist nicht mehr das Heilwasser von damals. Durch die Beseitigung der Rohre war für die aus anderen Erdschichten kommenden Wasseradern, die vielfach Gips enthalten, der Eintritt in die eigentliche Quellströmung möglich. Damit wurde die künftige Verwendbarkeit des Wassers der König-Ludwig-Quelle vielleicht für immer in Frage gestellt."[64]

Im Besitz der König-Ludwig-Quellen-GmbH befanden sich im Jahr 1931 noch das an die Tennisspielvereinigung vermietete Wohngebäude Kurgartenstraße Nr. 29 sowie ein kleines Häuschen in der Kurgartenstraße Nr. 31 und außerdem Haus Nr. 35. Hier befanden sich Küche, Schänke und Bedürfnisanlagen des früheren Restaurationsbetriebes, wovon nun ein Teil als Tünchwerkstatt diente. Kurgartenstraße 37 war das ehemalige Restaurationsgebäude mit großem Lokal von 120 qm Bodenfläche und geschlossenen Glasveranden.[65] Ein Verkaufsangebot an die Stadt Fürth wurde von dieser nicht angenommen, „da darauf keine Quellen liegen und die Fa. Bechmann und Kupfer eine Überlassung der Quellen ablehnt."[66]

Weiterhin setzten sich viele Fürther für eine neuerliche Nutzung der Ludwigsquelle ein. Wie aus einer redaktionellen Anmerkung auf einen Leserbrief von 1933, der die Wiedereröffnung im Zusammenhang mit der Belebung des Fremdenverkehrs fordert hervorgeht, werden neue Hoffnungen in den Ausbau einer anderen, fast in Vergessenheit geratenen Heilquelle gelegt. „Im Zusammenhang wird es interessieren, daß im Süden der Stadt die Absicht einer ähnlichen Verwertung der Gustav-Adolf Quelle mit kurbadähnlicher Trinkverwertung ihrem Ziele näher gekommen ist."[67]

Martin Bauer
früherer Direktor
der Deutschen Allgemeinen
Treuhand-A.-G.

Nürnberg, 23. September 1929.
Labenwolfstraße 18/I
Fernruf 53816

Euer Hochwohlgeboren

gestatte ich mir, zu der

heute, Montag, den 23. September, 8 Uhr abends
im Lokal „Bergbräu", Fürth, Königstraße Nr. 106

stattfindenden Besprechung über die

eventuelle

Wiedereröffnung der König-Ludwig-Quelle

ganz ergebenst einzuladen.

Einladung erlaubte ich mir ergehen zu lassen an

Fräulein Stadträtin Babette Bauer
Herrn Stadtrat Heinrich Ebersberger
Herrn Stadtpfarrer Paul Fronmüller, Stadtrat
Herrn Fabrikbesitzer Adolf Scheidig, Stadtrat
Herrn Stadtrat Adam Schildknecht
Herrn Fabrikbesitzer Wilhelm Schmidding
Geschäftsführer der König-Ludwig-Quelle G.m.b.H Fürth-Köln
Herrn Staatsbank-Direktor I. Klasse Schneider
Herrn Kaufmann J. L. Weiskopf

Ich darf Sie wohl im Interesse der Wichtigkeit der
Sache um Ihr Erscheinen höflichst bitten.

Hochachtungsvoll

Bevollmächtigter der König-Ludwig-Quelle
Fürth-Köln

Abb. 78: Einladung. Initiative zur Wiederbelebung.

Die Espanquelle – Große Pläne im Dritten Reich

Wehmütige Erinnerungen und wieder erwachtes Interesse am alten Kurbad

Seit Schließung des Kurbades bis Anfang der 30er Jahre, noch ehe es zur nationalsozialistischen Machtübernahme und weit reichenden politischen Veränderungen kam, hatten die Klagen der Fürther über das verlorene Kleinod der Kuranlagen und die damit verpassten Stadtentwicklungschancen nicht aufgehört. Offensichtlich war die Wiederinbetriebnahme der Quellen ein unparteiliches Anliegen der Fürther Bevölkerung. Man trauerte alten Plänen und dem um ein Haar versäumten Titel „Bad" nach.

Leserbriefe und Zeitungsartikel beklagten immer wieder den durch die Umstände eingetretenen unbefriedigenden Zustand und forderten zum Wohle der Stadt eine Wiederbelebung der Heilquellennutzung.

Anfang 1933 stand z. B. im Fürther Tagblatt unter dem Titel „Verschütteter Born in Fürth" ein Artikel, der vielen Bürgern aus der Seele sprach: „... Was man allerseits freudigst erwartete, traf nicht ein, der Glaube, die regsame Industriestadt Fürth zu einem weltbekannten Fremdenort umzuwandeln, erwies sich als falsch und trügerisch. Die damals noch florierende Glasindustrie verbaute den Grund, worin Fürths Zukunft begraben liegt. Das angrenzende, fortschrittliche Nürnberg, das versteckt und offen sich schon immer um den unbezahlbaren Flecken Erde bemühte, hätte es gewiß nicht soweit kommen lassen, daß dort, wo sich einst in einem Jahr nahezu 30 000 Kurgäste um den segenspendenden Brunnen scharten, Genesung und Erholung erhoffend, Hecken wuchern, Ruinen bröckeln, Staub und Rost sich breit macht. ... Der herrliche Park liegt ungepflegt und wüst hinter den gelben, unansehnlich gewordenen Kurgebäuden, morsche Zäune umgeben ihn. Die Kieswege sind still und unbelebt, kein frohes Lachen tönt über den Wiesenplan. Verweist sind Trinkhalle und Parkanlagen, versandet, verschüttet ist der mineralhaltige Born. ... Eine Neueröffnung des König Ludwigbades, an die lokalpatriotischer Optimismus trotz aller Zeitmisere immer noch zu hoffen wagt, wäre für unsere schwer um ihre Existenz ringende Stadt eine Einnahmequelle ersten Ranges."[1]

Im gleichen Jahr zeichnet sich jedoch eine Wende ab. Nach dem jahrelangen Stillstand durch das Desinteresse der Besitzer der ehemaligen Kuranlagen, den Bayerischen Spiegelglasfabriken Bachmann & Kupfer A. G., wurde der Bevölkerung seit einiger Zeit wieder erlaubt, auf eigene Gefahr das Gelände der Firma zum Entnehmen von Quellwasser zu betreten und Wasser zu holen. Anfang Juni 1933 kann man deshalb im Fürther Tagblatt lesen: „Seit einigen Wochen ist das Heilwasser der König-Ludwig-Quelle wieder zugänglich gemacht. Jeden Morgen früh 6 Uhr läßt der Besitzer die bisher verschlossenen Tore öffnen. Vorerst sind es etwa 10 bis 15 Personen, die von dem Entgegenkommen Gebrauch machen und das Heilwasser wieder konsumieren."[2]

Anscheinend sprach sich das Angebot schnell herum, so dass der Betrieb rapid zunahm. Die Grundstücksbesitzer sahen sich einen Monat später bereits gezwungen eine Benutzerregelung auszugeben. „Der in diesem Jahr besonders stark einsetzende Besuch der Quelle gibt uns Veranlassung, darauf hinzuweisen, daß von Seiten unserer Firma jede Verantwortung abgelehnt werden muß. Um die für unseren Betrieb durch den starken Besuch auftretenden Störungen möglichst zu verringern, sind wir gezwungen die Zeiten, zu denen Wasser geholt werden kann zu regeln. ... Wir bitten um Schonung der Bäume und Sträucher! Das Betreten und Verweilen in den Gartenanlagen ist verboten, ebenso das Mitnehmen von Hunden in unserem Anwesen. Die Genehmigung gilt auf Ruf und Widerruf! Abholen von größeren Quantitäten zum Zwecke des Wiederverkaufs kann nicht zugelassen werden."[3]

Fast gleichzeitig erscheinen anlässlich dieser Entwicklung wenig später mehrere, fast gleich lautende Artikel in den verschiedenen Tageszeitungen, in denen die rasant zunehmende Besucherzahl und die Bedeutung der Fürther Mineralquellen herausstellt wird. Der Sprachjargon in den Überschriften, bei dem auf die „Volksgesundheit" und die „Volksgesundung" verwiesen wird, zeigt schon, dass nun die Nutzung der Quellen auch im politischen Interesse liegt. „Allein die Tatsache, daß täglich 600, 700 Personen, an manchen Tagen sogar mehr, in den frühen Morgenstunden an das Pegnitzufer eilen, wo sich das für die Gesundheit so kostbare Naß bacharrig in den Fluß ergießt, an dieser Tatsache werden doch schließlich die für das Volkswohl bestellten Behörden nicht achtlos vorübergehen können. In lobenswerter Weise hat die Besitzerin des Grundstückes, die Bayerischen Spiegelglasfabriken Bachmann & Kupfer A.G., der Öffentlichkeit die unentgeltliche Benützung der Quellen und des vorhandenen Parkes wochentags von 6 bis 7 und 17 bis 18 Uhr, an Sonntagen von 7 bis 9 Uhr gestattet. ... Es unterliegt keinem Zweifel, daß gerade die Heilerfolge es waren, die den Ruf nach öffentlicher Nutzbarmachung der Quellen ertönen ließen und zwar von Kranken und Heilbedürftigen, die nicht in der Lage sind, eine kostspielige Bade- und Brunnenkurreise zu machen. Nach persönlichen Erhebungen ist festgestellt worden, daß die übergroße Mehrzahl der Quellenbenützer sich aus Arbeitern, Angestellten und dem Kleinbürgerkreise zusammensetzt, und zwar sind es hier wiederum überwiegend Frauen. Das Wasser wird teils an Ort und Stelle getrunken, teils in Kannen und Flaschen zum Genuß nach Hause mitgenommen. ... Was gemacht werden muß, ist die Neufassung beider Quellen unter gleichzeitigem Erwerb des Grundstückes. ... Eine Wegleitung der Quellen z. B. zum Stadtpark kommt, ganz abgesehen von den Kosten, nicht in Frage, da sich bei einer längeren Leitung der nicht sehr bedeutsame Teil der Kohlensäure im Wasser verflüchtigen würde. ... Möchten sich deshalb die Verwaltungen der beiden Schwesterstädte Nürnberg und Fürth zusammenfinden zum Zwecke des Volkswohles und der Volksgesundheit."[4]

Bei Oberbürgermeister Jakob meldeten sich alsbald Sponsoren, wie der in der Kurgartenstraße ansässige Vincenz Lehrieder, Besitzer der Ersten Bayerischen Backofen-Fabrik, der uneigennützig beim Ausbau der Quellfassung weiterhelfen will. „Es kommen da Hunderte von Menschen, um das heilkräftige Wasser zu trinken. Aber die Schöpfstellen sind derart primitiv, wie man sie wirklich nicht primitiver haben könnte. Bei regnerischem Wetter ist sogar Gefahr vorhanden, daß Leute verunglücken können. Auch tun sich die älteren Leute sehr schwer beim Schöpfen des Wassers. ... Wenn Sie niemanden anders wissen, der die Quellen fassen könnte, so würde ich dies zum Selbstkostenpreis ausführen, nur damit dem allgemeinen Wohl in dieser Hinsicht gedient wäre."[5]

Eine weitere hoffnungsvolle Zeitungsmeldung berichtet im August 1933 von weiteren Fortschritten: „Seit Wochen kann man beobachten, daß die König-Ludwig-Quelle von nahezu 800-1000 Personen – Kranke und Nichtkranke – täglich besucht wird, um das der Gesundheit zuträgliche heilkräftige Wasser zu trinken. Die Firma Bayerische Spiegelglasfabriken Bachmann, Kupfer A.G., als Besitzerin des Grundstückes, hat in uneigennütziger Weise für die Benützung der Quelle Zu- und Abwege geschaffen; außerdem hat sie zur rascheren Abwicklung der äußerst regen Wasserabnahme einen Verteiler mit 12 Abfüllröhren aus Kupfer einbauen lassen."[6]

Zeitgeschichtlich interessant ist ein mit dem Artikel verbundener Hinweis auf die Lebensumstände und die Probleme, die die Menschen damals bedrückten. Während des Monats Juli hatte der Betriebsrat der Firma an der Quelle eine Spendenbüchse für „Opfer der Arbeit" angebracht. In der Zeitung steht darüber: Sie brachte den „Betrag von 91 RM, welcher dem hiesigen Finanzamt zugeführt worden ist. Allen Gebern wird herzlichst gedankt für ihre Opferwilligkeit. Mögen sich alle Besucher der Quelle, die noch in der Lage sind, Arbeit und Brot zu haben, bewußt sein, daß arbeitslos nicht allein brotlos, sondern auch ein freudloses Leben bedeutet. Darum, deutsche Frauen und Männer, geben Sie, solange es ihnen möglich ist – die Entnahme des Wassers geht ja gratis – zu Nutz und Frommen der Wiedereinsetzung der Arbeitslosen in der Wirtschaft und nicht allein zuletzt für den Wiederaufbau unseres geliebten, deutschen Vaterlandes." [7]

Eine zeitgenössische Schilderung vermittelt uns noch heute, wie man sich das neu erwachte Leben und Treiben im alten Kurgelände vorzustellen hat. „Den Weg zur Fürther Trinkkur weisen nicht nur die Bezeichnungen wie Kurgartenstraße, Ludwig-Quellen-Straße oder Kurgarten-Restaurant, sondern vor allem Reihen von Radfahrern und Fußgängern, bewaffnet mit Taschen, Mappen und Netzen, angefüllt mit drei, vier und fünf Flaschen, in denen sie Angehörigen das heilkräftige Naß nach Hause schleppen. Nächst dem Zugang aber zur einstigen feudalen Kuranlage treffen wir ganz wie auf regelrechten Badeplätzen die promenierenden Kurgäste, Männlein und Weiblein, mit ihren halbvollen Gläsern in der Hand, aus denen sie ab und zu einen Schluck nehmen. Ebenso wie in richtigen Kurorten kennen sich die regelmäßigen Kurgäste vom täglichen Rencontre, nicken sich begrüßend zu und tauschen Scherzwort und Meinung aus. Je näher man an die Stätte kommt, der das Heil entquillt, je mehr schwillt der Menschenstrom an. Einer der eingesessenen Kurgäste bezeichnet die Zahl der täglich Erscheinenden mit 1000 nicht als zu hoch gegriffen. Der Andrang an der Quelle selbst, an der man sich an Stelle einer holden Brunnenmaid das Wasser höchst eigenhändig holt, ist entsprechend lebhaft, und manchmal bedarf es eines längeren Anstehens, bis man zu dem in die Pegnitz abfließenden Quellenausgang vordringen und sich sein mitgebrachtes Gefäß voll füllen kann. Etwas ruhiger geht's an der im rückwärtigen Parkteil gelegenen zweiten Quelle zu. Nach dem Unterschied der beiden befragt, erklärt ein begeisterter Kurgast, der

die Wirkung des Wassers schon ehemals in der Blütezeit der König-Ludwig-Quelle anno 1912 erprobt: ‚s kummt draf oh, wöi aner die natur hout. Anen greift dös bessa oh, an anern sells.‘ Und sein Nebensteher meint: ‚Oetz prowier ma amoul acht Täg dös und nacha acht Täg 's annere und nacha wern ma scho seng, was richtga is.‘" [8]

Auch ein Mundartdichter fühlte sich berufen, die Zeitungsleser zu belustigen und die „heilenden" Wirkungen des Wassers in einem Gedicht „Von der Ludwigquelln" drastisch darzustellen:

„Am Sunntog bin in aller Fröih
   ich ba der Quelln drobn gwen,
ich hob mer denkt: ‚na, den Betrieb,
   den moußt der doch oseng.‘
Es worn scho drobn a Haufen Leit,
   woi i dorthi bin kumma,
und alles hot mit Gläser gschöpft
   es Wasser außn Brunna.
Die an döi trinken blouß a Glos,
   die andern zwa bis drei,
und döi wo's erschte mol dobn sen,
   döi schüttens ner su nei.
Ober wos dös für a Wirkung hot,
   dös hob i nou erfahrn,
drum sog i Eich: ‚Leit, tät dort drobn
   a weng mit Wasser sparn!‘
I bin dann durch'n Stadtpark rei
   bis an den ‚stillen‘ Ort,
etz ist dort a Grenn und a Glaf,
   dös göiht in an Trum fort.
Der a göiht raus, der ander nei,
   es nimmt scho gor ka End,
und vur der Tür dou wartn drei,
   halten hintn drauf die Händ.
Und wöis a wenig lang dauert hot,
   schreit aner von die Alten:
‚geht zou, geht zou, Leit, schickt Eich do,
   i konns ja nemmer halten!‘
Und wöi er nou dro kummer wär –
   mer hout'ns scho ogsehng –
sagt er: ‚Etz brauch i nemmer nei,
   etz – etz – etz is scho gschehng!‘" [9]

Andere Schreiber versuchten, z. B. mit einem Märchen von der Quellennymphe der König-Ludwig-Quelle, die Leser zu unterhalten. Im nationalsozialistischen Geist wurde dabei versteckt auf die Besitzverhält-nisse der sich in jüdischer Hand befind-lichen Spiegelglasfabriken hingewiesen, indem die „Kerkermeister" angeprangert wurden:

„Vier Fürthern, die soeben eines kurseligen Abends unter dem schattigen Plateau des Quellengartens wandelten, ist die Nymphe, holderrötend, begegnet, und hat ihnen aus ihrem bislang verkannten Leben soviel erzählt, daß es auch für die wissensgierige Allgemeinheit bedeutsam ist, davon in lokalhistorischer Vertrautheit unterrichtet zu werden." Im weiteren erzählt die Quel-lennymphe schwülstig und ausführlich aus der Ich-Perspektive ihre „Lebensgeschich-te", über ihre „lange Gefangenschaft" und „Wiederentdeckung", bevor sie in die Zukunft schaut: „Erst dann fühle ich mich wieder der Freiheit völlig teilhaftig, wie sie einer Quelle gebührt, die nicht für ein paar Besitzer, sondern für Hunderttausende flie-ßen und heilsam wirken will!" Sie fährt fort: „‚Und bevor Sie sich heute Abend verab-schieden, meine Herren Fürther, möchte ich Sie eines fragen: Wieso kommt es eigent-lich, daß man mich so plötzlich aus banger Gefangenschaft und Unberühmtheit freige-geben hat? Ich bin zwar nur eine bescheide-ne Quelle, aber ich möchte es gar zu gerne – Sie verzeihen einer Nymphendame persön-liche Neugier – erfahren, ob es wahr ist, was jetzt durch meinen Quellenboden aus dem ringsumgebenden Heimatboden herüber-raunt: Es ist eine langentbehrte, köstliche Melodie der Freiheit und Erneuerung, die jedes Stück deutsche Scholle ahnungsvoll durchzittert und auch meinen Wassern einen neuen Rhythmus des Lichtdrängens befiehlt. Ihre leuchtenden Gesichter meine Herren, verraten mir, daß mich meine Ahnung nicht getrogen hat. Meine Kerker-meister haben bei einer solchen Melodie nicht darauf bestehen können, mich noch weiter gefangen zu halten: Denn auch mein Gebiet ist deutscher Boden!' und also spre-chend, verschwand die kluge, schöne Nym-phe mit artiger Verbeugung in ihrem Rei-che, ohne die bestätigende Antwort ihrer dankbaren und freundschaftlich verbunde-nen Gäste und Hörer abzuwarten."[10]

Die Stadt ergreift die Initiative

Offensichtlich war die neue Stadtverwal-tung bereits ab Juli 1933 an einer Neunut-zung der Fürther Heilquellen interessiert. Aus dem Vorjahr lag eine Bestätigung der Bayerischen Landesgewerbeanstalt in Nürn-berg über die weitere Gültigkeit früherer Heilwasser-Analysen vor.[11] Eine bakterio-logische Überwachung wurde ständig vorge-nommen. Der Direktor des Fürther Stadt-krankenhauses, Prof. Dr. Weigelt, sagte inzwischen die klinische Prüfung der Heil-wässer zu. Besonders geeignet hielt er sie für die Behandlung von Erkrankungen der Leber und der Gallenblase.[12]

Am 31. Oktober 1934 beschäftigte sich der Stadtrat mit der künftigen Verwertung des Mineralwasservorkommens und be-schloss die Einholung von Gutachten. Das technisch-physikalische Laboratorium Max Stehle in Stuttgart wurde mit hydrologi-schen Voruntersuchungen zum Zwecke einer eventuellen Neubohrung beauftragt, die dem Espangelände den Vorzug gab. Des weiteren erfolgte eine Befragung des Inge-nieurs für Mineralbrunnenbau in Bad Ems, Arnold Scherrer, der ebenfalls für die Anla-ge eines Bades außerhalb der Hochwasser-zone am Espan plädierte. Er „betonte in sei-nem Gutachten vom 9. Dezember 1934, daß das Gelände am Espan als landschaftlich am günstigsten und zur Aufnahme aller Bade-behelfe als genügend zu bewerten sei."[13] Der Kauf von Grundstücken in einer Größenord-nung von ca. 25 Tagwerk war bereits im Oktober 1934 ins Auge gefasst worden.[14]

In der Sitzung des Stadtrates am 13. Dezember 1934 kamen schließlich folgende geheime Beschlüsse zustande:

„1. Auf dem Gelände beim Espan wird ein Mineralwasserbad eingerichtet.

2. Die erforderliche Neubohrung wird beauftragt …

3. Für die für das Bad erforderlichen Grund-stücke am Espan, deren Erwerb im Ver-handlungswege zu angemessenem Preis nicht erreicht werden kann, wird das Enteignungsverfahren durchgeführt.

4. Das Stadtdirektorium wird beauftragt, die Finanzierung für die Errichtung des Bades einzuleiten."

Der Stadtrat stimmte einstimmig zu „gez. Jakob OBM."[15]

Mit den Planungen und dem Grundstückserwerb wurde sofort begonnen. Gleichzeitig wurde ein Bauverbot, betreffend eines Areals vom Espan bis zum südöstlichen Rand der geplanten verlängerten Jakobinenstraße, verhängt.

Wenige Monate später erfolgte der nächste Schritt. „Danach wurden entsprechend dem Beschluß des Stadtrates vom 13.12.1934, Angebote auf Ausführung der Neubohrung eingeholt und alle damit verbundenen Fragen geklärt. Die Vergebung der Bohrung kann daher erfolgen. Das Finanzreferat kann Mittel in Höhe von 100 000 RM hierfür zur Verfügung stellen. Nach der Beratung verfügt der Oberbürgermeister, daß die Vergebung der Bohrung erfolgt und das für die Ausführung Erforderliche sofort in Angriff genommen wird."[16]

Mitte Mai 1935 waren die Vorbereitungen soweit gediehen, dass Bürgermeister Jakob die Öffentlichkeit durch die Presse ausführlich über die beschlossenen neuen Kurbadpläne informierte. Tags darauf verkündeten die Titelüberschriften der Zeitungen: „Fürth entwickelt sich zur Bäderstadt". Auf der Presseveranstaltung rückte Bürgermeister Jakob zunächst seine Verdienste und die Intentionen der Partei in das rechte Licht: „Für uns Nationalsozialisten bestand die Frage: Wie können die Mineralvorkommen genutzt werden? Daß es ein Muß war, an diese Frage irgendwie heranzutreten, war uns selbstverständlich. Wir haben als Stadtverwaltung die Pflicht, für die Bevölkerung zu sorgen und alle existentiellen Lebensbedingungen im Fürther Lebensraume zu erforschen. Und in erster Linie kümmern wir uns um die Erhaltung der Volksgesundheit."[17] „Die nationalsozialistische Bewegung und ihr Staat haben gerade Gesundheitspflege zum Fundament der Bevölkerungspolitik gemacht. So dient die Schaffung der Fürther Badeanlage durchaus einem nationalsozialistischen Prinzip. Es bleibt zu erwarten, dass auch unser Gauleiter Julius Streicher im Rahmen der von ihm auf das nachdrücklichste geförderten Volksgesundheitsbestrebung größtes Interesse an dem Fürther Vorhaben nimmt."[18] Die Bevölkerung erfuhr nun, dass nicht geplant war, das alte Bad, die König-Ludwig-Quelle in ihrem ursprünglichen Zustand wieder herzustellen, es sollte nur miteinbezogen werden. Aufgrund der vorliegenden Gutachten sprächen viele Gründe gegen das frühere Gelände. Zum einen „weil die Quelle in einem Winkel und im Hochwassergebiet gelegen und von Fabriken umgeben sei." Zum anderen komme das Gelände nicht in Frage, weil es viel zu klein wäre und Bauschwierigkeiten böte. „Zum früheren Ludwigsbad gehörten auch nur sechs Tagwerk Grund und Boden, wovon ein Teil bebaut war, während für die neue Anlage, wie schon erwähnt, 55 Tagwerk, d. h. 187 000 Quadratmeter oder rund 19 Hektar vorgesehen sind."[19] Auch das Kavierlein entsprach nicht den Anforderungen für ein neues Kurbad. Verbunden mit dem Projekt war ein umfangreiches Verkehrskonzept. Durch eine Pegnitzbrücke sollte die Jakobinenstraße mit der Espanstraße verbunden werden. Das neue Bad wäre dann für alle gut erreichbar an das Gesamtstraßennetz angebunden. Als Fertigstellungstermin wird 1936 angekündigt. Im Rahmen der groß angelegten Informationsveranstaltung machte Oberbürgermeister Jakob darauf aufmerksam, „daß die Stadt hofft, daß die Grundstücksbesitzer, denen die Stadt die übrigen noch einzubeziehenden Grundstücke abkauft, dem gemeinnützigen Plane volles Verständnis entgegenbringen werden. Es kann in keinem Fall anerkannt werden, daß man von der Stadt einen höheren, als den geschätzten Preis erzielen will. Das neue Unternehmen dient dem Wohle der Gesamtheit und nicht dem Interesse einzelner. Gemeinnutz geht vor Einzelnutz. Wenn nötig, wird sich die Stadt, die hierzu angesichts des geplanten gemeinnützigen Unternehmens berechtigt ist, nicht scheuen, den Weg der Zwangsenteignung zu beschreiten."[20] Der Zeitungsartikel endet: „So müssen wir dankbar anerkennen, daß dank der umsichtigen Tatkraft unseres Oberbürgermeisters nichts unterlassen wird, was die Zukunft unserer Stadt

Fürth wirtschaftlich heben und sichern kann. ... Fürth wird im Kranze der fränkischen Städte als eine neuerwachte betriebsame Stätte hervorragen. Glückauf der kommenden wirklichen Bäderstadt Fürth!"[21]

Bis Anfang 1936 waren bereits Grundstücke im Wert von 114 392 RM erworben worden, unter anderem auch das alte Gelände mit den darin befindlichen Quellen. Eine Generalsanierung der Heilquellen stand bevor. Dazu kam die Wiederherstellung des alten Kurparkes, sowie die Erstellung einer öffentlichen Anlage mit Parkplatz an der Kurgarten- und der im Dritten Reich in Birkenstraße umbenannten Dr.-Mack-Straße. Bestimmte Häuser sollten entfernt werden, um für den Zugang von der Stadtgrenze her ein freundliches Bild zu schaffen. Auch ein Fußgängersteg über die Pegnitz war vorgesehen. Vorarbeiten für die Planung des Hallen-Schwimmbades, der Trink- und Wandelhalle und des Badehauses mit Mineralwasserbädern sollten anlaufen.[22] Nachforschungen der Stadt über frühere Bauausführungen und Pläne waren leider erfolglos. Die Unterlagen über die Quellen waren nach dem Verkauf derselben wegen mangelnden Interesses an den Quellen und der Bädereinrichtung mit dem gesamten Aktenmaterial zum Einstampfen gegeben worden.[23]

Die Erbohrung der Espanquelle

Zur Erschließung der Espanquelle erwählte man aus einer größeren Anzahl von Angeboten deutscher Bohrfirmen schließlich das Unternehmen H. Anger's Söhne aus Nordhausen am Harz. Vom Bergamt Bayreuth wurden zur verantwortlichen Leitung und Beaufsichtigung der Oberbohrmeister August Ludwig, zur Überwachung des Betriebes die Bohrmeister L. Härtel und F. Wilferth anerkannt.[24]

Zunächst erfolgte die Errichtung eines 20 Meter hohen, hölzernen Bohrturmes mit 40 Tonnen Tragfähigkeit, sowie die Erstellung eines Vorschachtes von 6 Meter Tiefe, 3 Meter Durchmesser und einer Wandstärke von 50 Zentimeter. Dann begann am 17. Juli 1935 unter bergamtlicher Aufsicht die eigentliche Erschließung. Seitlich des

auf einer Betonschicht erbauten Bohrturmes, befand sich eine Hütte zur Unterbringung der Bohrapparatur. Durch ein Tor konnten langes Gestänge und Rohre zum Bohrloch gebracht werden. Der Turm war mit Sturmseilen gesichert. Zu dem genauen Punkt, an dem die Bohrung niedergebracht werden sollte, hatte man sich entschlossen, weil hier der von der Stadt Fürth zu Rate gezogene Ing. Futterknecht, in Zusammenwirken mit dem Tübinger Geologen Kiderlin, eine Verwerfungsspalte gefunden hatte.[25] Sie lag etwa 77 Meter nördlich der Pegnitz und 36 Meter westlich des Ludwig-Donau-Main-Kanals. „Das Bohrverfahren ist eine Meißelbohrung im Freifall, ohne Spülung, um Verunreinigungen des Bohrloches zu vermeiden. Zum Heben des Bohrschlammes dient eine Kiespumpe. In einer Büchse mit Ventil am Boden bewegt sich eine Art Kolben. Beim Aufziehen des Kolbens wird der Schlamm in die Büchse gesaugt und dann gefördert..." Ein Drehstrom-Motor von etwa 30 PS betätigte den Bohrapparat. Dieser besaß eine Seilförderung mit einer Zugkraft von 5 000 kg.[26] Nach Erreichen einer Tiefe von 120 Metern wurde bereits eine Quelle mit 2 Liter/Sekunden-Schüttung erschlossen.[27] Für den weiteren Vortrieb wurde von der Stadt Fürth ein Betrag von 100 000 Reichsmark bereit gestellt.

Notizen in den Akten der Stadtwerke weisen darauf hin, dass man sich entschlossen hatte, alle Arbeitsphasen fotografisch festzuhalten. Mit der Verfilmung wurde der damalige Hauptlehrer Fritz Meier beauftragt. Der Film ist angeblich später ausgeliehen worden und seitdem verschollen. Außerdem wurde auch von der Bohrfirma ein Schmalfilm gedreht, von dem der Städtischen Fürther Lichtbildstelle eine Kopie übergeben wurde. Diese Dokumente sind nicht mehr auffindbar, sie haben vermutlich die Kriegs- und Nachkriegswirren nicht überstanden.[28]

Am 3. Juni 1936 konnten die Fürther einem längeren Zeitungsbericht entnehmen, „daß seit drei Wochen die neue Mineralwasserquelle ununterbrochen läuft und

Abb. 79: Bohrturm am Espan, 1935/1936.

Abb. 80: Bodenschichten der Espan-Bohrung.   Abb. 81: Artesischer Überlauf der Espan-Quelle

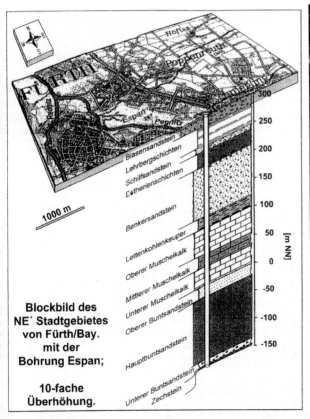

Blockbild des
NE' Stadtgebietes
von Fürth/Bay.
mit der
Bohrung Espan;

10-fache
Überhöhung.

Blasensandstein
Lehrbergschichten
Schilfsandstein
Estherienschichten
Benkersandstein
Lettenkohlenkeuper
Oberer Muschelkalk
Mittlerer Muschelkalk
Unterer Muschelkalk
Oberer Buntsandstein
Hauptbuntsandstein
Unterer Buntsandstein
Zechstein

[NN m]

in der Sekunde freiwillig und ohne Pump-kraft 10 Liter gibt, bei einer Temperatur von 22,6 Grad Celsius, also ein voller Erfolg." Bei einer Tiefe von 448,5 Metern sei die Bohrung beendet worden.[29] Zur Feststel-lung, wie hoch das Wasser über Gelände steigen würde, wurde ein Absperrkörper mit darüber stehenden Steigrohren einge-baut. „Es ergab sich, daß das Wasser bis 13 Meter über Gelände steigt..." Das war erheb-lich mehr, als die vordem im Kurpark erschlossenen ähnlichen Brunnen, vor allem wenn man die Tatsache einbezieht, dass die Espan-Bohrstelle etwa 12 Meter höher liegt.[30]

Über die technischen Daten der Espan-Bohrung existieren einige Berichte. „Das Bohrloch besitzt an der Erdoberfläche einen Durchmesser von 1 Meter, der mit zuneh-mender Tiefe stufenmäßig abnimmt und in der größten Tiefe von 439 Meter noch 0,38 Meter beträgt. Die Bohrung führte im wesentlichen durch folgende Schichten: roter Ton, Schilfsandstein, roter Sandstein, Keuperletten, sandiger toniger Mergel, Kalksandstein, grauer toniger Sandstein, Keuperletten, sandiger toniger Mergel, Kalksandstein, roter toniger Sandstein, grauweißer Sandstein, Buntsandstein, roter toniger Sandstein. Die Bohrung berührte in ihrer größten Tiefe roten Letten und grau-grünen Dolomit. In dieser Bohrung wurden drei verschiedene Mineralquellen erschlos-sen, die in dem Bohrloch aus drei verschie-denen Tiefen kommend, getrennt von einan-der gefaßt wurden. Der Überlauf der drei Quellen befindet sich in einem Quellschacht 9,5 Meter unter Gelände bzw. 289 Meter über N.N. Das ablaufende Wasser wird zur Zeit durch einen 10 Meter unter Gelände befindlichen Kanal in die Pegnitz abgeführt. Alle drei Quellen kommen von selbst zu Tage."[31] (Vgl. auch Anhang IV, S. 163)

Aus den drei Abteufungen treten ver-schieden mineralisierte Wässer hervor. Aus ihnen ergeben sich die Voraussetzungen für differenzierte Therapie. Um eine getrennte Entnahme aus den unterschiedlichen Was-serführungen durchführen zu können, bedarf es getrennter Fassungen innerhalb

der einschlägigen Horizonte. Um in etwa eine Vorstellung von den komplizierten Untertage-Einbauten zu vermitteln, erfolgt eine kurze Auflistung:

„Unterer Horizont der Neubohrung am Espan. Der im unteren Buntsandstein erschlossene Mineralwasserhorizont wurde in einem Kupferrohr von 140 mm (Durch-messer) gefaßt. Das Filter reicht von 440 bis 370 Meter unter Gelände. Als Filtermaterial wurden Steinzeug-Raschingringe verwen-det. Von 370 Meter bis zur Sohle des Quell-schachtes, die 14 Meter unter Gelände liegt, wurde das Fassungsrohr einbetoniert..." Ähnlich klingen die Angaben über die ande-ren beiden Wasserführungen. „Das im glei-chen Bohrloch im Keuper in einer Tiefe von ca. 180 Metern angetroffene Mineralwasser des mittleren Horizontes wurde mittels einer Kupferrohrfahrt von 50 mm L.W. gefaßt. ... Die Filterhöhe beträgt 30 Meter und zwar von 180 bis 150 Meter unter Gelände ... Die Fassung des im Benker-Sand-stein erschlossenen oberen Mineralwasser-horizontes erfolgte in gleicher Weise ... Die Filterrohre reichen von 130 bis 90 Meter unter Gelände..."

Bei Messungen aus dem Jahr 1938 erga-ben sich im Mittel die folgenden Werte: Espan-unterer Horizont, Temperatur 21,8 Grad Celsius, Schüttung 323 Liter/Minute. Espan-mittlerer Horizont, Temperatur 18,2 Grad Celsius, Schüttung 9,8 Liter/Minute. Espan-oberer Horizont, Temperatur 17,1 Grad Celsius, Schüttung 30 Liter/Minute.[32]

Die drei neuen Mineralwässer am Espan haben nie richtige Namen bekommen. Zwar wurde 1938 vorgeschlagen, die Quellen nach NS-Größen zu benennen. Für den unteren Horizont war Jakobsquelle und für den oberen Horizont war Julius Streicher Quelle im Gespräch. Ein eventuell daraus herzustellendes Tafelwasser sollte Julius Streicher Brunnen heißen.[33] Aber dazu kam es nicht. Auch später wurden die Quellen nicht benannt, folglich bezeichnet man die drei Mineralwässer bis heute immer noch als „unterer, mittlerer und oberer Horizont".

Abgesehen von der willkommenen Auf-findung von Heilwässern erbrachten die

Bohrungen, insbesondere die am Espan, als Nebeneffekt auch wichtige wissenschaftliche Erkenntnisse über die Beschaffenheit des Fürther Untergrundes.[34]

Im November 1936 wurde der für längere Zeit weit sichtbare, markante Bohrturm abgebaut. Sogleich wurde das Gelände in unmittelbarer Nähe des Quellschachtes eingeebnet. Allein das am stärksten mineralisierte, aus der untersten Bohrung herausströmende Wasser, das zugleich eine Therme ist, hatte man der Bevölkerung zugänglich gemacht. Dazu wurde an der dem Ludwig-Donau-Main-Kanal zugewandten Seite eine kleine Wand aufgezogen, an der sich ein betoniertes Becken befand, darüber zwei Zulaufrohre, denen ständig Heilwasser entströmte (vgl. Abb. 136). Daraus wurde bald eine beliebte Einrichtung, die Zahl der „Wasserholer" war erneut im Zunehmen begriffen. Für den Abfluss des ständig sprudelnden Wassers wurden zwei Rohre in die nahe Pegnitz geleitet. Weißschäumend ergoss sich das abfließende Wasser dort in den Fluss.[35]

Lange und ausführliche Zeitungsberichte trugen in dieser Zeit zu einem vermehrten Interesse der Bevölkerung bei. Manchmal Titelseiten füllend, mit emphatischen Überschriften: „Erfolgreiches Fürther Quellenprojekt"[36], „Die Stadt Fürth wird Kurbad"[37], „Unser Fürth – Badeort der Zukunft".[38] Aber auch überregional wurden Fürth und seine Heilquellen beachtet. „Überaus erfreulich ist die Tatsache, daß das Fürther Heilquellenprojekt nicht nur in Fürth und Franken, sondern auch im Reich und besonders in Berlin die Aufmerksamkeit von Fachmännern auf sich gelenkt hat."[39]

Sogar die Kinder wurden vom Heilquellenfieber angesteckt. Im Fürther Kinderfaschingszug des Jahres 1936 schlüpften Schulkinder unter typisch geformte, längliche Schachteln, die sie sich selbst aus Pappe gefertigt hatten und zogen als „Bohrtürme" durch die Stadt.[40] Zeitzeugen erinnern sich an ihre Schulzeit 1937. Oberlehrer Krebs fragte damals seine Schüler, wer ihm Heilwasser holen wolle. Mit einer Ledertasche und leeren Flaschen zogen dann drei neun- bis zehnjährige Buben los, um ihrem Lehrer

von der Espanquelle das gewünschte Nass zu holen.[41]

Sanierung der alten Quellen und des früheren Kurparks

Mit den Arbeiten an der neuen Espanbohrung begann auch die Reaktivierung des ehemaligen Kurbadgeländes. 1935 „kaufte" die Stadt Fürth den jüdischen Eigentümern der Bayerischen Spiegelglasfabrik Bachmann-Kupfer den früheren Kurpark mit den Mineralquellen König-Ludwig I und II sowie der Bavaria-Quelle für den viel zu billigen Betrag von 28 500 RM ab. Ferner erwarb man auch gleich von der König-Ludwig-Quellen-GmbH angrenzende Grundstücke an der Kurgarten- und Birkenstraße. Die gärtnerische Wiederherstellung des früheren Kurgartengeländes erschien problemlos. Bei dem Plan für eine neu gestaltete öffentliche Anlage sollten nunmehr zeitgemäß für die mit Autos anreisenden Besucher auch Parkplätze mitberücksichtigt werden. Die dazu nötigen Flächen gedachte man durch den Abriss weniger attraktiver und nicht benötigter Gebäude auf dem ehemaligen Kurbetriebsgelände zu schaffen. Frühzeitig bezog man auch das Espangelände auf der gegenüber liegenden Pegnitzseite mit ein.[42]

Schon 1935 hatte man ein Modell des gesamten Badegeländes in Auftrag gegeben. Es hatte eine Gesamtfläche von 14 qm und musste wegen seiner Größe in 4 Teilstücken gefertigt werden. Es gilt als verschollen.[43]

Vorerst war jedoch die wichtigste, aber auch schwierigste Aufgabe die Sanierung aller dort befindlichen Mineralquellen. Die Verrohrung der Bohrungen König-Ludwig I, II und Bavaria befanden sich in einem wahrhaft desolaten Zustand. Wie ein Gutachten bestätigte, musste man sie als weitgehend unbrauchbar bezeichnen. „Es ergab sich, daß einer richtigen, sachgemäßen Neufassung die Ausräumung der Bohrlöcher vorausgehen mußte. Diese alsbald in Angriff genommene Arbeit bestand in der Hauptsache darin, die Reste der ehemaligen eisernen Hilfsverrohrungen, die man seinerzeit in den Bohrlöchern gelassen hatte, zu ent-

Abb. 82: Modell des geplanten Kurbadgeländes, 1935.

Abb. 83: Reste der korrodierten eisernen Hilfsverrohrung, 1936.

Abb. 84: Neu gefasste König-Ludwig-Quelle II. Fontäne unter artesischem Druck, 1936.

zur Schachtsohle wurde bis 3 Meter unter Tage einbetoniert. Das Mineralwasser trat nun wieder von selbst über der Oberfläche aus und floss vorläufig durch ein Überlaufrohr in die Pegnitz.[45]

Die König-Ludwig-II-Quelle konnte „... im frisch hergerichteten Bohrloch neu gefaßt werden. Das Filter sitzt zwischen 380 bis 324 Meter unter Tage. Der ertraglose, tiefste Teil der Bohrung wurde geschlossen. Das kupferne Fassungs- und Steigrohr von 80 mm Lichtweite ist vom Filter ab einbetoniert bis zur Schachtsohle, die 3 Meter unter Gelände liegt. Das Mineralwasser fließt selbsttätig auf 289 m über N.N. aus und ist vorläufig in die Pegnitz geleitet."[46] Von jenem 1914 in zusätzlicher Fassung abgeleiteten „Dosanasprudel" war in dem Bericht von Ingenieur Scherrer nicht die Rede. Offensichtlich hatte man ihn für unwichtig gehalten und deshalb nicht erneuert. Das dazu gehörige Brunnenhäuschen wurde deshalb abgebrochen.

fernen. Teilweise konnte man sie herausziehen mit Werkzeugen, die oft für den gerade beabsichtigten Zweck von Fall zu Fall angefertigt werden mußten. An anderen Stellen mußten die Rohre zerbohrt werden, unter Schonung der Gesteinswandungen der Bohrlöcher. Erst durch diese vollkommene Ausräumung wurde die Möglichkeit der Neufassung geschaffen."[44]

Die einzelnen Quellen wurden mit erheblichem Arbeitsaufwand wieder völlig instand gesetzt. Bei der König-Ludwig-I-Quelle wurde nach der Wiederherstellung des Bohrloches im Jahre 1936 der unterste Horizont mittels Kupferrohren von 100 mm Lichtweite gefasst. Das Filter, das von 390 bis 330 Meter unter Gelände reichte, erstellte man in gleicher Weise wie beim Espan. Das kupferne Steigrohr von 330 Meter bis

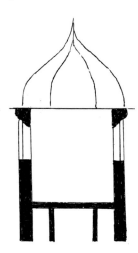

Abb. 85: Schnitt „Dosana-Brunnenhäuschen" im alten Kurpark. Abbruch 1936.

Die Bavaria-Quelle wurde 1914 etwa 150 Meter westlich der König-Ludwig-I-Quelle erschlossen. „Die Wiederherstellung des Brunnenloches hat stellenweise besondere Schwierigkeiten gemacht, wegen der stark zerfressenen, oft zerdrückten und zusammengestauchten alten eisernen Schutzrohre... Das neue Filter reicht von 146 bis

134 Meter, die kupferne Steigleitung von 50 mm Durchmesser bis 25 Meter unter Tage ... von dort ab ist sie auf 125 mm erweitert. Bis zur Schachtsohle, d. h. 7 Meter unter Gelände ist sie einbetoniert. Das Mineralwasser ... fließt jetzt noch frei in die Pegnitz."[47]

Große Schwierigkeiten hatten sich allerdings bei der Beschaffung neuer Kupferrohre ergeben. Buntmetalle waren zu dieser Zeit im Deutschen Reich bereits „bewirtschaftet", weil das Rohmaterial aus dem Ausland importiert werden musste. Gleichzeitig wurde es für die inzwischen in Gang gekommene militärische Aufrüstung benötigt. Von der „Überwachungsstelle für unedle Metalle" der Reichsregierung in Berlin vorgeschlagene Behelfslösungen, wie mit Hartgummi überzogene Eisenrohre, Porzellan- oder Holzrohre, erwiesen sich als unzulänglich. Mit etwas Verzögerung erfolgte eine Zusage über 8 500 kg Kupfer zur Anfertigung der Verrohrung für alle Quellen, sowohl für die neue am Espan, wie auch für die alten im Kurpark. Als Gegenleistung sollte von der Stadt Fürth 13 000 kg Altkupfer abgeliefert werden, was jedoch niemals in die Tat umgesetzt werden konnte.[48]

Nach Wiederherstellung der Quellen ging es an die Erneuerung des Kurparkes. Zunächst musste das Gelände von Unrat gesäubert und halbwegs gärtnerisch erneuert werden. Die Arbeiten umfassten sowohl den alten wie auch den neuen Teil der geplanten Anlage. In den Fürther Zeitungen wurde am 1. August 1936 die Bevölkerung darauf hingewiesen, dass deshalb „die Abgabe von Mineralwasser aus allen Quellen eingestellt werden muß."[49]

Phantastische Pläne am Espan

Im Sommer 1936 unterbreitete der beauftragte Architekt, D. A. Roderich Fick aus Herrsching am Ammersee, in einem Gutachten die Vorstellungen über die geplanten Kur- und Badeanlagen in der Stadt Fürth.

Das vorgesehene Gelände erstreckte sich nach Süden bis zur Dr.-Mack- und Kurgartenstraße, nach Norden und Osten bis zum Ludwig-Donau-Main-Kanal und nach Westen bis zur verlängerten Jakobinenstraße.

Der Wiesengrund an der Pegnitz sollte als Hochwassergebiet und „natürliche Lunge" der Stadt erhalten bleiben. Gegen Süden, d. h. zur Dr.-Mack-Straße hin, plante man durch eine dichtere Bepflanzung mit Weiden, Schwarzpappeln, Birken einen vorteilhaften Abschluss zur Stadt hin. Koniferen wurden als Bewuchs ausgeschlossen. Nördlich und östlich bildete der Wall des Kanals eine natürliche Grenze. Ihn wollte man auf alle Fälle erhalten, damit „aller Verkehrslärm vom Kanal", und mehr noch, der Lärm einer später geplanten, parallel zum Kanal verlaufenden Reichsstraße wirksam gedämpft werde.

Im etwa 10 Meter über der Flussniederung befindlichen nördlichen und östlichen, hochwasserfreien Teil wollte man die Neubauten errichten. Der Gutachter stellte fest: „Die Gebäude des früheren Mineralbades mit ihren Anlagen aus dem Jahr 1917 können zur Wiederverwendung für eine großzügige zeitgemäße Anlage nicht mehr in Betracht gezogen werden." Das Bauprogramm sollte zwei Hauptgebäudegruppen umfassen: „Die Bäderanlagen mit Wandelhalle, Trinkhalle und Kaffee einerseits und die Kurhotelanlagen andererseits." Erste Überlegungen, die im Mittelpunkt stehende Trinkhalle am Standort der Espanquelle zu bauen und die Anlage nach Westen offen zu gestalten, wurde verworfen, da eine geplante, auf die Trinkhalle zulaufende Allee den großen Nachteil gehabt hätte, „dass dann der östlich hinter dem Kanal stehende Fabrikkamin mit der Trinkhalle am Ende der Axe sehr unangenehm ins Bild rückt und geradezu hervorgehoben würde. Man hätte den Eindruck, dass die Axe mehr diesem gälte als der Trinkhalle."[50]

Deshalb sah man vor, dass das Kurgelände vom Bahnhof aus über die verlängerte Jakobinenstraße erschlossen wird. „An der Stelle der neuen Brücke der Jakobinenstraße wird sich die Gebäudegruppe am bedeutendsten dem Ankommenden entfalten müssen." Der Gebäudekomplex der Trinkhalle sollte im Zentrum des Geländes liegen. Auf einem etwas tiefer gelegenen „Gartenparterre" sollten Wandelhalle, Restaurant

Abb. 86: Neukonzeption des Kurbadgeländes unter Einbeziehung der alten Kurbadanlagen, des Espans und des Stadtparkes. Plan 1936.

1 Altes Kurparkgelände an der Kurgartenstraße •••
2 Alte Kurbadgebäude
3 Verbindungsbrücke über die Pegnitz zum neuen Kurbadgelände
4 Neues Kurbadgelände am Espan ▬ ▬ ▬

5 Neuer Bäderanlagenkomplex
6 Verlängerte Jakobinenstraße
7 Geplanter Promenadenweg zur Trinkhalle
8 Stadtpark

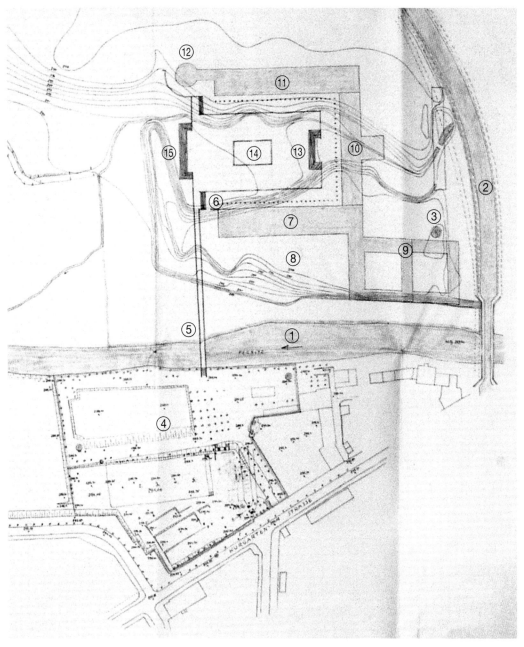

Abb. 87: Lageplan und Bauanordnung des neuen Kurbadgebäudekomplexes, 1936.

1 Pegnitz	9 Medizinische Bäder und Wannenbäder
2 Ludwig-Donau-Main-Kanal	10 Restauranttrakt
3 Espanquelle	11 Wandelhalle
4 Alter Kurpark	12 Trinkhalle
5 Fußgängersteg	13 Gartenparterre
6 Umlaufender Säulengang	14 Wasserbecken mit plastischer
7 Hallenschwimmbad	Brunnengruppe
8 Sonnenbadwiesen	15 Freitreppenanlage

und Bädertrakt folgen. „Ein umlaufender Säulengang ermöglicht es, alle Betriebe der Bäderanlage gedeckt zu erreichen. ... Die Lage eines späteren Kurhauses wird man räumlich von den Bäderbetrieben und der Trink- und Wandelhalle so trennen, dass die letztere Gruppe durch ein höher gebautes Kurhaus im Maßstab nicht erdrückt wird."[51] Probleme bot bei dieser Konzeption jedoch der gebogene Hangverlauf an der Nordostgrenze. Südlich des geplanten Kurhauses sollte eine offene Parkfläche vorgelagert sein und zwischen den Gebäudegruppen war ein waldartiger Baumhain gedacht. Das gesamte Kurparkgelände sollte Fußgängerbereich werden. Autoparkplätze waren im Westen und Süden vorgesehen. Der direkte Fußgängerzugang zu den Bäderbetrieben sollte durch den alten Kurgarten über eine schmale, neu zu bauende Fußgängerbrücke erfolgen.

Der Architekt Roderich Fick hatte bereits konkrete Vorstellungen von den Baulichkeiten. Ein dem Gutachten beigelegter Plan zeigt die Bauanordnung, das großzügige Raumprogramm wird so beschrieben: „Dabei ist das Hallenschwimmbad mit der Breitseite in die südliche Gebäudeflucht gelegt. Der Eingang zur Kassenhalle liegt in dem Säulengang erreichbar sowohl vom Fußgängersteg aus dem alten Kurgarten wie auch von Osten her für die Besucher mit Fahrrädern und Wagen. Nach dem Westen lagert sich anschließend das spätere Freibad vor und zwar des geringen vorhandenen Platzes wegen in Ost-Westrichtung. Ein weiterer nach Westen vorgelagerter Gebäudetrakt verhindert die Blendung der Schwimmer in den Abendstunden. Dieser Gebäudetrakt kann die für das Freibad notwendigen Auskleide- und Vorreinigungsräume aufnehmen. Nach Osten schließt sich an die Schwimmhalle der Trakt der medizinischen Bäder und Wannenbäder an. Dieser Trakt bekommt eine wesentlich geringere Gebäudehöhe als das Schwimmbad, einmal der Morgenbelichtung der Hallenglaswand wegen und auch aus Gründen der Baumassensteigerung vom Fluss herauf. Weiter werden die Sonnenbadwiesen durch den Wannenbädertrakt gegen den Verkehr der späteren Strasse im Kanal abgegrenzt. Die Wiesen können den Badenden bis zum Fluss und diesem entlang nach Westen bis zum Fußgängersteg, möglicherweise unter diesem hindurch noch weiter freigegeben werden. Vom Hallenbad nach Norden schließt sich der Restauranttrakt an. Eine Restaurantgalerie kann leicht bis an die Schwimmhalle herangeführt werden. Die Wandelhalle und die Trinkhalle haben etwa die Abmessungen, wie sie in Bad Tölz zur Anwendung kamen. Die Terrasse vor dem Restaurant und vielleicht ein Teil des anschließenden Gartenparterre kann als Restaurantgarten verwendet werden. In dem Gartenparterre ist ein Wasserbecken mit einer plastischen Brunnengruppe gedacht. Davor führt eine breite Freitreppenanlage unmittelbar in die Flussniederung hinaus. Der mit ‚Küchenanlage‘ bezeichnete Trakt kann außer den Küchenanlagen noch möglicherweise den Flaschenabfüllungsbetrieb und die Verwaltungsräume für die Kurverwaltung aufnehmen."

Zum Schluss bemerkt der Architekt noch: „Nachdem über die Gesamtanlage grundsätzlich entschieden ist, wird der Plan der Bepflanzung soweit hergestellt werden müssen, dass baldmöglichst die notwendige Bodenvorbereitung in Angriff genommen werden kann. Da das Anwachsen der Bäume Zeit braucht, sollte die Bepflanzung schon gleichzeitig mit dem ersten Bauabschnitt vor sich gehen."[52]

Für die Errichtung des Hallenschwimmbades und der geeigneten Kurbäderanlage, sowie der Trink- und Wandelhalle hatte man die Spezialfirma Friedrich Mieddelmann in München ausersehen.[53] Das Becken sollte 25 m lang, 12 m breit und 5 m tief werden. Ein zusätzliches Lehrschwimmbecken war mit 14 m mal 10 m geplant.[54] Auf einer geheimen Ratssitzung wurden die Kosten des ersten Bauabschnittes der Kuranlagen einschließlich einer Tafelwasserabfüllanlage von Generaldirektor Spitzfaden auf rund 2 800 000 RM veranschlagt. Als nächstes wollte man die Finanzierung regeln. Eine baldige Produktion und Lieferung von Tafelwasser wurde von den Ratsmitgliedern

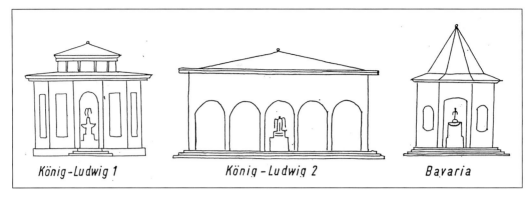

Abb. 88: Mineralquellen-Pavillions. Entwürfe von Prof. Fick 1936-1938.

befürwortet.[55] Mit der Gestaltung der Grünanlagen für das ganze Kurgelände wurde schließlich 1937 Architekt Alwin Seifert aus München beauftragt.[56]

Gleichzeitig sollten die noch bestehenden alten Kurbauten weitgehend renoviert werden. Dazu gehörten außer den Badehäusern auch Nebeneinrichtungen, wie der ziemlich heruntergekommene Musikpavillon, der in seiner besonderen Eigenart bestehen bleiben sollte. Für alle drei alten, nunmehr renovierten Quellen sollten schönere und größere Brunnenpavillons gebaut werden. Zu einer Ausführung kam es aber nicht mehr. Lediglich die hübsch anmutenden Entwürfe sind davon überliefert.[57]

Schicksalhaftes Ende des Kurbadprojekts

Da vieles so schnell nicht zu Stande kommen konnte, begnügte man sich zunächst mit einem Provisorium. Im Februar 1937 steht in der Zeitung: Für die Bürger „ist jetzt vor der Umzäunung des Quellgebietes, in unmittelbarer Nähe des Weges am Kanal, ein Brunnen errichtet worden, aus dem unaufhörlich das gute, neu erbohrte Quellwasser fließt. Da es aus bedeutender Tiefe kommt, ist es leicht angewärmt. Wenn es ausströmt, bilden sich bei der gegenwärtigen recht kühlen Witterung leichte Dunstschwaden. Der Brunnen ist zugänglich für alle. Die Fürther Bevölkerung hat ständig Gelegenheit, Wasser zu entnehmen und macht von diesem Recht fleißig Gebrauch...“[58] (Vgl. auch Abb. 136)

Mit dem Neubeginn an der Espanquelle ging gleichzeitig auch die alte Ära der König-Ludwig-Quellen-GmbH endgültig zu Ende. Das Registergericht beantragte Ende Juni 1937 die Löschung der mittellosen Gesellschaft.[59]

Auch andere Arbeiten beweisen, dass aus den Planungen Wirklichkeit werden sollte. Die Nachricht „Eichen wandern durch die Stadt" kündet von dem aufwändigen Unterfangen, ausgewachsene Bäume vom neu entstehenden Flughafengelände auf der Hard quer durch die Stadt zu verfrachten und so den neuen Kurpark attraktiv zu bepflanzen. Die Bevölkerung staunt: „Augenblicklich werden in Fürth 23 alte Bäume, die seit 20 und 40-50 Jahren auf einem Platze gestanden haben, verpflanzt. Auf dem Bismarkturmgelände stehen viele deutsche Eichen. Wie wir schon berichteten müssen sie einem anderen Zwecke weichen. Damit die Bäume nicht vernichtet werden brauchen, hat Oberbürgermeister Jakob eine Spezialfirma beauftragt, diese Bäume auf dem Espan wieder anzupflanzen, und zwar auf dem künftigen Kurbadgelände. Dort werden diese Bäume eine Allee bilden, die sich vom Kurbetrieb in Richtung des Espan hin bewegt. Das Gelände, das sich für eine Kuranlage sehr eignet, wird ferner mit Eichen und Birken bepflanzt."[60] Noch heute kann man am Abhang nahe der Kneippanlage einige Exemplare bewundern.

Überzeugend und weiterhin hoffnungsvoll war auch eine Meldung vom Januar 1939 aus dem Fürther Rathaus, „... dass die

Bismarckturm
Fürth i. Bay.

Abb. 89: Bismarckturm mit Eichenhain, Postkarte.

Abb. 90: Verpflanzte Eichen am Espan, 1970.

Abb. 91: Verlassenes altes Kurbadgelände. Vermutlich um 1940–45.

Vorarbeiten zur Auswertung des Fürther Mineralwasservorkommens ... zu einem sehr günstigen Abschluß gekommen sind und daß nun die erforderlichen Maßnahmen zur Ausführung der geplanten Anlagen in die Wege geleitet werden können. ... Das neue Gutachten von Dr. Kühnau (Direktor des Wiesbadener Forschungsinstituts für Bäderkunde) ... spricht sich außerordentlich günstig über die Eigenschaften und die Verwendungsmöglichkeit der vorhandenen Mineralwässer aus. Es weist den Quellen von Fürth eine einzigartige Stellung unter den Kochsalzquellen Großdeutschlands zu und bezeichnet sie als etwas ganz Besonderes und ganz außerordentlich Wertvolles. Ihre chemische Eigenschaft läßt nach dem Gutachten die vielseitigste therapeutische Anwendbarkeit zu. Das Mineralwasser aus dem obersten Horizont wird außer für Heilzwecke auch zum Versand als Tafelwasser für geeignet bezeichnet. Nach dem Gutachten ist dies um so mehr angebracht, als in

Deutschland Tafelwässer dieses Typs kaum existieren. Die bioklimatischen Verhältnisse von Fürth werden als günstig bezeichnet ... mildes Reizklima, gekennzeichnet durch überdurchschnittliche große Sonnenscheinhäufigkeit."[61]

Bis Mitte des Jahres 1939 war man sehr optimistisch. Der Baubeginn war für das Frühjahr 1940 vorgesehen. Laufende Untersuchungen der Mineralwässer erfolgten beim bakteriologisch-serologischen Institut des Städtischen Krankenhauses Nürnberg. Diese stellten fest: „Die Wässer ... sind nicht nur frei von jeglichen pathogenen ... Keimen, sondern zeigten überhaupt kein Bakterienwachstum. Das Wasser kann also als keimfrei angesehen werden. Trotzdem wird empfohlen, die Quellfassungen vor fahrlässigen Verunreinigungen zu sichern."[62] Zur Auswertung der Mineralwasservorkommen wurde gegen Jahresende 1939, ungeachtet der Tatsache, dass bereits der Zweite Weltkrieg ausgebrochen war, ein „Zusammenfassender Bericht über Tatsachen und Möglichkeiten" erstellt.[63]

Das Ende des gigantischen Kurbadprojekts wurde mit folgender Anordnung im März 1940 eingeleitet: „Baueinstellung. Wegen des Krieges wird die Erstellung der Gartenanlagen unterbrochen. OBM."[64] Instandhaltungsarbeiten der technischen Einrichtungen an den Quellen wurden jedoch fortgesetzt.[65] Ein Schreiben des Staatsministeriums des Inneren (München) an den Regierungspräsidenten in Ansbach zum Jahresende 1941 zerstörte letzte Illusionen. Es hielt die Ausnutzung des Mineralwasservorkommens durch die Stadt Fürth nicht für sinnvoll. Es empfahl, wegen der außerordentlich hohen Auslagen, die Flaschenab-

füllung in private Hände zu legen. „Der Reichsminister drückt sein Befremden darüber aus, daß schon so viel Geld ausgegeben wurde, was mit einer sparsamen und wirtschaftlichen Haushaltsführung nicht in Einklang gebracht werden kann und das bis jetzt keine aufsichtliche Beanstandung erfahren hat."[66] Inzwischen waren von der Stadt tatsächlich 674 961 Reichsmark ausgegeben worden. Mit dem Antwortschreiben der Stadt Fürth starben die letzten Hoffnungen auf die Umsetzung der Heilbadträume. „Es wird wahrscheinlich nichts mehr mit einem Heilbad werden wegen der Kriegsfolgeaufgaben. Die Flaschenabfüllung soll unter Umständen an ein Privatunternehmen weitergegeben werden..."[67]

Die Weikershofer Quelle – Eigene Heilbadträume

Ein Gutachten weckt Hoffnungen

Nachdem Carl Nold, kurz nach der Erbohrung der König-Ludwig-Quelle, 1901 bei Weikershof eine zweite Versuchsbohrung hatte niederbringen lassen, war er an deren Ergebnis, einem erneuten Mineralwasserfund, nicht besonders interessiert. Deshalb versuchte er, diese Quelle möglichst schnell wieder zu veräußern. Am 2. August 1905 ging sie in den Besitz des Fürther Seifenfabrikanten Johann Georg Paul Böhner über.[1] Deshalb bezeichnete man sie damals als „Böhner-Quelle".

Der neue Eigentümer unternahm etliche erfolglose Versuche, den neu erworbenen Besitz sinnvoll zu nutzen. Unglücklicher Weise zog sich die Umsetzung ziemlich in die Länge, bis in die schlimmen Jahre wirtschaftlicher Rezession nach dem ersten Weltkrieg. Inzwischen hatte sein Sohn, Johann Chr. Böhner, die Weikershofer Quelle übernommen. Für eine geplante, zukünftige medizinische Nutzung der Quelle wollte er zunächst die früheren Analyseergebnisse bestätigt haben. Zur Durchführung der Untersuchungen beauftragte er im Juli 1919 den namhaften Professor Dr. Kionka am Pharmakologischen Institut der Universität

Abb. 92: Brunnenhäuschen der Böhner-Quelle. Links: Bohrspezialist Ing. W. Göke, rechts; Besitzer Böhner.

Jena. In einer ersten Reaktion auf die zugesandten Unterlagen signalisierte dieser dem Auftraggeber optimistisch: „Die Quelle erscheint mir danach wertvoll genug, um sie zu fassen und weiter auszubauen, damit sie für Heilzwecke verwandt werden kann."[2]

Durchgeführte Analysen und gutachtliche Aussagen über die Wasserqualität erbrachten alsbald positive Ergebnisse. „Neben der Untersuchung auf Radioaktivität wurden auch einige andere physikalische Feststellungen an der Quelle ausgeführt." Demnach lag die Quelltemperatur bei 19,2 Grad Celsius, die Schüttung bei mindestens 300 Liter pro Minute. „Aus diesen Messungsresultaten ergibt sich, dass das Wasser der Böhnerquelle wie erwartet, radioaktiv ist. Die Radioaktivität ist nur eine geringe, sie beträgt etwa 1,25 Mache-Einheiten[3]."[4]

Über die Höhe der anfallenden Honorare war Herr Böhner allerdings weniger erfreut. Er musste befürchten, dass weitere Investitionen seine Vermögensverhältnisse übersteigen würden. Böhner versuchte deshalb relativ unbedarft, den Auftrag bei dem Spezialisten zu stornieren: „... nach reiflichen Erwägungen besonders mit meinen Mitbesitzern, fassten wir den Entschluss im Hinblick auf die ausserordentlich schwierigen Zeitverhältnisse weitere Arbeiten zur Ausnützung der Quelle zu unterlassen. Ich bitte Sie sich weiters um die Analyse und Gutachten nicht mehr zu bemühen. Sollten kommende bessere Zeiten eine Ausnützung der Quelle ermöglichen, so werde ich Sie gerne wieder um Ihre geschätzte Mitarbeit bitten. Die Gefässe bitte ich also zu entleeren und an meine Adresse zu senden."[5] In weiteren Schreiben zweifelte er indirekt auch noch den Arbeitsaufwand eines solchen Gutachtens an.

Prof. Kionka sah sich in seiner Ehre gekränkt und seine Expertenarbeit unterbewertet. Deshalb antwortete er umgehend mit einem ungewöhnlich scharfen Brief. „Das ist mir allerdings bisher in meiner Praxis als wissenschaftlicher Gutachter noch nicht vorgekommen, dass ein mir erteilter Auftrag plötzlich, kurz bevor derselbe seine Erledigung gefunden hat, ohne weiteres zurückgezogen wird, und dass sich der Auftraggeber eine Kritik an meiner Art zu arbeiten und zu untersuchen angemasst hätte. Aus ihrem Schreiben ... ersehe ich, dass Sie gar keine Vorstellung haben von der Tätigkeit eines wissenschaftlichen Gutachters. Glauben Sie denn, dass sich dieselbe wirklich bloss auf die Zeit erstreckt, in welcher derselbe am Schreibtisch über dem Gutachten schreibt? – Sie haben offenbar keine Ahnung, wie lange und gründlich eine solche Aufgabe im Geiste durchdacht und durchgearbeitet werden muss, wieviel Einzelfragen dabei auftreten, die durch geistige Arbeit verbunden mit Nachlesen, in vielen Fällen auch mit wissenschaftlichen Untersuchungen verknüpft sind."[6]

Gleichzeitig versuchte Prof. Kionka seinem Kunden Böhner Zuversicht für eine medizinische Nutzung zu vermitteln und den Wert seines aufwändigen Gutachtens zu rechtfertigen: „Ich war mir natürlich bereits bei meinem ersten Besuch an Ihrer Quelle darüber klar, welcher Art ungefähr die Zusammensetzung dieser Quelle wäre. Ich wusste dass Ihre Quelle nicht eine einfache Eisenquelle, ebenso wie die bekannten Eisensäuerlinge sei, sondern, dass sie einen ganz anderen Charakter hatte ... wenn Sie auch die Absicht haben, die Quelle selbst nicht weiter auszubauen und auszunutzen, so wird immerhin der Wert dieses Objektes durch die Ausführung der neuen Analyse und Erteilung eines ausführlichen wirklich wissenschaftlich begründeten Gutachtens erheblich gesteigert ... durch eine solche Begutachtung wird ihre Mineralquelle zu dem, was sie doch werden soll, nämlich zu einem anerkannten Heilmittel. Erst wenn diese wissenschaftlichen Vorbereitungen erfüllt sind, kann sie in den Heilschatz der Aerzte aufgenommen werden."[7]

Im März 1920 konnte Prof. Kionka dann doch ein ausführliches Gesamtgutachten vorlegen, in dem er den bei seiner ersten Besichtigung am 19.7.1919 festgestellten desolaten Zustand schilderte. „Das Schutzhäuschen, welches über der Quelle errichtet war, war stark zerfallen. Es hatte kein Dach mehr, auch fehlte die Vorderseite mit der Tür. Der Boden um das Bohrloch herum im Innern des Häuschens und auch noch ausserhalb desselben, war durch das ausströmende Wasser zerwühlt, ... der Eingang zum Bohrloch Witterungseinflüssen frei ausgesetzt." Weiter wurde geschildert, wie aus einem hölzernen Rohr „... in fast beinstarkem Strahle fortwährend das Wasser der Quelle ausfloss. Das Holz dieser Röhre war ebenso wie die Holzteile und der Erdboden der Umgebung der Quelle mit einer gelb-braunen Schicht überzogen, die aus einem dicken, kleinkörnigen Niederschlage von Eisenocker bestand. Dieser Eisenocker-Niederschlag fand sich auch noch einige Meter weit unterhalb der Quelle am Rande einer kleinen Rinne, durch welche das Wasser der Quelle nach der Rednitz abfloss. In der nächsten Umgebung der Quelle machte sich ein schwach an Schwefelwasserstoff erinnernder Geruch wahrnehmbar."[8]

Durch neue chemische Untersuchungen wurde eine Summe fester Bestandteile von 3,3829 Gramm pro Liter Wasser ermittelt. Für eine Therme reichte die Wassertemperatur nicht ganz. Dafür war der Kohlensäure- und Eisengehalt erhöht. „Dasjenige, was der ganzen Quelle in Bezug auf ihre Wirkungen den ausschlaggebenden Charakter aufdrückt, ist ihr Salzgehalt. Die vor allem in Frage kommenden Salze sind ... das Natrium-Chlorid (Kochsalz), Kalium-Chlorid, das Natrium-Sulfat (Glaubersalz) und das Calcium-Sulfat (Gips). Alle diese Salze sind in den in der Quelle in Frage kommenden Konzentrationen als abführende Salze zu bezeichnen. ... Schließlich besitzt die Quelle eine weitere Eigentümlichkeit. Sie enthält nämlich eine auffallend große Menge an Kieselsäure. Bei ihrem Gehalt von 149,3 mg ... gehört (die Quelle) dadurch zu denjenigen deutschen Quellen, welche am meisten Kieselsäure aufweisen..." Ähnliche Werte finden sich in Bad Kreuznach und Baden-Baden.[9]

Im weiteren Verlauf des Gutachtens werden im Detail Nutzungs- und Sanierungs-vorschläge unterbreitet. Die damit verbundenen Anregungen erinnern an die Anfänge der König-Ludwig-Quelle. „Die Schüttung der Quelle ist so groß, dass ihr Wasser nicht nur zu Trinkkuren, sondern auch zu Badekuren verwendet werden kann." Auch Flaschenabfüllung und Versand des Mineralwassers, sowie die Errichtung eines Badehauses wurde empfohlen. Prof. Kionka verglich das Wasser u. a. mit dem der Bad Kissinger Maxquelle. Er bezeichnet sie als vorwiegend geeignet zur Behandlung von Erkrankungen des Magens, des Darmes, der Leber und lang dauernder Verstopfung. Prof. Kionka konstatierte: „Aus all diesen geht hervor, dass das Wasser der Böhnerquelle bei richtiger und zweckmäßiger Ausnutzung sehr wohl sich einen Platz unter den Heilquellen erringen könnte und dass, wenn die sonstigen Verhältnisse günstig sind, man wohl berechtigt wäre einer Ausnutzung des Wassers dieser Quelle zur Verwendung als Heilwasser näher zu treten." [10]

Neustart, Werbung und Vermarktung der Gustav-Adolf-Quelle

Eine neue Ära der Böhner-Quelle mit weitläufiger Nutzung begann durch Ingenieur Otto Kriegbaum, der eine Firma für Wasserversorgungsanlagen leitete, genannt „Fürther Tiefbohranstalt und Pumpenbau, vormals Gebrüder Gilde, Fürth, Schwabacher Str. 197 ½"[11]. Im Frühjahr 1931 nahm diese Firma „mit Bewilligung des Quellenbesitzers Böhner die Ausbeutung und Verwaltung der Heilquelle in die Hand. Es wurden zwei kleine Schuppen neben der Quelle in provisorischer Weise errichtet, die Rohrleitung an der Oberfläche und ein Staukasten geschaffen."[12]

Im Volksmund wurde die Weikershofer Mineralquelle allgemein als „Gackalesquelle" bezeichnet. Den Namen erhielt das Wasser aufgrund seines Geruches nach faulen Eiern. Da dieser „anrüchige" Name sich nur schlecht vermarkten ließ, beschloss die Quellenverwaltung 1931 die Weikershofer Böhner-Quelle in Gustav-Adolf-Quelle umzu-

Abb. 93: Spielende Kinder an der ungeschützt unter artesischem Druck ausströmenden Böhner-Quelle, 1931.

Abb. 94: Das Mineralwasser der Böhner-Quelle fließt offen in einem Graben durch die Wiesen zum Fluss, 1931.

Abb. 95: Herr Kriegbaum (in der Badehose) zusammen mit Helfern bei ersten Sanierungs-
arbeiten, 1931.

Abb. 96: Um das Steigrohr sind noch die Holzstümpfe des ehemaligen Brunnenhäuschens
erkennbar, 1931.

Abb. 97: Verrohrte Quelle; Schuppen dienen als Betriebsgebäude, 1931. J. Böhner sen. mit Bart; Dr. J. G. Böhner jun. rechts.

Abb. 98: Neue, verrohrte Ableitung der Gustav-Adolf-Quelle zur Rednitz, 1931.

Abb. 99: Besucher erkunden das neue Betriebsgelände, vermutlich 1931.

Abb. 100: Mineralwasserausschank am sanierten Bohrloch, vermutlich 1931.

benennen. Man wählte diese Bezeichnung nicht ohne Grund. Zum einen hatte dort in der Nähe 1632 die berühmte Schlacht an der Alten Veste stattgefunden, und zum anderen standen werbewirksam im darauf folgenden Jahr die 300-Jahr-Gedenkfeiern an.[13]

Mit Schwung versuchte Otto Kriegbaum nun, mit dieser zugkräftigen Bezeichnung Werbung zu betreiben und ein Geschäft damit aufzubauen. Noch vor einer offiziellen Anmeldung gab Herr Kriegbaum Werbezettel mit Analysenangaben in Druckauftrag.[14] Erst dann erfolgte die Eintragung beim Gewerbepolizeiamt. Auf dem Anmeldeschein ließ er sein momentanes Geschäftsvorhaben vermerken: „Herr Otto Kriegbaum, geb. 26.10.03 hat heute nachstehendes Gewerbe angemeldet: ‚Vertrieb von Mineralwasser!' Betriebsbeginn: 12. JUN. 1931."[15] Vermutlich später wurde eingefügt: „Mineralbad ab 1.4.1935."

Mit der Abgabe von Mineralwasser wartete Kriegbaum nicht lange. In einer einfachen Bretterhütte wurde es von seiner Frau und Firmenangehörigen in Flaschen abgefüllt. Das Geschäft florierte zunehmend, war aber nicht vergleichbar mit dem ehedem bei der König-Ludwig-Quelle erreichten Umsatz. Kriegbaum verfügte weder über Investoren noch über ein ausreichendes Eigenkapital, um ein größeres Unternehmen aufbauen zu können. Der Verkauf an sonntägliche Spaziergänger hatte anfänglich eher Werbecharakter. Von Bedeutung waren jedoch die einige Jahre später zustande gekommenen Frei-Haus-Lieferungen in die Nürnberg-Fürther Umgebung. Der Engros-Preis ab 50 Flaschen belief sich pro Flasche auf 25 Pfennige, während für die einzelne Mineralwasserflasche 30 Pfennige bezahlt werden musste. Leergut-Rückgabe war nur mit eigens geprägten Flaschenpfandmünzen möglich, bei einer Leergut-Rückvergütung von 10 Pfennigen pro Flasche.[16]

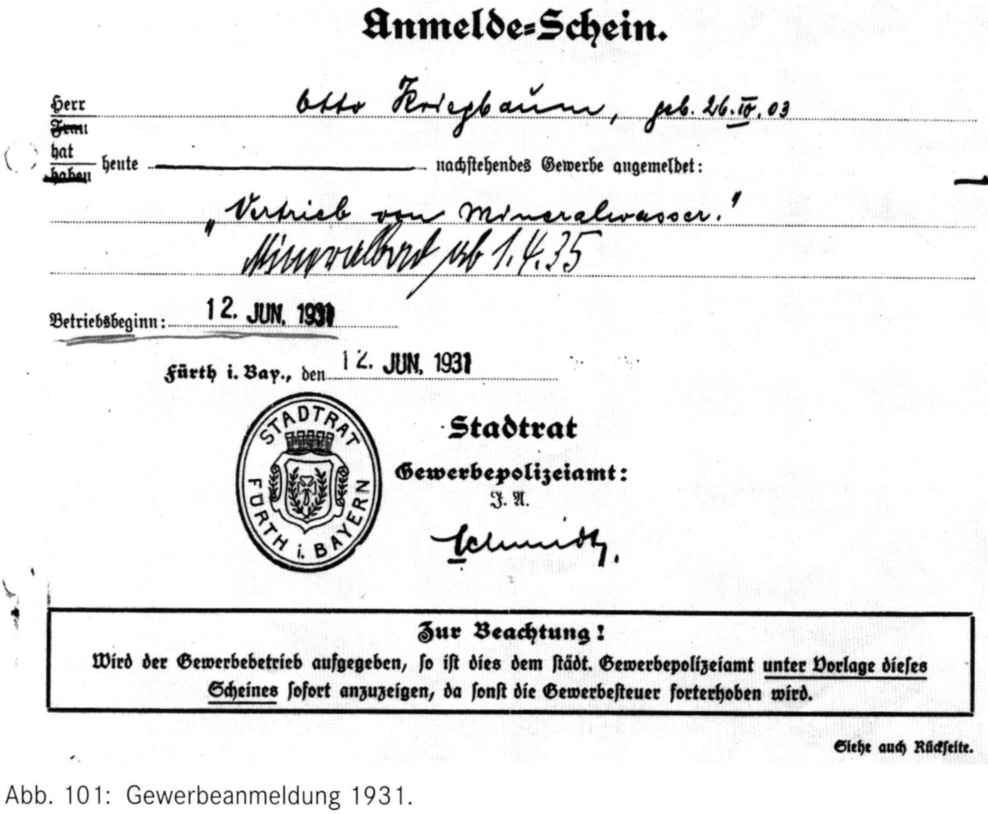

Anmelde-Schein.

Herr ~~Frau~~ Otto Kriegbaum, geb. 26.X.03

hat ~~haben~~ heute nachstehendes Gewerbe angemeldet:

„Vertrieb von Mineralwasser!"

Mineralbad ab 1.4.35

Betriebsbeginn: 12. JUN. 1931

Fürth i. Bay., den 12. JUN. 1931

Stadtrat
Gewerbepolizeiamt:
I. A.

Zur Beachtung!
Wird der Gewerbebetrieb aufgegeben, so ist dies dem städt. Gewerbepolizeiamt unter Vorlage dieses Scheines sofort anzuzeigen, da sonst die Gewerbesteuer forterhoben wird.

Siehe auch Rückseite.

Abb. 101: Gewerbeanmeldung 1931.

Abb. 102: In der Flaschenabfüllerei.
Frau Kriegbaum und Mitarbeiterin.

Abb. 103: Auftritt bei der „Schweden-
hochzeit" in Coburg, 1932.

Quellenbetreiber Otto Kriegbaum unternahm allerlei Werbeversuche. So ließ er bei
einer Unterhaltungsfahrt für Schwerkriegs-
beschädigte Kostproben seines Mineralwassers verteilen. Im Dankschreiben der Teilnehmer wird höflich die gewünschte
Mund-zu-Mund-Propaganda bestätigt: „Es
haben sich darüber alle Beteiligten sehr
lobend über Ihre Bereitwilligkeit ausgesprochen und werden alle Teilnehmer bestrebt
sein, den guten Vorzug den Ihre Quelle
besitzt, in aller Öffentlichkeit bestens zu
empfehlen."[17]

Eine echte, überregional Aufsehen erre-
gende Sensation war ein Werbegag, den
Kriegbaum sich zusammen mit einem Kom-
pagnon für die Gustav-Adolf-Quelle einfal-
len ließ. Die beiden schlichen sich als ver-
kleidete schwedische Landsknechte in die
abgesperrte Veste Coburg ein, um dort ihre
Produkte dem schwedischen Prinzenpaar

als Hochzeitsgeschenk zu präsentieren, das
1932 auf der Veste Coburg sein Hochzeits-
fest feierte. Die amüsante Anektode fand
sich in den folgenden Tagen zur Belusti-
gung der Leser in verschiedenen Zeitungen.
„Die beiden himmellangen Fürther – der
eine ist 1,89, der andere 1,96 groß mieteten
sich ein paar alte Schwedenuniformen mit
Küraß und langen Stulpenstiefeln, setzten
sich auf ihr Lastauto und fuhren nach
Coburg. Hier ließen sie sich in einem Blu-
mengeschäft um ihre Flaschen einen hübschen Blumenkorb herumbauen und legten
eine schwedische Fahne darüber. Im
‚Anker' zogen sie die Schwedenuniformen
an, setzten sich aufs Lastauto und gondel-
ten, voller Angst, ob sie auch vorgelassen
würden, zur Veste hinauf. Aber den Kühnen
hilft Gott. Ein Posten hielt sie an. ‚Wo wollt
ihr hin?' - ‚Nu, des siegst doch!' Und schon
waren sie drinnen in der Veste, nahmen

ihren Korb und kamen unangefochten – niemand hielt diese ‚alten Schweden' für Eindringlinge – bis unmittelbar vor den Festsaal, in dem die hohen Herrschaften tafelten. Kurz entschlossen zogen sie den Säbel und postierten sich als Ehrenwache vor dem Saaleingang. Bei ihnen wäre sicher keiner ohne Paß durchgekommen. Aber ihre Hoffnung angesprochen zu werden wurde auf eine lange Probe gestellt. Anderthalb Stunden standen sie wie die Bildsäulen, voller Angst, wie dieser ‚Schwedenüberfall' auslaufen würde. Und die Armen mussten Höllenqualen ausstehen. Dem einen drückte der Küraß fast den Hals ab und dem anderen drückten die – Stiefel. Sie waren zwar von den fürstlichen Gästen bemerkt worden, aber man glaubte, dass die beiden ‚langen Kerls' wirklich als Ehrenwache aufgestellt seien. Schließlich kam das Prinzenpaar heraus, um sich mit den beiden ‚Schweden' zu unterhalten. Und nun offenbarten sie sich und mit großem Vergnügen wurde ihr kühner Streich aufgenommen. Vor allem die Schilderung ihrer Seelen- und anderen Qualen wurde viel belacht. Mit Dank wurde die Hochzeitsgabe angenommen und sie wurden köstlich verpflegt. Die einzige Strafe, die ihnen als schwedische Soldaten zudiktiert wurde: sie mussten sich – filmen lassen. Das freilich tat nicht so weh, wie die zu engen Stiefel."[18]

Gustav-Adolf-Wasser wurde in den kommenden Jahren in erstaunlich vielen Varianten angeboten. Unterschieden wurde zwischen „Heil- und Tafelwasser". Aus letzterem wurden auch gegen einen Aufpreis „Essenz-, Fruchtsaft- und Kola-Limonaden" sowie „Faßbrause" hergestellt. Der Quellenbesitzer Dr. Georg Bölmer war am Gewinn vertragsmäßig beteiligt. Kamen 1932 etwa 25 000 Flaschen in den Handel, so konnte der Verkauf bis 1937 auf das siebenfache gesteigert werden. Ein Großteil diente zur Belieferung des Fahrdienstpersonals der Nürnberg-Fürther Straßenbahnen. Alkoholfreie Produkte dieser Art waren dort willkommen. In den folgenden Jahren nahm der Umsatz bis zum Kriegsjahr 1943 wieder ab.

Abb. 104: Flaschenöffner mit Werbeaufschrift.

Abb. 105: Wertmarken für Flaschenpfand.

Abb. 106: Links Tafelwasserflasche, rechts Heilwasserflasche

Abb. 107: Etikett für Gustav-Adolf-Tafelwasserflaschen.

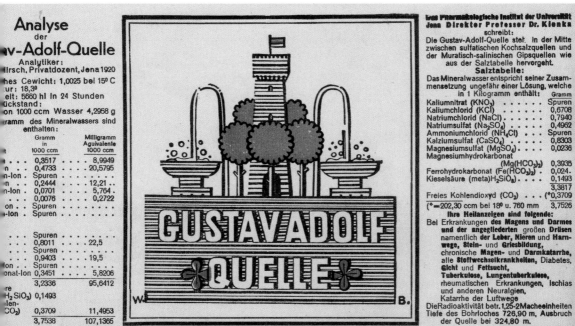

Abb. 108: Etikett für Gustav-Adolf-Heilwasserflaschen mit Analyse- und Indikations-
angaben.

Abb. 109: Warten auf erste Gäste am provisorischen Mineralwasserausschank, 1932.

Planungen von Kuranlagen und Flussbadebetrieb

Otto Kriegbaum war stets reich an guten Ideen und außerdem fleißig. Er verstand es, aus Nichts etwas zu gestalten und konnte offensichtlich improvisieren. Zusammen mit seinen Angestellten bemühte er sich vor allem um die Verschönerung des Brunnengeländes. In der Zeitung wurde im Frühjahr 1932, zu Beginn der Sommersaison, die Bevölkerung auf das neue Ausflugsziel aufmerksam gemacht und wurden die Anfahrtswege beschrieben. „Die im Tal der Rednitz unterhalb von Weikershof sprudelnde Gustav-Adolf-Quelle hat eine sonnige Lage. Das Ufer der klaren Rednitz ist nur wenige Schritte entfernt und in nächster Nähe ist ein bewaldeter Höhenzug, der sich bis zur Fernabrücke erstreckt. Drüben über dem Fluß ist der wellige Stadtwald, aus dessen dunklen Konturen der Turm der alten Veste herausragt. Der Rundblick ist unbehindert, im Frühling, Sommer und Herbst sogar von echt fränkischer Eigenart. Diese Quelle hat den Vorteil ländlicher Abgeschiedenheit. Sie ist aber trotzdem leicht zu erreichen, weil die Stadt in unmittelbarer Nähe ist, zudem fährt die Straßenbahn schon bis zur Flößaustraße von Norden her. Im Süden aber beim ehemaligen Pulvermagazin läuft von der Rothenburger Straße her die Autobuslinie aus Nürnberg nach Zirndorf. Das Hinterland hat ebenfalls eine Verkehrsmöglichkeit durch die Biberttalbahn, von der eine Haltestelle unweit der Fernabrücke beim Exerzierplatz Hainberg errichtet ist.“[19]

Am Sonntag, den 3. April 1932 lockte man mit einer ersten Musikveranstaltung im Freien. Vormittags fand bei der Gustav-Adolf-Quelle ein Standkonzert des 25 Mann starken Erwerbslosen-Orchesters aus Fürth statt. Das musikalische Programm war sehr passend auf den Veranstaltungsort abgestimmt: „1. Sprudel-Marsch, 2. Fantasie, 3. Quellengeister-Walzer, 4. Nymphenspiel, 5. am Bächlein (Lied für Trompete), 6. Gustav-Adolf-Marsch“.[20]

Abb. 110: Ausflügler strömen zur neuen Attraktion bei Weikershof, 1932.

Abb. 111: Angebote an der Gustav-Adolf-Quelle: Mineral- und Heilwasserverkauf sowie Trinkkuren vor Ort, 1932.

Am Wochenende zog es dann die Ausflügler zu der neuen Attraktion. In Leserbriefen der Tageszeitungen schildern sie ihre Erlebnisse und Eindrücke: „Also, wir waren ‚lufthungrig‘ und ‚quellendurstig‘. Und ein bisserl neugierig waren wir auch. Nicht umsonst hatte man uns schon des öfteren die Heilkraft dieses Quellwassers gepriesen. Nun wollten wir selber kosten und prüfen. ... Bald hatten wir unser Ziel erreicht. Rohgezimmerte Bänke luden zum Sitzen ein. Wir hielten kurze Rast, hatten an die Hüterinnen des Quells allerlei wißbegierige Fragen zu richten und labten uns an dem gespendeten Naß. Wie es uns mundete? Das sei nicht verraten. Jeder stille seine Neugierde und seinen Durst dort selbst.“[21]

Otto Kriegbaum war bald um die Ausweitung seines Betriebsgeländes bemüht. Aber die Sache hatte von Anfang an einen großen Haken. Zum einen befand sich die Quellenanlage im Hochwassergebiet, zum anderen nahe der Fürther Trinkwasser-Schutzzone. Das bisher zur Verfügung stehende Gelände war für den vorgesehenen Ausbau zu klein. Kriegbaum bemühte sich deshalb um den Zuerwerb eines Nachbargrundstückes in Hanglage. Er wollte dort dringend notwendige Gebäude errichten.

Kriegbaum taktierte erfolgreich. Im Jahr 1932 herrschte immer noch erhebliche Arbeitslosigkeit. Bei Behörden devot um Verständnis bittend, wies er deshalb darauf hin, dass durch seinen Quellenbetrieb „... schon 10 Leute ihr Brot gefunden haben und weiter finden werden. Es gilt uns als höchstes Gut, schaffend am Wohl der Stadt mithelfen zu dürfen und bitten Sie in ergebenster Weise uns zu unterstützen.“[22] Die Antwort fiel tatsächlich positiv aus. Es kam zu einem Pachtvertrag mit der Stadt über das gewünschte Grundstück.[23]

Ständig um Verbesserungen bemüht, beantragte Kriegbaum die Erlaubnis zum Aufstellen von Wegweisern, in Form dreieckiger Schwedenfähnchen mit Krone, von der Kaiserstraße bis zur Quelle, was ihm auch genehmigt wurde.[24]

Otto Kriegbaum schwebte die Errichtung einer, mit den Kuranlagen verbundenen, Flussbadeanstalt in der Rednitz vor. Das gesamte großflächige Badeareal von der Rednitz zur Rothenburger- und Schwabacher Straße bis fast nach Weikershof sollte eingezäunt werden. Die Genehmigung des Vorhabens wurde grundsätzlich positiv beschieden, „... jedoch von den aus verkehrs-, sicherheits- und sittenpolizeilichen Gründen zu machenden besonderen Auflagen abhängig gemacht.“ Im Wesentlichen

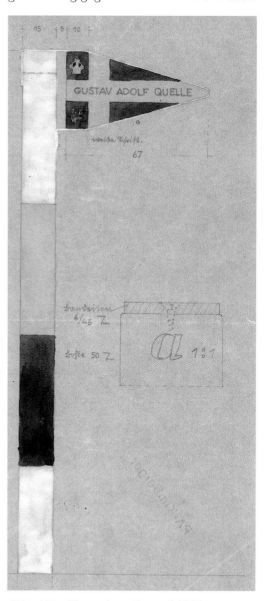

Abb. 112: Wegweiser. Entwurf 1932.

wurden für den Betrieb eines Flussbades u. a. folgende Bedingungen gestellt: „Die in die Badeanstalt einbezogenen Wasserflächen sind durch Schwimmstangen abzugrenzen. Die Abgrenzung ist mit auffällig sichtbaren Verbotstafeln ‚Das Verlassen der Badegrenze ist verboten' zu versehen. Zur Aufrechterhaltung der Kahnfahrt ist in der Badebegrenzung eine Fahrgasse von ca. 3 m Breite freigelassen. ... Der Badebesitzer hat alljährlich des öfteren den Flußgrund zu untersuchen und spitze Steine, Wurzel-

stücke und dergl. Gegenstände welche Verletzungen der Badegäste herbeiführen können, zu beseitigen. Er muß ständig über die Wassertiefen und die Veränderungen der Flußsohle unterrichtet sein und gegebenenfalls die Abgrenzungen und Tafeln für Kinder und Nichtschwimmer verlegen." Wichtig war auch der Aushang einer Badeordnung. Neben vielen anderen Auflagen mussten natürlich hinreichende, nach Geschlechtern getrennte Aus- und Ankleideräume sowie Aborte zur Verfügung stehen. Besonderer Wert wurde auch auf sittlich gebotenen Sichtschutz gelegt. „Das Gelände des Bades ist so einzuzäunen, dass von den öffentlichen Wegen bis zu einer Entfernung von 100 m der Einblick in das Bad verwahrt ist." Zu bedenken war außerdem die Anlage eines privaten Parkplatzes, da „auch mit der Anfahrt einer größeren Anzahl von Kraftfahrzeugen zu rechnen sein" wird.[25]

Das andere Vorhaben war die Errichtung einer Kuranlage mit Wirtschaftsbetrieb. Dazu erstellte der Architekt Leonhard Wiesner eine Kostenschätzung und legte dieser eine Handskizze bei. Geplant war ein Gaststättenbetrieb innerhalb der „Kuranlage", bestehend aus Untergeschoss mit Kühlkeller, Heizung und Betriebsräumen, im Erdgeschoss sollten Wirtschafts- und Nebenräume untergebracht werden.[26] Mehrere Ein-

Abb. 113: Lageplan der geplanten Kuranlage.

Abb. 114: Handskizze der geplanten Gustav-Adolf-Kuranlage (Architekt L. Wiesner), 1933.

gaben wurden behördlicherseits aus den immer gleichen Gründen abschlägig beschieden. Hinsichtlich wasserrechtlicher Probleme gab man sich kompromissbereit. „Da die gesamte Anlage in das Hochwassergebiet fällt, müssen nur Vorkehrungen getroffen werden, die den reibungslosen Ablauf eines Hochwassers gewährleisten (z. B. auswechselbare Zäune); unter Umständen Hochstellung der Badehäuschen und dergleichen." Unüberwindbar schien die damals geplante Streckenverlegung der Rothenburger Straße gewesen zu sein. Sie sollte genau in der Mitte der beiden projektierten Badeanstalten verlaufen und hier den Rednitzgrund überschreiten. Man argumentierte im Ablehnungsbescheid, dass dadurch „.... das ganze Gelände also wesentlich überhöht und mit allen Nachteilen einer modernen Verkehrslage voraussichtlich belastet wird. Der Straßendamm wird einmal das ganze Gelände in zwei etwa gleich große Hälften teilen, wodurch die wünschenswerte Einheitlichkeit der gesamten Anlage wegfällt." Eine Entwertung des Fischwassers an der Rednitz wurde angemahnt, wäre jedoch durch eine Abfindung an die Fischereiberechtigten zu lösen gewesen. Ein weiterer formaler Grund war die Lage des Geländes in der Schutzzone des Pulvermagazins an der Ecke der Schwabacher- und Rothenburger Straße.[27] Durch eine Verzichtserklärung der Besitzer, bei der ein Schadensersatz für Explosionsschäden in der Umgebung des mittlerweile errichteten Heereszeugamtes bei Fürth Süd von vornherein ausgeschlossen wurde, konnte diese Hürde überwunden werden.[28]

Fatal wirkte sich für Kriegbaum aus, dass der Quellenbetrieb trotz ständiger Eigenleistung durch das kleine Firmenpersonal, bei dem auch seine Ehefrau tätig war, nur geringe Einnahmen erbrachte. Geringe Eintrittsgelder, bei fehlender Ganzjahresnutzung, sowie fehlende finanzielle Rücklagen brachten Kriegbaum des Öfteren in Zahlungsverzug. Städtische Gebühren und Forderungen des Quellenbesitzers Böhner mussten zeitweise gestundet werden. An

Stelle eines angestrebten, gut ausgebauten Kur- und Badebetriebes, musste vieles behelfsmäßig bleiben. Man kann sich in einer modernen, technisch fortgeschrittenen Zeit kaum noch vorstellen, welch schlichte Bedingungen in den dreißiger Jahren des vorigen Jahrhunderts von Besuchern als ausreichend empfunden wurden.

Auch bei der Gustav-Adolf-Quelle kommen manche Zeitgenossen ins Schwärmen. So werden in verschiedenen Zeitungsartikeln die Vorzüge der Quelle herausgestellt: „Jawohl die Gustav-Adolf-Quelle schmeckt ganz bekömmlich; es wird einem auch nicht übel, wie leichtfertige Verleumder posaunen. Im Gegenteil – der Schreiber dieses Berichts wünschte sich zu seiner persönlichen Labe eine solche Quelle just neben seinem Hause, die er dann eifrigst und in täglicher Regelmäßigkeit frequentieren könnte. Besuchen wir die Gustav-Adolf-Quelle an Sonntagen, so kann es leicht passieren, daß die umsäumenden Bänke und Lagerplätze von gesundheitssuchenden und gesundheitsstählenden Zeitbürgern in Beschlag genommen sind. Denn die Besitzer ermöglichen eine saubere Schänke, den sofortigen Genuß der Quelle, wobei die Gebühr für ein Glas des fleißig rinnenden Heilsprudels äußerst gering ist und nur als Aufwandsentschädigung für die Glasbereithaltung und die örtliche Rastgelegenheit betrachtet werden kann. Arbeitslose, die mit dem Kleingeld sparen müssen, bekommen den Sprudel umsonst ausgehändigt, was für die Quellenverwaltung immerhin ein schönes soziales Zeichen ist. Der Quellenvertrieb nach auswärts, der große Teile Süddeutschlands und selbst den Norden erfaßt, wird durch eine hygienische Abfüllstätte am Quellenort gewährleistet." Im gleichen Artikel wird der ungenutzte Abfluss des Mineralwassers in die Rednitz moniert und ein Quellenbad bzw. das noch nicht realisierte Flussbad gefordert. Darüber hinaus schwelgt 1933 der Schreiber, wie in alter Zeit, in Zukunftsvisionen: „Das Quellenbad könnte übrigens, angesichts der stets gleichbleibenden, lauen Temperatur des Sprudels, das ganze Jahr genutzt werden. Und wenn wir nach dieser Erwägung das künftige Weikershof des Jahres 1940 mit neuen Villen und Pensionen vor unserem geistigen Auge sehen, so ist diese Bäderspekulation vielleicht gar nicht verfehlt. Denn eine wirkliche, für Fürth und seine Umgebung nützliche Aufgabe harrt in der bislang unvollkommenen Nutzung der nahen Quelle, die uns, falls sie endgültig dem ungerechten Odium der ‚Gagelasquelle' entrissen ist, mit hundertfältigem Segen danken wird!"[29]

Fürths erstes Freischwimmbecken

Im Frühjahr 1934 ließ eine kurze Pressenotiz aufhorchen: „Die Gustav-Adolf-Quelle bei Weikershof erhält durch ihren jetzigen Besitzer eine neuzeitliche Ausgestaltung. Das früher ziemlich stiefmütterlich behandelte Gelände wird in gärtnerische Anlagen umgewandelt, so daß das unvorteilhafte Bild von gestern verschwindet. Außerdem ist man bereits mit der Erstellung einer geschmackvollen und modernen Trinkhalle beschäftigt, deren flaches Dach sich direkt über dem sprudelnden Heilquell erhebt. Verschiedene andere Verbesserungen auf dem Quellengelände beweisen späterhin das erfreuliche Bestreben, kultivierten Kundendienst zu pflegen."[30]

Weil Kriegbaum langwierige behördliche Genehmigungsverhandlungen scheute, versuchte er diese, nicht selten durch vereinfachte Übergangslösungen zu umgehen. Schlitzohrig ging er so auch das Projekt des Freischwimmbeckens an. Einer Aktennotiz zur Genehmigung des Baues einer behelfsmäßigen Wasserabgabe und Abfüllhalle ist zu entnehmen, dass der Bauherr den Behörden eigenwillig gegenüberstand. Zur Genehmigung wäre eine Ortsbesichtigung notwendig gewesen. „Der Gesuchsteller hat sich zwar hierzu wiederholt bereit erklärt, den Zeitpunkt der Ortsbesichtigung jedoch immer wieder hinausgeschoben. Jüngst erklärte er am Fernsprecher, dass sein Baugesuch wahrscheinlich eine Änderung erfahren würde." Im Rahmen einer Vorladung wurden dann seine Gründe deutlich.

„Insofern durch den Bedarf an Mineralwasser aus der Gustav-Adolf-Quelle ein längeres Abwarten unmöglich war, sahen wir uns gezwungen, die Erstellung der behelfsmäßigen Abfüllhalle vor Erteilung der Genehmigung durchzuführen. Um den wasserpolizeilichen Vorschriften zu entsprechen, war es nötig die Fundamente der Halle über den höchsten Hochwasserstand zu legen. Hierzu war eine Auffüllung von über 1 m nötig. Das Material hierzu wurde aus dem Grundstück gegen den Fluß zu entnommen. Um nicht eine unschöne Sandgrube zu haben, entschlossen wir uns zwangsläufig, die Grube als Schwimmbassin auszugestalten. Ich werde die vorgelegten Baupolizeipläne entsprechend ergänzen lassen. ... Die Vorlage der Pläne wird sofort erfolgen, damit ich an der Fortsetzung der Arbeiten nicht zu sehr behindert bin."[31] Das Fürther Bauamt reagierte sofort: „Da es nicht feststeht, daß die Anlagen genehmigt werden können, wird die Fortsetzung der Arbeiten untersagt. Falls Pläne für die Auffüllung und das Schwimmbad nicht innerhalb 14 Tagen ... vorgelegt werden, wird Strafanzeige erstattet."[32]

Kriegbaums Rechnung ging aber auf. Wenig später stand die Genehmigung in Aussicht und das Werk war auch schon fast vollendet. Die Zeitung berichtete: „Ein ideales Schwimmbad wurde vor kurzem auf dem Gelände der Gustav-Adolf-Quelle errichtet. Das geräumige Schwimmbecken liegt landschaftlich hervorragend und ist mit ärztlich anerkanntem Quellwasser gespeist, das sich selbsttätig immer wieder erneuert. Das neue Schwimmbad soll ausschließlich Heilzwecken dienen und ist darüber hinaus eine längst schon notwendig gewordene Schwimmanstalt für Vereinsmeisterschaften. Das neue Bad, das in Nürnberg-Fürth seinesgleichen sucht und wohl allen Kurgästen als vorzüglicher Jungborn gelten darf, wird vermutlich im nächsten Monat eingeweiht werden."[33]

Im nachgereichten Baugesuch argumentierte Kriegbaum geschickt und dem Zeit-

Abb. 115: Neu angelegtes Freibad. Sonnenbad auf der Liegewiese und an der Uferböschung, vermutlich 1934.

Abb. 116: Wettkampfstimmung am idyllisch neben dem Rednitzufer gelegenen Freischwimmbecken, vermutlich 1936.

Badeordnung

für das

Gustav-Adolf-Mineralbad
Fürth i. B. - Weikershof

*Polizeiliche Vorschrift für das Stadtgebiet Nürnberg-Fürth
vom 30.1.1931 das Baden im Freien betreffend*

1. **Die Besucher der Badeanstalt haben folgenden behördlich genehmigten Badevorschriften nachzukommen:**

2. Verboten ist
   a) das Mitbringen und Schwemmen von Hunden,
   b) jede Verunreinigung und Beschädigung der Badeanlagen und ihrer Einrichtungen, insbesondere jede Verunreinigung des Wassers, sowie das Wegwerfen von Gegenständen, durch welche Personen verletzt werden können, wie Glas, Flaschen, Konservenbüchsen u. a.,
   c) die Verursachung ruhestörenden Lärms, sittenwidrigen Verhaltens und das Photographieren fremder Personen ohne deren Einwilligung.

3. Die Badekleidung muß den Anforderungen des Anstandes entsprechen. In Familienbädern sind Badehosen ohne Beinansatz verboten.

4. Die An- und Auskleideräume dürfen nicht gleichzeitig von Personen beiderlei Geschlechts benützt werden.

5. Kinder unter 10 Jahren dürfen nur in Begleitung Erwachsener die Badeanstalt betreten und nur den für sie abgegrenzten Teil des Badebeckens benützen.

6. Nichtschwimmern steht der Teil des Badebeckens bis zu 1,50 Meter Tiefe zur Verfügung.

7. Die Badegäste haben sich, ehe sie sich in das Schwimmbecken begeben, an den vorgesehenen Waschplätzen gründlich zu reinigen.

8. Spiele und Leibesübungen sind nur auf der für diesen Zweck bestimmten und bezeichneten Fläche erlaubt.

9. Das Betreten der Uferböschung, der Aufenthalt an derselben sowie das Baden in der Rednitz ist den Badegästen verboten.

10. Die Badegäste haben den Anordnungen des Badeaufsichtspersonals Folge zu leisten, insbesondere wenn es Personen, die den Badevorschriften zuwiderhandeln, aus der Badeanstalt verweist.

Buchdruckerei J. Kellermann, Fürth i. B., Bäumenstraße

Abb. 117: Badeordnung.

geist angepasst: „Der Unterzeichnete beabsichtigt das übrige Mineralwasser der Gustav Adolf Quelle, welches bis jetzt ungenutzt in die Rednitz abläuft, für Badezwecke der Allgemeinheit zugänglich zu machen. Dieses für die körperliche Gesundheit sehr wertvolle Mineralwasser, wird in ein Betonbecken, nach beiliegender Zeichnung geleitet, welches ein einwandfreies Schwimmen ermöglicht. Das Becken hat einen ununterbrochenen Frischwasser-Zulauf von der Quelle mit ca. 21 500 Std./Lt., und besitzt an 3 Stellen Überläufe für verbrauchtes Wasser. Die für den Badebetrieb erforderlichen Nebenanlagen, wie Auskleidehalle, Körperduschen und Aborte, sollen vorerst nur in einer behelfsmäßigen Bauweise errichtet werden, um die heurige Badesaison noch ausnützen zu können."[34] Das Schwimmbecken war 33,3 Meter lang und 13,15 Meter breit.

Wer künftig ein Bad im Freien nehmen wollte, war nach Fertigstellung des Weikershofer Schwimmbeckens gegen eine Eintrittsgebühr von nur 20 Pfennigen besser dran als Besucher der Fürther Flussbäder. Denn bei diesen gab es teilweise nicht befestigte Ufer und noch dazu im Wasser unangenehmen Pflanzenwuchs.[35]

1935 kam es zu einer Erbbaurechtsbestellung. „Herr Dr. Georg Böhner räumt hiermit Herrn Otto Kriegbaum auf die Dauer von 99 Jahren das veräußerliche und vererbliche Recht ein zwecks Ausnützung der Quelle auf und unter der Oberfläche dieses Grundstückes in seinem ganzen Umfange Bauwerke zu errichten und zu benützen und bestellt hierfür zu Gunsten des Herrn Otto Kriegbaum ein Erbbaurecht an ausschließend erster Rangstelle ... Die Nutzung der Quelle umfaßt: 1) die Abfüllung von Quellwasser mit und ohne Zusätze auf Flaschen, ... 2) die Abgabe von nicht abgefülltem Quellwasser zum Verbrauch an der Quelle, 3) die Verwendung des Quellengrundstückes zu Badezwecken und die Abgabe von Bädern, die mit Quellwasser bereitet sind, einschließlich der Errichtung und des Betriebs eines Schwimmbades und der Errichtung und des Betriebes einer

Restauration, 4) etwaige anderweitige Nutzungen des Grundstücks und der Quelle." Als Gegenleistung hatte Kriegbaum einen Erbbauzins von 25 Goldmark![36] an Dr. Böhner zu entrichten.[37]

Das Unternehmen der Gustav-Adolf-Quelle verfügte 1935 über eine beachtliche Zahl von Mitarbeitern. Als Dauerbeschäftigte fanden damals „14 Volksgenossen zuzüglich 24 Familienangehörigen Arbeit und Brot. Hierzu kommen noch weitere Volksgenossen für den Betrieb im Sommer, welche durch den Ausbau des Unternehmens Beschäftigung finden."[38] Neben der Betriebsleitung waren vier sogenannte Quellenarbeiter, ein Schlosser und ein Schreiner beschäftigt, sowie für den Heil- und Mineralwasserbereich eine Flaschenwäscherin, ein Flaschenabfüller und ein Flaschenverkäufer.

Im Juni 1936 teilte Otto Kriegbaum dem Fürther Stadtrat mit, dass mit Beginn der schönen Witterung der Badebetrieb eröffnet worden war. Das Freibad sollte die Sporttreibenden aus ganz Fürth anziehen. Deshalb wurden zur Eröffnung der Badesaison u. a. besondere Einladungsschreiben an verschiedene Vereine verschickt. Dazu gehörte: der Turnverein 1860, der Männer-Turnverein Fürth, der Polizeisportverein Nürnberg, der Reichsbund für Leibesübungen Fürth, die Spielvereinigung Fürth, das Sportamt K.d.F. in Nürnberg, der Reichsbahn-Sportverein Fürth, die Deutsche Turnerschaft und der Turnverein Guts-Muths in Fürth.[39] Gleichzeitig erfolgte an die Stadt die Meldung, dass die Beaufsichtigung des Bades durch den angestellten Bohrmeister Karl Glück, einem erfahrenen, ausgebildeten ehemaligen Bademeister der Militärschwimmschule Bruck bei München, durchgeführt wird. Außerdem wurde die vorschriftsmäßige Ausstattung des Bades nach den Vorschriften der Deutschen Schwimmbäder angezeigt. Ein Antrag auf Erweiterung der anzubietenden Serviceleistungen beim Badebetrieb war an das Schreiben unten dezent angefügt: „Wir ersuchen den Stadtrat uns die Genehmigung zum Verkauf von Rauchwaren, Waffeln, Schokolade, sowie kleinem Imbiß zu erteilen."[40]

Zwischen Ausbau und Rechtsstreit

Auch in den kommenden Jahren ließ sich Kriegbaum nicht bei weiterer Ausbaumaßnahmen beirren, auch wenn er mit seinen eigensinnigen Vorstellungen immer wieder Probleme mit den Genehmigungsbehörden bekam.

Ein städtisches Grundstück, das zum Gustav-Adolf-Quellenareal gehörte und Kriegbaum gepachtet hatte, durfte von ihm weiterhin genutzt werden. Der Verlängerungsvertrag vom Februar 1936 enthielt jedoch den unangenehmen Zusatz: „... das Bebauen der Pachtfläche mit irgendwelchen Gebäudlichkeiten ist dem Pächter nicht gestattet."[41] Offensichtlich hielt sich Kriegbaum nicht an diese Vorgaben. Nur wenige Monate später werden in Mahnschreiben des Oberbürgermeisters der ungenehmigte Bau von Kabinengebäuden und einer Einfriedung reklamiert sowie Strafanzeige und Abbruch der Schwarzbauten angedroht.[42] Kriegbaum kümmerte dies wenig, eine Strafanzeige folgte prompt.[43]

Otto Kriegbaum fühlte sich im Recht. Die Auseinandersetzungen mit der Stadt und den Baubehörden drohten zu eskalieren. Es folgte die Kündigung des gepachteten Grundstücks[44] und die Abbruchanweisung für die Umkleidekabinen.[45] Zur Erhaltung seines ungenehmigten, aber mittlerweile nahezu fertig gestellten Aus- und Ankleidegebäudes schaltete Kriegbaum, im Rahmen einer Beschwerde, die Regierung von Ober- und Mittelfranken ein. Seine Wünsche wurden aber nur teilweise erfüllt. „Da vom Standpunkt der Volksgesundheit die Erhaltung der Gustav Adolf Quelle in Fürth Weikershof als notwendig anzuerkennen ist, wird die Stadtverwaltung in eigener Zuständigkeit zu prüfen haben, ob die besonderen Umstände es angezeigt erscheinen lassen, daß von einer zwangsweisen Beseitigung des ordnungswidrigen Zustandes vorläufig ... Abstand genommen und dieser Zustand ungenehmigt belassen wird, Voraussetzung dafür wäre allerdings eine statisch und technisch einwandfreie Bauweise mit Rücksicht auf den zu erwartenden starken Besuch der Badeanlage.[46]

Kriegbaum wollte sich den ablehnenden Beschlüssen der Stadtverwaltung nicht fügen. Deshalb wandte er sich umgehend an eine höhere Instanz. Er schickte sein Gesuch direkt an den „Führerstellvertreter" Rudolf Hess, dessen Vorliebe für biologische Heilverfahren bekannt war: „Betreff: Beseitigung der Behinderung zum Ausbau der Gustav Adolf Quelle Fürth in Bayern, durch den Oberbürgermeister der Stadt Fürth i.B. ... Durch das vollkommen unverständliche Verhalten des Oberbürgermeisters ist das Unternehmen auf das schwerste geschädigt, insbesondere aber die Heilung suchenden Volksgenossen, ihr Heilungsvorgang behindert und erschwert. Ferner besteht die Gefahr, dass die Belegschaft des Unternehmens selbst Schaden erleidet, wenn nicht von höherer Warte aus dem unerklärlichen Vorgehen Einhalt geboten wird. Als Betriebsführer des Unternehmens bitte ich den Stellvertreter des Führers Herrn Rudolf Hess mich zum persönlichen Vortrag vorzulassen. Heil Hitler! Ihr ergebener! Gez. Otto Kriegbaum."[47] Das Schreiben wurde von Rudolf Hess' Stab ohne weitere Erklärung „zuständigkeitshalber" an den Reichs-Innenminister weitergegeben.[48]

Anscheinend zeigte der Vorstoß dennoch Wirkung. Im Mai 1937 erhielt Kriegbaums Firma folgenden Brief: „Entsprechend der Anregung der Kreisregierung" erlaubt die Stadt „trotz schwerster Bedenken", die Schwarzbauten vorerst „... ungenehmigt zu belassen." Bedingung hierfür ist, neben statischen, technischen und hygienischen Auflagen, eine architektonisch einwandfreie Gestaltung der Auskleide- und Trinkhalle, „die insbesondere den Anforderungen der Heimatpflege Rechnung trägt." Die ausgesprochene Kündigung des Geländes wurde ausgesetzt.[49]

Am 28.6.1937 reichte die Quellenverwaltung eine Baubeginns-Anzeige für Auskleidehalle und Waschraum nach. Es erfolgte daraufhin eine baupolizeiliche, 21 Punkte

Gruß aus Gustav-Adolf-Quelle, Fürth-Weickershof, Bassin

Trinkraum

Auskleidehallen

Abb. 118: Postkarte mit dem Freischwimmbecken, dem Trinkraum und den umstrittenen Umkleidekabinen.

umfassende Liste von Auflagen für Badebetrieb, Gebäudegestaltung und Einzäunung.[50] Im Zusammenhang mit einem Gesuch an den Oberbürgermeister versuchte Kriegbaum, bei den Parteigenossen der Stadtspitze guten Wind zu machen. „Das Unternehmen dient ausschließlich Zwecken der Volksgesundheit und wie Sie wissen, Herr Oberbürgermeister, finden in dem Becken die Übungsstunden der Partei, wie S.A., H.J., der oberen Volksschulen, Sportvereine usw. statt und suchen auch Kranke dort Genesung."[51] Wie aus zeitgenössischen Erinnerungsberichten hervorgeht, war das Schwimmbad tatsächlich ein von vielen Fürthern gern besuchter Erfrischungsplatz während der Sommermonate. Es kamen sogar immer wieder Leute, die auf Leiterwägen Kanister mit sich führten, die sie an der Quelle füllten, um damit zu Hause Bäder zu machen. Dies geschah allerdings häufig ohne Wissen von Herrn Kriegbaum, auch noch nach dem Krieg, als die Quellenanlage längst an Attraktivität verloren hatte. Was blieb damals jungen Badbesuchern von all dem in bleibender Erinnerung? „Da wurden bei dem Gebäude, wo man sich umzog, Waffeln und Limonade verkauft, sowie Quellwasser, das mit Kohlensäure und Zitronenzusatz versehen war."[52]

Zweiter Weltkrieg – Ende im Bombenhagel

In den Kriegsjahren kamen auf den Quellenbetreiber Kriegbaum neue Erschwernisse zu, die den Badebetrieb empfindlich einschränkten. 1942 wurde beschlossen, eine zusätzliche Löschwasserleitung für die nahe liegende Panzerjägerkaserne, die Heeresverpflegungsanlage und das Heeresnebenzeugamt einzurichten. Dazu mussten Pumpanlagen auf dem Badgelände in die Rednitz eingebracht, Leitungen verlegt und Dämme aufgeschüttet werden.[53] Mit dem Bau der entsprechenden Rohrleitungen wurde Kriegbaums Firma, die Fürther Tiefbohranstalt und Pumpenbau, beauftragt.[54]

Im Sommer 1944 blieb das Bad aus kriegsbedingten Gründen geschlossen.[55] Eine schnell zunehmende Zahl von Luftangriffen forderte vermehrte Sicherheitsvorkehrungen. Gegen Kriegsende gab es aufgrund der Lage nahe der Kasernen meist mehrmals am Tage Fliegeralarm. Ein berührendes, mit der Gustav-Adolf-Quelle im Zusammenhang stehendes Zeugnis aus dieser Zeit ist erhalten geblieben. Bei der Quelle wurde die flüchtig auf einen Papierfetzen geschriebene Kurzmitteilung, vielleicht die Textangabe für den Funker, aufgefunden: „Steingruber Major, Stiegelfeld 1a Nbg, Bombardement auf Quelle + Weikershof mit Herrn Fischer aus Weikershof zusammen überstanden".[56] Am 5.4.1945 kam es zu einem schweren Bombenangriff auf Fürth-Süd. Weikershof und die nahe liegenden Kur- und Badeeinrichtungen der Gustav-Adolf-Quelle wurden schwer in Mitleidenschaft gezogen. Ein Zeitzeuge berichtet: „Bei uns am Südweg 16 fielen im 100 m Umkreis vom Haus 88 Bomben!!"[57]

Im Nachhinein beschreibt Kriegbaum in einem Schriftstück die Kriegsschäden. „Bekanntlich ist bei einem großen Fliegerangriff auf Fürth-Weikershof eine Bombe in unmittelbarer Nähe der Gustav-Adolf-Quelle gefallen, wodurch die Trinkhalle und die Quelle, erstere total zerstört, und letztere angeschlagen wurde, so dass aus der Quelle selbst nicht mehr die alte Wassermenge hochkommt, sondern außerhalb der Fassung sich das Quellwasser einen Durchbruch geschaffen hat. ... Die (elektrische) Verbindungsleitung zwischen der Quelle in Richtung Weikershof bis zur Grundstücksgrenze war ebenfalls durch Fliegereinwirkung zerstört. ... Das Schwimmbecken selbst war durch verschiedene Bombeneinschläge ebenfalls zum großen Teil zerstört. ... Die ursprünglich auf dem gleichen Grundstück vorhandenen Auskleidehallen gingen ebenfalls bei dem seinerzeitigen Luftangriff in Trümmer. ... Was nicht ganz kaputt war, wurde in der bewegten Zeit kurz nach dem Einmarsch der Truppen gestohlen."[58]

Vier Quellenstandorte – vier verschiedene Entwicklungen von 1945 bis zur Jahrtausendwende

Alte Kurbadquellen in neuer Hand – Max Grundig, ein Heilwasserfreund

Kurz nach Beendigung des Zweiten Weltkrieges, während der ersten schlimmen Nachkriegsjahre, bestand seitens der Stadt Fürth offensichtlich weiterhin Interesse an einer Heilquellennutzung und damit verbunden große Hoffnungen auf positive Auswirkungen im Hinblick auf die Stadtentwicklung. Darauf weisen 1947 eifrige Aktivitäten der Stadt hin. Anfang dieses Jahres erging zunächst eine Anfrage an das Innenministerium, in der die Stadt die Fürther Quellen als Heilquellen anerkennen lassen und ein entsprechendes Quellschutzgebiet ausweisen lassen wollte. Begründet wurde das Vorhaben zum einen mit dem Besitz der alten Kurbadquellen und dem kriegsbedingten Stillstand der Espanquelle. Zum anderen wurde vorgetragen, dass die Stadt Fürth nun die Verwertung und Anerkennung als Heilquelle beabsichtige und deshalb das Wasserschutzgebiet neu definiert werden müsse. Der Stadt war seinerzeit unklar, ob dies bereits im Rahmen der Erbohrung und früheren Nutzung erfolgt war. Die genauen Unterlagen waren durch Kriegseinwirkung verloren gegangen. Der engere Schutzbereich sollte 30 m betragen, das gesamte Schutzgebiet sollte sich etwa einen Kilometer um das Quellgebiet erstrecken.[1]

Seitens der städtischen Behörden wurden damals weitere konkrete Überlegungen angestellt. Die Stadtwerke hielten „eine Verwertung des Mineralwasservorkommens nicht für unmöglich. Es ist bei der Prüfung dieser Frage zu bedenken, daß unter den derzeitigen Verhältnissen und wahrscheinlich noch über Jahre hinaus, die Konkurrenz vieler deutscher Heilbäder ausgeschaltet ist. Die Bevölkerung von Nürnberg und Fürth, sowie weitere Teile Nordbayerns werden gern Gebrauch machen, von einer Heilquelle, die ohne Schwierigkeiten und großen Kostenaufwand zu erreichen ist, selbst wenn kein Komfort zur Verfügung steht.

Wenn sich auch nicht empfiehlt, daß die Stadt Fürth als Unternehmer auftritt, so könnte doch erwogen werden, vielleicht die private Initiative einzuschalten. Immerhin wäre eine Verwertung in bescheidenem Umfang vielleicht in der Weise möglich, daß in dem betreffenden Gelände Einrichtungen wenigstens zur Durchführung von Trinkkuren geschaffen werden. Auch an einen Versand des Tafelwassers könnte gedacht werden...“[2] In einem anderen internen Schreiben der Stadtwerke heißt es im Hinblick auf die nachkriegsbedingte Konkurrenzsituation zuversichtlich: „Nach reiflicher Abwägung aus den für und gegen das Projekt vorliegenden Gründen wird von Seiten der Stadtwerke vorgeschlagen, die Verwertung des Mineralwasservorkommens auch weiterhin zu betreiben. Es wäre unter den heutigen Verhältnissen verfehlt, die Verwertung aufzugeben und die festgelegten Kapitalien abzuschreiben. Die Aussichten, das Mineralwasservorkommen einer Verwendung zuzuführen, sind jedenfalls heute günstiger wie zu Anfang der dreißiger Jahre, nachdem die Konkurrenz durch eine größere Zahl von deutschen Kurorten und Mineralbädern durch die Nachkriegsereignisse ausgeschieden ist und die noch vorhandenen Bäder und Mineralquellen aus bekannten Gründen unter den derzeitigen Verhältnissen nicht mehr oder nur unter großen Schwierigkeiten erreichbar sind. ... Mit Rücksicht auf die derzeitigen Verhältnisse kann angenommen werden, daß sich weite Kreise der Bevölkerung der beiden Städte Nürnberg und Fürth, sowie Nordbayerns für eine Nutzbarmachung der Fürther Heilquellen interessieren und daß auch die Ärzteschaft einer weiteren Verwertung wohlwollend gegenübersteht.“[3]

Im Hinblick auf diese Argumente, erteilte die Stadt Fürth am 3. Juli 1947 der Firma Ochs & Co aus Nürnberg den Auftrag zur Instandsetzung aller Fürther Mineralwasser-Brunnen. Eine damals schon diskutierte

Rohrverlegung in den Stadtpark wurde vorerst zurückgestellt.[4]

Auf eine Nachfrage der Regierung von Mittelfranken in Ansbach, beim Staatslaboratorium für Heilquellenforschung in Bad Kissingen, ob Fürth als Heilbad geeignet sei, erhielt sie vom zuständigen Dr. Genser die nachfolgende abwägende Auskunft: „... doch muß ich die Frage, ob in Fürth die Errichtung eines Heilbades nach Art bedeutender Kurorte möglich ist, eindeutig verneinen. Fürth ist eine Industriestadt und deshalb als Kurort nicht geeignet, selbst dann nicht, wenn Millionen und Abermillionen in das Projekt investiert würden und das Bad in balneologischer Hinsicht das modernste des Kontinents wäre. ... Doch kann gar kein Zweifel darüber bestehen, daß für die Städte Nürnberg und Fürth eine entstehende Badeanstalt mit natürlichen Heilwässern ein gar nicht hoch genug einzuschätzender Aktivposten wäre... – Es müßte als eine schwere Unterlassung angesehen werden, wenn die Stadtverwaltungen und die gesamte Ärzteschaft die Gelegenheit nicht in die Tat umsetzen würden."[5]

Bezüglich der Festlegung einer Quellen-Schutzzone, machte Ende des Jahres 1947 der besondere Kenner der Fürther Bohrungen, Prof. Dr. F. Birzer vom Geologischen Institut in Erlangen, folgende Feststellungen: „Es wird für zweckmäßig erachtet, 30 m Radius als Schutzzone zu bestimmen. Das Einzugsgebiet für die beiden oberen Horizonte liegt in großer Entfernung vom Brunnen. Mineralwasser führende Schichten treten erst südlich von Bayreuth zu Tage. Schmutzwasser, das im Gebirge selbst versickert, dürfte nichts schaden, da alle Wasserhorizonte durch sehr mächtige Tonlagen gegen die Tagesoberfläche vollkommen abgedichtet sind und alle angetroffenen Wässer unter artesischem Druck stehen. Das Einzugsgebiet der oberen Horizonte könnte südlich von Nürnberg liegen. Auf jeden Fall ist der Weg so weit und die dazwischen liegenden filternden Schichten so groß, daß an eine Verunreinigung nicht gedacht werden muß."[6]

Im Jahr 1948 bewarb sich ein Privatmann, namens Martin Bauer, um einen Pachtvorvertrag für die im alten Kurbadge-

Abb. 119: Ehemaliges Kurmittelhaus. Zustand nach 1945.

lände liegenden Heilquellen einschließlich dem nach der Espanseite gelegenen umfangreichen Terrain. Der Vertrag sollte auf eine Dauer von 99 Jahren zur weiteren Verwertung der Heilquellen abgeschlossen werden. Geplant waren von ihm Bäder aller Art. Unter anderem Trinkkuren und die Herstellung des „früher wohlbekannten Dosana-Sprudels", die Errichtung eines Schwimmbades und von Sportplätzen, sowie ein Baderestaurant „mit Wohngelegenheit für auswärtige Kurgäste". Als Referenz für seinen Antrag an die Stadt und für seine umfangreichen Pläne betonte er: „Als früherer Liquidator der König-Ludwig-Quelle G.m.b.H. hatte ich im Auftrag der Bankfirma Anton Kohn aus Nürnberg Feststellungen zu machen, worauf es zurückzuführen war, dass eine Rentabilität dieser G.m.b.H. während ihres Bestehens nicht erzielt werden konnte. Die bei der Gründung und im Laufe der Jahre gemachten Fehler sind mir daher genau bekannt. Ich weiß, dass die neue Firma schon nach einem Jahr des Bestehens, mit einer bescheidenen Rente arbeiten kann."[7] Die Bewerbung von Martin Bauer hatte keinen Erfolg. Sie war, zumindest zeitlich gesehen, zum Scheitern verurteilt.

Unerwartet erschien im August 1948 ein Zeitungsartikel mit der Überschrift „Sportbad Espan nimmt konkrete Formen an". Unter Ausnützung der alten Brunnen zu beiden Seiten der Pegnitz schrieb die Stadt dazu einen Architektenwettbewerb aus. 34 Arbeiten wurden eingereicht. Für die besten Entwürfe hatte die Stadt Preise in einer Höhe von 500 Mark ausgesetzt. Sie gingen an die Architekten Heinrich Radderschall in Bonn, Brita Vollin in Potsdam und Hans von der Heyde in Bremen. Die Planung umfasste auf dem „Espan-Plateau" ein 50 x 25 Meter großes Schwimmbecken, „das mit dem kohlensäurehaltigen Wasser der Ludwigsquelle und der neuen Quelle" gespeist werden sollte. Dazu waren noch Spiel- und Liegewiesen vorgesehen.[8] Auf die angekündigte Verwirklichung innerhalb eines Jahres hoffte die Bevölkerung allerdings vergebens.

Während in den ersten Nachkriegsjahren die Stadt Fürth noch versuchte, die Heilquellen nicht verkommen zu lassen und sinnvoll zu nutzen, zeichnete sich in den wirtschaftlich sehr schwierigen Zeiten für das Gelände des ehemaligen Kurbades an der Ecke Kurgartenstraße/Dr.-Mack-Straße sehr bald eine neue Bestimmung ab. Max Grundig, Besitzer eines damals nicht allzu großen elektrotechnischen Betriebes, hatte unter anderem die Idee, aus alten, übrig gebliebenen Ersatzteilen von militärischen Funk- und Fernsprechgeräten, Bausätze mit entsprechender Anleitung zum Selbstbau von einfachen Radiogeräten zusammen zu stellen. Die Nachfrage hierfür war bald riesengroß.

Zur Erweiterung seiner Fabrikation suchte Grundig nach einem passenden Platz. Gerade das zu dieser Zeit ungenutzte Kurparkgelände, an der Fürther Stadtgrenze zu Nürnberg, erschien ihm besonders geeignet. Max Grundig bekniete den ehemaligen Stadt- und Rechtsrat und seit 19. März 1946 zum Oberbürgermeister avancierten Dr. Hans Bornkessel immer wieder und mit Erfolg, ihm das Grundstück der ehemaligen König-Ludwig-Quelle für sein junges Unternehmen zur Verfügung zu stellen. Am Montag, den 3. März 1947 wurde der erste Spatenstich für eine Werksbaracke bescheiden gefeiert. „Max Grundig und seine Mitarbeiter packten eigenhändig beim Aufbau ihres neuen Werkes zu." Bereits am 17. September 1947 waren die sechs geplanten Steinbaracken für das „Grundig Werk I" fix und fertig. Als äußeres Zeichen wurde die Schrift „König-Ludwig-Quelle" über dem ehemaligen Kurgartenportal abgeändert. Stattdessen stand nun über dem Eingangstor der Firmenname „Elektrotechnische Fabrik" und darüber das Firmenwappen.[9] Bedenkt man die damaligen Nachkriegsumstände, versteht man die Stadt Fürth, für die das Zustandekommen eines Industriewerkes zweifellos enorm wichtig war. Ob eine Radiofabrik nur an dieser – für Fürth anderweitig so bedeutsamen – Stelle entstehen konnte, darf jedoch hinterfragt werden.

Abb. 120: Werksbaracken der Firma Grundig im früheren Kurparkgelände, 1947/48.

So erfuhren die Fürther Anfang 1948 in der Zeitung unter der politisch geprägten Überschrift „Aufbau contra Demontage" – „Eine Radiofabrik entstand aus dem Nichts" über die rasanten Veränderungen auf dem Gelände der ehemaligen König-Ludwig-Quelle an der Kurgartenstraße. „Wer dort schon länger nicht mehr vorüber gegangen war, wird plötzlich erstaunt gewesen sein über die neuerliche Veränderung. In einem Jahr ist ein umfangreicher Fabrik-Komplex entstanden, der die Firma ‚RVF', Elektrotechnische Fabrik GmbH beherbergt." Eine Abbildung zeigte das neue Industriegelände mit den Werksbaracken.[10] Nachdem zuerst die Fertigung von Spulen- und Transformatoren, Mess- und Prüfgeräten im Vordergrund stand, kamen nun Rundfunkbaukästen unter dem Namen „Heinzelmann" in erheblichen Stückzahlen auf den Markt. Als Werkhallen dienten vorläufig neu erstellte Steinbaracken im westlichen Teil des alten Kurparkes. Aus dem Kleinbetrieb war schnell ein großes Fabrikunternehmen

geworden, das mit inzwischen 800 Beschäftigten 12 000 Rundfunkempfänger auf den Markt gebracht hatte. Als 1949 bei einer groß angelegten Betriebsbesichtigung Politiker, Gewerkschafter sowie Vertreter des Radio- und Großhandels zusammen mit 100 deutschen Redakteuren die Grundig-Radio-Werke erkundeten, prangte bereits groß die neue Aufschrift „Grundig RADIO-WERKE GMBH" mit dem bekannten Firmenlogo am alten Kurgartenportal.[11]

Der Betrieb expandierte weiter. Grundig wollte sich auf das Gebiet der alten Heilquellen und Kurgebäude ausdehnen. Der Stadtrat gelangte zu einem schwerwiegenden Entschluss: „In Anbetracht dessen, daß durch die Industriebauten der Firma Grundig die Heilquellen an sich gelitten haben und außerdem keine Möglichkeit besteht, das Wasser in größeren Mengen für Badezwecke zu verwenden, besteht Einverständnis, daß die beiden Quellen König-Ludwig II und Bavaria aufgelassen werden." Die Firma Grundig hat keine Abfindung zu entrichten,

Oben: Am Portal der Grundig-Werke an der Kurgartenstraße herrschte am Donnerstag großer Betrieb. Links unten: Regierungspräsident Dr. Hans Schregle zeigte starkes Interesse für die Produktion, rechts unten: 2. Bürgermeister Hans Segitz im Gespräch mit westdeutschen Presseveretretern und Werksangehörigen.   Foto: Schnörrer

Abb. 121: Presseempfang am 3.3.1949. Das Gebäude des heutigen Rundfunkmuseums im Rohbau.

da sie sich bereit erklärt hat, die Ableitung des Heilwassers der König-Ludwig-I zum Stadtpark zu ihren Lasten durchzuführen.“[12] Dieses Versprechen wurde allerdings nie eingelöst und von der Stadt Fürth leider auch niemals reklamiert. Zum Grundig-Werksgelände und den Quellen hatte fortan kein Außenstehender mehr Zugang.

Die alten Bädergebäude mit einem Teil des Kurparkes, um 1920 von einem jüdischen Unternehmer erworben, waren im Dritten Reich unter „Sonderbedingungen“ in städtischen Besitz übergegangen. Nach Abwicklung eines vorgeschriebenen Wiedergutmachungs-Verfahrens, wurden diese Liegenschaften, zu denen auch die König-Ludwig-Quellen gehörten, nunmehr von der Firma Grundig erworben. Neunzig Prozent der Heilwasserentnahme standen von jetzt an der Stadt Fürth zu, während der Radiofabrik ein Nutzungsrecht von zehn Prozent zugesprochen wurde.[13]

Firmenchef Max Grundig zeigte bald persönliches Interesse an der auf seinem Grund zu Tage tretenden König-Ludwig-Therme. Ihm ist es zu verdanken, dass wenigstens Teile der früheren Kurpark-Bäder-Landschaft bis heute erhalten geblieben sind. Zwar musste, weil damals als altmodisch empfunden, die monumentale Jugendstil-Fassade des Eingangstraktes einem glatten „Grundigbank-Gesicht“ weichen, aber es gibt immer noch das Gebäude des ehemaligen Bäderhauses, wenn es auch innen und außen modern umgestaltet wurde. Hinter dem bald nach allen Seiten von hohen Fabrikbauten umschlossenen und nur für Betriebsangehörige zugänglichen Gelände blieb auch die Anlage des oberen Kurparkteils mit Wiese, Springbrunnen und Aussichtspavillon, sowie dem sich darunter befindenden Trinkbrunnen bestehen. – Ein heute wieder zugängliches, kleines Stück alte Erinnerung!

Abb. 122: Jugendstilfassade des ehemaligen Hauptportals an der Kurgartenstraße.

Abb. 123: Umgebautes Hauptportal, 1970.

Alte Fürther Bäderträume betreffend, kam es aber gleichzeitig zu einer sehr positiven Entwicklung. Notwendiger als die Erhaltung historischer Relikte, wurde von Max Grundig die Wiederverwendung des Heilwassers gesehen. Zunächst hatte man sich mit älteren Gutachten begnügt. Im Hinblick auf weiter reichende Ziele, wurde 1967 eine neue Heilwasser-Analyse durch Prof. Dr. Quentin vom Institut für Wasserchemie und chemische Balneologie in München erstellt.[14]

In der Person des leitenden Betriebsarztes Dr. Triebel hatte Max Grundig einen versierten Fachmann für balneologische Belange gefunden. Schon frühzeitig war ein Freischwimmbecken für Firmenangehörige, sowie ein kleines Hallenschwimmbad für den Firmenchef selbst, nahe beim Quellschacht des Brunnens „König Ludwig I" gebaut worden. Unbemerkt entwickelte sich hinter den Mauern des Grundigwerkes regelrecht ein betriebsinterner Kurbetrieb.

121

Abb. 124: Blick auf das neu genutzte Kurparkgelände. Vorne die einstige Trinkhalle, hinten das heutige Rundfunkmuseum; vermutlich um 1950.

Abb. 125: Plan des Grundig-Firmengeländes.

1 König-Ludwig-Quelle II (aufgelassen)
2 Bavaria-Quelle (aufgelassen)
3 König-Ludwig-Quelle I (genutzt)
4 Badepavillon von Max Grundig
5 Schwimmbecken für Betriebsangehörige

6 ehemaliger Aussichtspavillon mit Trinkbrunnen
7 obere Kurparkwiese mit Fontäne
8 ehemaliges Kurmittelgebäude

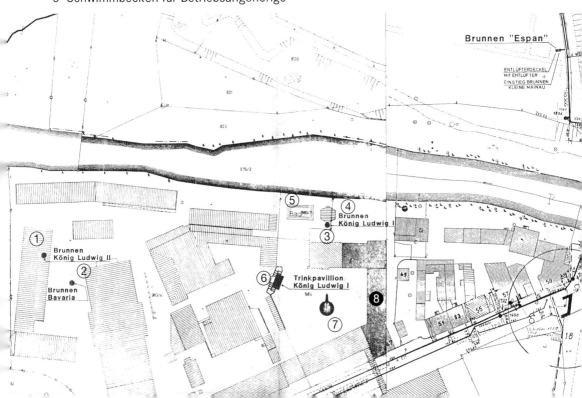

Unter der Überschrift „Für viele ein Wunschtraum, für Grundig-Mitarbeiter nicht. Vom Arbeitsplatz ins Bad. Konsul Max Grundig stellt sein früheres Privat-Bassin der Belegschaft zur Verfügung" berichtete 1962 die Presse. Die Öffentlichkeit erfuhr dabei vom sozialen Engagement des Unternehmers zur Verbesserung des Betriebsklimas. „Was früher, vor rund 50 Jahren, nur zahlungsfähigen Kurgästen möglich war, das bietet sich jetzt den Grundig-Mitarbeitern in den Pausen kostenlos an. Im Schatten des alten Bäderhauses – an einer Wand kann man noch die Buchstaben ‚THERMALBAD' entziffern – tummeln sich jeden Tag mehrmals die Angehörigen des Fürther Großbetriebes in dem wohltemperierten Quellwasser. ... Andere wiederum wenden das Wasser innerlich an. Die sind das ganze Jahr über in jeder Pause Stammgast an der Quelle und trinken das eisenhaltige, gesunde Wasser, auf das sich einst die Fürther Kurbad-Hoffnungen gründeten."[15]

Einige Jahre später, nach weiteren Um- und Ausbauarbeiten, vermittelt ein ausführlicher Artikel über die „Alte Kurbad-Romantik im modernen Kleid" einen genaueren Eindruck über den seinerzeit durch das rührige Betreiben von Max Grundig hergestellten, aktuellen Zustand der ehemaligen Kuranlagen: „Wo vorne an der Kurgartenstraße ... hochaufragende Geschäftsgebäude Front zum Gehsteig machen, vermutet wohl niemand an der Rückseite eine hübsche kleine Anlage mit Heilwasser, Spazierwegen und Ruhebänken. Hier ist das Reich, in dem die Belegschaft sich in den Arbeitspausen ergehen kann, hier wo einst die alten Fürther ernst und würdig mit ihren Trinkgläsern in den Händen flanierten.

Das Gebäude der Union-Glas, das mit Marmor und Muscheln ausgelegt und noch vom König-Ludwig-Bad übrig geblieben war, kennt man heute nicht mehr. Es ist ebenso umgestaltet wie der große Seitenflügel. Ein Zwischenbau für die Verwaltung hat die Verbindung zu dem Verwaltungsgebäude hergestellt, hinten zur Pegnitz zu wurde aufgestockt – die Geschäftsleitung hat hier abseits vom Straßenlärm ihre Räume gefunden. Unten, wo einst das Moor für die schwarzen Bäder per Rollwagen ins Haus gefahren wurde – die Gleise sind erst jetzt bei den Umbauarbeiten herausgerissen worden – befindet sich ein ansprechender Konferenzraum, in dem niemand mehr daran denkt, dass hier einmal Menschen ihrer Gesundheit frönten, indem sie eisenhaltiges Wasser tranken und dabei bis zum Hals in einer moorigen Brühe saßen.

Doch die eigentliche Attraktion ist der wiedererstandene Kurpark. Das heißt, Park ist zuviel gesagt, denn wo einst die Badegäste einherstolzierten, stehen jetzt die Gebäude des Werkes. Doch die Ecke der einstigen Union-Glas, die zum Fluss hin abfällt, blieb auch nach den neuerlichen Umbauten von Gebäuden verschont. Sorgfältig wurde der verwahrloste Baumbestand durchforstet, einzelne schöne Stämme ließ man stehen, Blumenrabatten wurden angelegt und Wege durch das frische Grün gezogen. Weißlackierte Bänke stehen im Schatten der Bäume, laden zur Rast ein. Unten – auch die alte hinabführende Treppe ist noch erhalten – sprudelt aus einem Röhrchen die Heilquelle. Mitarbeiter kommen hier vorbei, nehmen einen Schluck, füllen sich ein, zwei Flaschen voll des Gesundbrunnens ab. Ein paar Schritte weiter, hinter einer Glasbacksteinwand, ist ein zwölf Meter langes Schwimmbecken. Rostrot sind die Ränder des Beckens vom Eisengehalt des Wassers, nur wenige Zentimeter ist der Wasserspiegel tiefer als der Beckenrand. Chefarchitekt Direktor Gerhard Ulrich: ‚das Wasser ist stark kohlensäurehaltig. Liegt der Wasserspiegel 30 Zentimeter unter dem Rand, so kann man direkt an der Wasseroberfläche nicht mehr atmen.' Durch den Trick der Niveaugleichheit besteht diese Gefahr dagegen überhaupt nicht. An heißen Tagen herrscht hier großer Andrang. Der Besucher glaubt es, hat er doch selbst Lust hineinzuspringen und sich zu erfrischen.

Neben dem Belegschaftsbad, direkt über der eigentlichen Quelle, die 357 Meter tief liegt und seinerzeit gebohrt wurde, ist ein kleinerer Badepavillon. Auch die Geschäftsleitung hat hier ein Becken, in dem sich die

Abb. 126: Frühere Kurparkanlage mit altem Baumbestand und Fontäne, 1970.

Abb. 127: Aussichtspavillon, 1970.

Abb. 128: Trinkbrunnen unterhalb des Aussichtspavillons, 1970.

Abb. 129: Heilwasserbrunnen gespeist von der König-Ludwig-Quelle I, 1970.

Abb. 130: Freischwimmbecken, etwa an der Stelle der ehemaligen Trinkhalle, 1970.

Abb. 131: Freischwimmbecken, im Hintergrund der sechseckige Grundig-Badepavillon, 1970.

Abb. 132: Privathallenbad von Max Grundig am Brunnenschacht der König-Ludwig-Quelle I, 1970.

Abb. 133: Innenansicht des Privathallenbades mit Umkleidekabinen, 1970.

Herren nach aufreibenden Verhandlungen gerne einmal erfrischen.“[16]

Bis hinein in die siebziger Jahre kam es unter der Leitung von Dr. Triebel zu beachtenswerten Fortschritten und einer ausgedehnten medizinischen Neunutzung des König-Ludwig Heilwassers. Und das über den Firmenbereich hinaus! Dr. Triebel bot, in Zusammenarbeit mit den zuständigen Hausärzten von Betriebsmitgliedern, bei einschlägigen Erkrankungen eine kostenlose Heilwasser-Therapie mit Trinkkurbehandlung an, basierend auf Empfehlungen früherer Gutachten, aber auch aufgrund neu gewonnener eigener Erfahrungen.

Nach wissenschaftlicher Erprobung durch Dr. Triebel über die Wirkung des König-Ludwig-I Wassers bei Trinkkuranwendung gab dieser, aufgrund bestimmter Befunde bei betrieblichen Vorsorgeuntersuchungen, Betriebsangehörigen hausärztliche Mitteilungen mit. „Sehr geehrte Frau Kollegin! Sehr geehrter Herr Kollege! Im Rahmen unserer Vorsorgeuntersuchung fanden wir bei ... die Harnsäurewerte im Serum auf ... mg % erhöht, so daß das Vorliegen einer harnsauren Diathese (Gicht) bzw. Gichtgefährdung ... angenommen werden muß. Wir möchten deshalb zur vorbeugenden bzw. zusätzlichen Kurbehandlung mit König-Ludwig-Heilquelle anraten, die sich uns in jahrelanger Beobachtung als wirksames, dabei völlig unschädliches Urikosurikum[17] bewährt hat. Bei bereits manifester Gicht wirkt die Heilquelle medikamenteneinsparend.“ Frühere gutachtliche Aussagen zu dem Anwendungsgebiet ergänzte er: „Das Indikationsgebiet konnten wir auf Grund eigener Beobachtungen der letzten 10 Jahre bestätigen, wobei uns besonders die Beeinflussung der Harnsäurewerte interessierte.“[18] Die von Dr. Triebel dem Patienten für den Hausarzt mitgegebenen Rezepte enthielten detaillierte Hinweise über Menge und Anwendungsweise, wie es auch in Kurorten üblich ist.[19] Dr. Triebel war ein balneologisch geschulter Kenner der Fürther Quellen und ähnlich aktiv, wie jener in der Gründerzeit entscheidend tätig gewesene Medizinalrat Dr. Spaet. Für seine „Kurpatienten“ war jetzt Dr. Triebel ein guter ärztlicher Betreuer. Hinter den Werktoren herrschte eine „beinahe Kurbadstimmung“ wie ein halbes Jahrhundert zuvor. Außer den Betriebsangehörigen wussten nur wenige Bürger von dieser neuen, erfolgreichen Fürther Bäder-Phase!

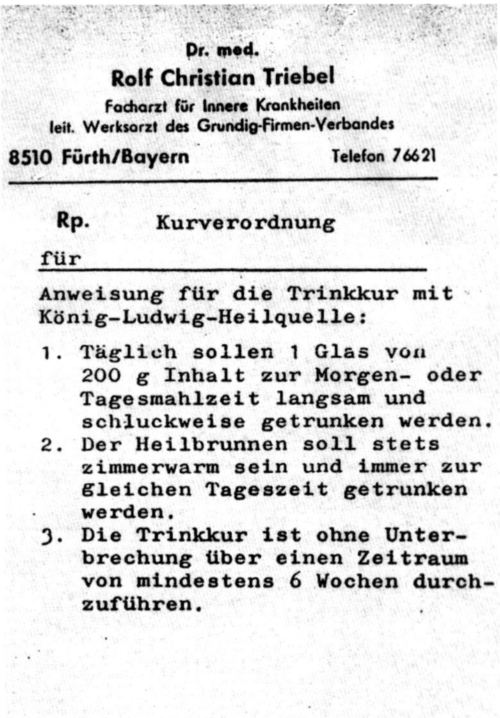
Dr. med.
Rolf Christian Triebel
Facharzt für Innere Krankheiten
leit. Werksarzt des Grundig-Firmen-Verbandes
8510 Fürth/Bayern Telefon 76621

Rp. Kurverordnung

für

Anweisung für die Trinkkur mit König-Ludwig-Heilquelle:

1. Täglich sollen 1 Glas von 200 g Inhalt zur Morgen- oder Tagesmahlzeit langsam und schluckweise getrunken werden.
2. Der Heilbrunnen soll stets zimmerwarm sein und immer zur gleichen Tageszeit getrunken werden.
3. Die Trinkkur ist ohne Unterbrechung über einen Zeitraum von mindestens 6 Wochen durchzuführen.

Abb. 134: Kurverordnung von Dr. Triebel.

Unternehmerisch offen und stets engagiert verfolgte Max Grundig, in enger Beratung mit Dr. Triebel, noch weitere Nutzungsmöglichkeiten des Heilquellenwassers – vielleicht in der Hoffnung auf intensivere kommerzielle Nutzung. So wurde König-Ludwig-I Wasser zur Kosmetika-Produktion verwendet. Dazu wurde einige Jahre vorher die „König-Ludwig-Heilquellen-GmbH, mit Sitz in Fürth/B., Kurgartenstraße 47“ als ein „Unternehmen der Grundig-Gruppe“ wieder gegründet.[20] Hergestellt und vertrieben wurden biologische Hautpflegeartikel. Das Umschlagbild eines Faltprospekts preist z. B. das Produkt C 23 mit den Schlagworten an: „Biologische Hautpflege – C 23 nährt, schützt, pflegt, regeneriert die Haut, vom Arzt geschaffen“. Im Inneren

Abb. 135: Faltprospekt zu Kosmetikprodukten.

wird das Produkt vorgestellt. „Die Schutz-
und Heilwirkung von C 23 hat sich unter
den extremen Bedingungen der Industrie
und ärztlicher Kontrolle hervorragend
bewährt. Ihre pflegenden und regenerieren-
den Kräfte haben sich aber auch in Kosme-
tik und Säuglingspflege überlegen gezeigt."
Als weiteres wird in dem Prospekt B 23
LUXUS ein biologisches Wasch-Kosmeti-
kum empfohlen. „B 23, vom Arzt geschaffen, dient der intensiven, aber schonenden
Reinigung, zugleich der Pflege und Kräftigung der Haut und des Haares und damit
der Vorbeugung vor Erkrankung. B 23 ist
ein desinfizierendes, desodorierendes, sei-
fenfreies Medizinal-Creme-Schaumbad auf
der Basis natürlicher Eiweißprodukte."[21]

Gleichzeitig beschäftigte sich Dr. Triebel
mit dem Gedanken, die Flaschenabfüllung
des Mineralwassers wieder in die Wege zu
leiten. Bei Betriebsbesichtigungen erläuter-
te er 1971 interessierten, fachkundigen
Besuchern in seinem Laboratorium für
medizinische Untersuchungen im Hauptgebäude an der Kurgartenstraße die seinerzeit

laufenden, erfolgreichen Erprobungen zur
Enteisenung des Quellwassers.[22] Zu einer
kommerziellen Nutzung im Rahmen von
Mineralwasserabfüllungen kam es jedoch
dann doch nicht.

Nachdem sich Max Grundig seit 1972
zunehmend aus der Firma zurückgezogen
hatte und das Unternehmen Grundig in den
80er Jahren, in Folge fernöstlicher Konkurrenz, Umsatzrückgänge verbuchte, ging
1984 die unternehmerische Führung auf
niederländische Seite über, nachdem der
Phillips-Konzern einen großen Anteil an der
Grundig AG erworben hatte. Max Grundig
zog sich endgültig zurück, er starb am
8.12.1989.

Mit dem Ende der Grundig-Ära war auch
der Abbau des Werkes und der Hauptverwaltung an der Kurgartenstraße verbunden.
Nun wurde auch über neue Nutzungsmöglichkeiten nachgedacht. In einem mit der
Stadt Fürth abgestimmten Masterplan
„Grundig Technologiepark" wurde eine
Gewerbeansiedelung vereinbart, bei der
sich auf dem traditionsreichen Gelände an

der Stadtgrenze Firmen aus den Bereichen Forschung und Entwicklung, Hightech und Dienstleistungen niederlassen sollten. Das Vorhaben wurde durch Fördermittel aus der High-Tech-Offensive des Freistaates Bayerns sowie mit Millionenbeträgen der Stadt Fürth unterstützt und möglich gemacht. Im Rahmen von Restrukturierungsmaßnahmen verkaufte die Grundig AG 2001 dann ihre ehemalige Hauptverwaltung an der Fürther Kurgartenstraße/Dr.-Mack-Straße. Neue Besitzerin des 59 000 Quadratmeter großen Areals an der Pegnitz wurde die Hexagon AG, eine deutsche Tochter der internationalen Fondsmanagement-Gesellschaft Doughty Hanson & Co aus London.

Nun, nachdem ein modernes Nutzungskonzept am ehemaligen Kurbad-Standort überlegt und dann realisiert wurde, musste auch die weitere Verwendung der auf dem Gebiet liegenden Quellen diskutiert werden. Die Möglichkeiten einer medizinischen Behandlungsstation und eines Thermalbades in Quellen-Nähe wurde mehrfach zuversichtlich beurteilt. Rudolf Brand, der von der Stadt mit dem Projekt der Fürther Heilquellen Beauftragte, sagte in diesem Zusammenhang bei einem Zeitungsinterview bezüglich neuer Badepläne: „2003 legen wir den Standort fest. Das Grundigareal ist unser Wunschort. Dort sprudelt die ‚König-Ludwig I'. Zusätzlich soll ein Therapiezentrum, eventuell ein Hotel gebaut werden. ... Wir sind auf einem guten Weg – das wird auch Zeit! Ein Jammer, das flüssige Gold nicht sinnvoll zu nutzen."[23] Große Hoffnungen verbindet auch Oberbürgermeister Dr. Thomas Jung mit dem „Uferstadt-Projekt" auf dem ehemaligen Grundiggelände. Er meint im Mai 2003: „Die Abrissarbeiten laufen, und wenn das Projekt fertig ist, wird Fürth einen neuen Anziehungspunkt haben – und ein Thermalbad. ... Bis 2007, dem Jahr des 1000-jährigen Stadtjubiläums, soll das Thermalbad jedenfalls fertig sein."[24] Hinsichtlich des Standortes legt er sich jedoch nicht genau fest. Vielleicht geht der Wunsch vieler Fürther Bürger doch bald in Erfüllung!

Abb. 136: Zerstörter Brunnen der Espanquelle am Kanaldamm, 1945.

Espanquelle – Kleine Mainau

Unter dem Titel „Grünen und Blühen" fand 1951 in Fürth eine große Gartenschau statt. Ihr ging, unter der vorzüglichen Regie von Stadtgartendirektor Hans Schiller, eine Neugestaltung des alten, zwischenzeitlich stark heruntergekommenen Stadtparkes voraus. Mit seinem Ideenreichtum und seiner künstlerischen Gestaltungskraft bemühte er sich auch in den Folgejahren um eine attraktive Erweiterung der Anlagen im Wiesengrund der Pegnitz. Dabei war Stadtgartendirektor Schiller auch die Einbeziehung der inzwischen fast in Vergessenheit geratenen Espanquelle ein Anliegen. Mitte der fünfziger Jahre plante der Stadtgartendirektor primär unter gartenarchitektonischen Gesichtspunkten eine kleine Kuranlage. 1955 wurde mit deren Ausbau begonnen.[25]

Das damals noch ungepflegte Brachland im Pegnitztal nahe der Stadtgrenze, das schon einmal in den 30er Jahren als Kurgelände ausersehen war, wurde kaum von

Abb. 137: Gelände der späteren Klein-Mainau-Anlage nach dem Krieg.

Spaziergängern besucht. Das ca. 200 Meter lange und 100 Meter breite Hügelgelände war unter dem Namen „Bognersche Mulde" bekannt. Das Gelände entstand durch Aufschüttungen vom Aushub des an der Ostseite vorbeiführenden alten Ludwigkanals.[26] Stadtgartendirektor Schiller plante an diesem Ort das interessante Projekt „Klein Mainau". In mehrjähriger Arbeit sollte in der geschützten Lage eine kleine Brunnenanlage für die Nutzung der nahe gelegenen Espan-Heilquelle entstehen. Gleichzeitig sollte mit dem warmen Wasser der Quellen und dem durch das Gelände fließenden Wetzendorfer Landgraben ein Weiher gespeist werden. Schiller versprach sich von dieser landschaftsgestalterischen Maßnahme eine Veränderung des Kleinklimas in der geschützten Bodenmulde, das dem der berühmten Bodenseeinsel Mainau ähneln sollte. Dadurch erhoffte er sich die Ansiedelung und das Wachstum mediterraner Pflanzen.[27] Deshalb bürgerte sich der Name der neuen Anlage „Klein Mainau"

schnell ein und weckte viel versprechende Hoffnungen. So sprach man von der Entstehung eines neuen „Fürther Paradieses".[28]

Vermutlich erfuhren die meisten Fürther von jenem außergewöhnlichen Unternehmen erst im Frühjahr 1956 aus der Zeitung. Es stand darüber zu lesen: „In diesen Tagen wurde in der sonnigen, windgeschützten Mulde zwischen den Dauer-Kleingärten am Espan mit den Arbeiten für die neue Brunnenanlage, deren Plan unter dem Namen Klein-Mainau bekannt wurde, begonnen. ... Im kommenden Jahr soll dann die Begrünung mit teilweise tropischen Pflanzen, wie sie auch auf der Insel Mainau im Bodensee gedeihen, durchgeführt werden. ... Die geheimnisvolle Lösung des Rätsels, warum in Fürth im Freiland Palmen gedeihen sollen: die Temperatur in der Umgebung des Weihers wird durch dieses warme Wasser immer so angenehm warm gehalten, dass diese empfindlichen Pflanzen gedeihen können. ... An den Hängen, welche die Mulde umgeben, werden idyllische Aussichtsplätze angelegt, die einen schönen Blick über die neue Anlage, als auch über die Stadt bieten."[29]

Für das Jahr 1956 waren nur vorbereitende Erdarbeiten, wie die Verlegung des Wetzendorfer Landgrabens, der sich bis dahin mit vielen Windungen durch die Pegnitzwiesen schlängelte, und der Aushub des Weihers vorgesehen. Für die Anlagengestaltung wurden von der Stadt zunächst 40 000 DM zur Verfügung gestellt, die Gesamtkosten sollten sich auf etwa 100 000 DM belaufen. Die ersten Erdarbeiten wurden hauptsächlich im Rahmen der „wertschaffenden Arbeitslosenfürsorge" durchgeführt.[30]

Der Ausbau zog sich mit einigen Pausen über mehrere Jahre hin. 1958 wird einerseits die schleppende Verwirklichung in der Öffentlichkeit etwas moniert, aber gleichzeitig werden andererseits die kleinen, sichtbar werdenden Baufortschritte, die das Ergebnis erahnen lassen, gewürdigt. „Die gärtnerische Gestaltung der ‚Klein-Mainau' ... wird vorläufig gewissermaßen mit der viel zitierten ‚linken Hand' betrieben – soweit sie das Grünflächenamt überhaupt frei hat. Um so mehr erfreut es den Kleingärtner und Spaziergänger, wenn sich mal wieder etwas rührt in der ‚Klein-Mainau' – so wie dieser Tage. Der Blickfang der zukünftigen Anlage, die eine besonders kostbare Perle im Kranz der Fürther Parkflächen werden soll, beginnt, langsam Gestalt anzunehmen. Im ebenmäßigen Halbrund ragt bereits jene kurze Landzunge in den Weiher, sauber eingefasst von einer halb hohen Mauer aus dunkelrotem Mainsandstein, auf der eines Tages der überdachte Trinkpavillon stehen und jedem Spaziergänger zugänglich sein soll." Bislang allerdings speiste das neu zugeleitete Mineralwasser lediglich den noch ungepflegten Weiher. In „kräftigen Stößen schießt das kostbare Naß der Ludwigsquelle aus einem Leitungsrohr in den zukünftigen Parkweiher. Teuere Kupferrohre, die auf 130 Meter verlegt wurden, führen das warme Quellwasser von der stillgelegten Ludwig-Quelle auf der Höhe hinunter auf die Sohle der Mulde. Heute noch soll an dieser Stelle eine provisorische Zapfstelle, ein schon ausrangierter Brunnenstein aufgestellt werden, um den täglichen ‚Kurgästen' eine bequemere, aber auch hygienisch einwandfreie Entnahme des Quellwassers zu ermöglichen."[31]

Auch in diesem Zeitungsartikel wird irrtümlicherweise, wie in fast allen Veröffentlichungen dieser Zeit, die König-Ludwig-Quelle, die auf der anderen Pegnitzseite zu Tage tritt als Brunnen für die „Kleine Mainau" genannt. Richtig ist, dass das Mineralwasser aus dem unteren Quellhorizont des im Norden der Kleinen Mainau gelegenen Espanbrunnenschachtes zu der neuen „Kuranlage" geleitet wurde. Bis zur Fertigstellung der neuen Parkanlage stellt ein Schreiber bedauernd fest: „Die entfesselte Quelle am Ausläufer des Espans ergießt sich ebenso wie die beiden anderen auf der Flußgegenseite nutzlos in die Pegnitz."[32]

Ende Juli 1961, fast auf den Monat genau 51 Jahre, nachdem die König-Ludwig-Quelle erstmalig Wasser spendete, wurde der neue Trinktempel am Espan vollendet und dem Publikum zugänglich gemacht. Euphorisch wird vermeldet: „Ganz heimlich und fast unter Ausschluß der Öffentlichkeit ist Fürth in dieser Woche wieder in die Reihe der Kur- und Badestädte getreten: Der Trinktempel im Kurpark Espan wurde in dieser Woche ... angeschlossen. Aus drei Leitungen strömt das Wasser in ein kleines Becken mit einer Kleinstfontäne. ... Die Quelle selbst gibt tatsächlich heilkräftiges Wasser von sich: Es ist nach Laboratoriums-Analysen eine ‚Natrium-Calcium-Chlorid-Sulfat-Therme', die Ähnlichkeit mit den Bad Kissinger Mineralquellen aufweist. Die Bezeichnung Therme weist darauf hin, dass das Quellwasser eine Temperatur von 22 Grad besitzt. ... Wenn man das so liest, was Dr. Kühnau über dieses Fürther Heilwasser so gutachtete, da möchte man gleich hinüberlaufen zum Espan und einen kräftigen Schluck dieser kostbaren Heilkraft aus 380 Meter Fürther Tiefe trinken."[33] Der Teich konnte jedoch nicht, wie ursprünglich geplant, von dem warmen, salzhaltigen Wasser gespeist werden, er wäre schnell zu einem toten Gewässer geworden.

Abb. 138: Gelände der Klein-Mainau-Anlage in Richtung Westen.

Abb. 139: Klein-Mainau. Trinktempel und Weiher im Bau.

Abb. 140: Klein-Mainau-Anlage im Eröffnungsjahr 1961.

Abb. 141: Andrang am neuen Trinktempel, 1961.

Abb. 142: Klein-Mainau-Anlage mit Aussichtspavillon.

Abb. 143: Blick vom Aussichtspavillon über die Kleine Mainau.

Am 31. Oktober 1961 wurde die neue Parkanlage vom Stadtrat bei einem Ortstermin in Augenschein genommen. Mitglieder verschiedener Ausschüsse versammelten sich am „Gesundbrunnen", um das Projekt zu inspizieren und Gelder für die Vollendung bzw. den weiteren Ausbau zu bewilligen. Unter Führung des Oberbürgermeisters Dr. Hans Bornkessel wurde die schön gestaltete Anlage besichtigt und das Heilwasser gekostet. „Die Stadtrats-Mitglieder zeigten sich von der schönen Anlage, die mal ,Kurpark Espan' und mal ,kleine Mainau' geheißen wird, recht angetan. In der Tat ist es auch überraschend, was aus der ziemlich verwahrlosten Senke in aller Stille entstanden ist. ... Die Stadtväter konnten sich denn auch gleich davon überzeugen, einen wie großen Zuspruch die Kleine Mainau mit ihrer Heilquelle hat. Ständig kamen Fürther und andere Menschen, um in der kleinen Anlage zu lustwandeln und Gläser mit dem Heilwasser auszutrinken." Das kleine „gärtnerische Schmuckstück" hatte bisher 160 000 DM gekostet. Für weitere, von Stadtgartendirektor Schiller geplante Ausbaumaßnahmen, wie Bepflanzungen, ein Sonnenschutzdach und ein „Kinderland" mit Planschbecken und Liegewiese, sollten weitere 100 000 DM aus der Stadtkasse investiert werden.

Der neue Quellentempel lockte die Fürther Bevölkerung an. Das Heilwasser wurde, wie früher, abgefüllt und zu Therapiezwecken mit nach Hause genommen. Deshalb sah sich der damalige Stadtarzt, Medizinaldirektor Dr. Kläß, im Juli 1963 veranlasst, mit einem amtlichen Schreiben den Vorsitzenden des Fürther Ärztlichen Kreisverbandes auf immer wieder in der Tagespresse auftauchende Unrichtigkeiten bezüglich der medizinischen Anwendung hinzuweisen. Gleichzeitig sah Dr. Kläß, um der Gefahr von unkontrollierten Selbstbehandlungen „der Bewohner unserer Stadt" vorzubeugen, von einer ausführlichen Richtigstellung im Mitteilungsblatt der Stadt Fürth ab. Er versprach sich Aufklärung und medizinisch überwachte Anwendung durch die Ärzteschaft. So übermittelte er Sachinformatio-

Abb. 144: Hinweistafel am Brunnentempel.

Abb. 145: Warnschild am Brunnentempel.

nen, empfahl die Anwendung und schloss den Brief ganz im Sinne der heutigen Gesundheitsreform „in der Hoffnung, den Fürther Kollegen hiermit einen Hinweis zur Verminderung des Arzneimittelregelbetrages geben zu können".[34] Die Informationen wurden vom Ärztlichen Kreisverband weitergegeben. Etliche praktizierende Fürther Ärzte machten fortan von dieser ortsnahen therapeutischen Kurmöglichkeit Gebrauch und äußerten sich positiv über die Wirkung des Heilwassers.

Innerhalb weniger Jahre waren Büsche und Bäume so weit empor gewachsen, dass in der „zauberhaften Anlage" und „idyllischen Oase" Fürther zu Trinkkuren an dem für jedermann kostenlos zur Benützung stehenden Trinkpavillon angeregt wurden. 1966 liest man in der Zeitung, mit ersten Anglizismen der Zeit angepasst: „Gar nicht wenige Leute kommen Sommer wie Winter mit Flaschen angerückt, um das kostbare Naß zum Kuren mit nach Hause zu nehmen. Oder sie lustwandeln, ganz Kur-like den gefüllten Becher in der Hand auf den gepflegten Wegen den Pegnitzgrund entlang zu dem nur wenige Minuten entfernten Stadtpark. ... Hat auch Fürth kein Kurbad, so vermittelt es doch einen Hauch davon."[35]

Allerdings konnte die Besucherfrequenz an dem Quellentempel in der Kleinen Mainau nicht an die früheren Zahlen anknüpfen. So wird auch bedauernd festgestellt: Die „Prächtige Kuranlage am Espan verdiente einen besseren Besuch, dennoch ist das ‚heilende Wasser' gefragt." Die Espanquelle „wird von den Fürthern ziemlich stiefmütterlich behandelt ... Nur verhältnismäßig wenige Spaziergänger legen die knapp zehnminütige Wegstrecke zurück vom Stadtpark ... zu der vom Grünflächenamt sorgsam gepflegten Anlage, die zu einer kleinen Sehenswürdigkeit geworden ist. Dabei sind dort äußerst günstige Erholungsmöglichkeiten anzutreffen. Neben dem Kurbrunnen ... beherrscht das satte Grün der geräumigen Rasenfläche die Szenerie. Nord- und Südhang sind mit Stauden und Ziersträuchern bepflanzt. Neuerdings ist man auch dazu übergegangen, Blumenarrangements anzubringen. Zu beiden Seiten laden Bänke zum Verweilen ein. Wem die Sonne zu arg scheint ..., der findet in der Unterstellhalle ein schattiges Plätzchen. ... Am Brunnenhäuschen der jetzigen Kuranlage quillt aus drei Rohren das Gesundheit zurückbringende Wasser. Immer wieder sieht man Fürtherinnen und Fürther mit Flaschen unterm Arm zur Quelle pilgern. Wie einen Schatz tragen sie die mit heilendem Wasser gefüllten Flaschen nach Hause.

Und sie sagen: ‚Schmeck'n tout's nit, aber g'sund is!'"[36]

Seitdem es in Fürth die Klein-Mainau-Anlage mit dem Brunnenpavillon gab, hatte das Interesse an den anderen Quellen aus begreiflichen Gründen abgenommen. Die alte Kurzone befand sich auf einem abgeschlossenen Gelände und war deshalb nicht öffentlich zugänglich, die Gustav-Adolf-Quelle galt als verfallen und lag abseits der Innenstadt. Erst mit Beginn der Siebziger Jahre des 20. Jahrhunderts rückten die Naturschätze der Heilquellen den Fürthern wieder mehr ins Bewusstsein. Zunächst aus rein medizinischem Interesse beschäftigte sich Dr. Franz Kimberger mit den Heilwässern. Auf eine Anfrage des Stadtrates Willi Wilde entwickelte er in einem ausführlichen Schreiben Möglichkeiten einer zeitgemäßen Heilquellennutzung ohne Neuauflage alter Höhenflüge eines „Bad Fürth". Ins Gespräch wurde dabei u. a. die Möglichkeit einer intensiven Zusammenarbeit mit dem Balneologischen Institut der Universität Erlangen gebracht.[37] Anfang 1972 folgte eine größere erste Abhandlung zur Geschichte der Fürther Heilquellen in den Fürther Heimatblättern[38], Lichtbildervorträge und seitenlange Zeitungsberichte als Echo darauf brachten die Heilquellen in der Öffentlichkeit wieder ins Gespräch.[39]

Wenig später machte sich der Nordöstliche Vorstadtverein, unter Federführung des Stadtrats und Vereinsvorsitzenden Hans Moreth, dafür stark, das Wasser der Espanquelle von der „Keinen Mainau" in den Stadtpark weiterzuleiten, um es so der Bevölkerung besser zugänglich zu machen. Im Rahmen einer Generalversammlung brachte man den Aufsehen erregenden Vorschlag mit einem großzügigen Angebot zur Sprache. „Man zeigte sich auch bereit, die Realisierung nicht nur mit leeren Worten sondern mit voller Spendenhand zu fördern. Der Verein will zu den Verlegungskosten – sie beziffern sich in etwa auf 100 000 DM – einen finanziellen Zuschuss beisteuern."[40] Der Nordöstliche Vorstadtverein bezog in seine Aktivitäten auch die am gegenüberliegenden Pegnitzufer liegenden Quellen in

Abb. 146: Postkarte „Kurpark-Espan". Die Klein-Mainau-Anlage kurz nach der Eröffnung.

Abb. 147: Klein-Mainau-Anlage im Jahr 2000. Dicht eingewachsener Aussichtspavillon.

Abb. 148: Dampfende Espan-Therme im Winter.

Abb. 149 und 150: „Kurgäste" an der Espan-Heilquelle - Trinkkuren vor Ort und Heilwasser für daheim.

seine Überlegungen mit ein. „Der Nordöstliche Vorstadtverein hat sich zum Ziel gesetzt, alle Bemühungen zu unterstützen, um die auf dem Gelände der Firma Grundig befindlichen Heilquellen allen Fürther Bürgern zugänglich zu machen. Dieses Resümee zog 1. Vorsitzender Hans Moreth aus einem Vortrag von Dr. Kimberger über die Fürther Heilquellen. Er warf auch die Frage auf, ob es nicht nützlich sei, für eine so wichtige und zukunftsträchtige Frage eine Sonderkommission des Stadtrats zu bilden. Diesem könnten dann Fachleute zugeordnet werden, damit die Angelegenheit einen neuen Aufschwung erhalte."[41] Dass eine solche Verlegung der Heilquellen nicht zustande kam, ist hauptsächlich auf die amtsärztliche Warnung vor Gesundheitsschädigungen bei nicht sachgemäßer Anwendung zurückzuführen, sowie auf befürchtete Regressansprüche, welche dadurch auf die Stadt Fürth zukommen könnten. Ein ähnlicher Vorschlag, einige Jahre früher vom Verkehrsverein initiiert, wurde aus ähnlichen Gründen nicht weiter verfolgt.[42]

Eine andere Initiative ergriff der Kneipp-Verein Fürth. Anlässlich seines 60. Jubiläums im Jahr 1975 trug sich der Verein mit dem Plan „im Erholungspark der Kleinen Mainau" ein Wassertretbecken anzulegen und damit allen Fürthern die Gelegenheit zu geben, in den „Genuß der Kneippschen Hydrotherapie" zu kommen. Dabei wurde auch die Einrichtung eines Armbadebeckens erwogen.[43] Erst 1988 wurde von dem Verein in der Nähe der Kleinen Mainau, auf einem von der Stadt Fürth gepachteten Gelände, eine kleine „Kneipp-Kuranlage" eingeweiht.[44] Die Benutzung sollte für „Badefreunde" während bestimmter Öffnungszeiten kostenlos sein.[45]

Die schöne, abseits gelegene Klein-Mainau-Anlage wurde im Laufe der Jahre wieder stiefmütterlich behandelt. 1984 steht in der Zeitung zu lesen: „Des Trauerspiels zweiter Akt spielt im Kurpark Espan: Hier verkommt unaufhaltsam die idyllische Trinkanlage ‚kleine Mainau'. Eine Instandsetzung würde nach Schätzungen von Werkreferent Staackmann über eine halbe

Million Mark kosten. Doch das Geld ist – zumal für derartigen ‚Luxus' – allemal knapp. So korrodieren die kupfernen Brunnenrohre weiter vor sich hin. Das aus ehemals drei Rohren sprudelnde Naß tröpfelt nur noch aus einem. Allerdings wird es regelmäßig im Halbjahresabstand chemisch untersucht."[46] Immer wieder setzte sich auch der Nordöstliche Vorstadtverein für eine Erhaltung der Quellenanlage ein. 1988 mussten größere Schäden am Brunnenpavillon beseitigt werden. Die Witterung hatte ihre Spuren hinterlassen. Aber leider war auch das Dach mutwillig zerstört worden. Außerdem war eine Reaktivierung der teilweise verstopften Wasserzuleitungen dringend erforderlich.[47] Einige Jahre später erfolgte eine weitere umfangreiche Sanierungsmaßnahme: „Ursprünglich mal ein beschauliches Plätzchen, hat sich der Weiher in der Mainau in den vergangenen Jahren mehr und mehr zu einem Schlammloch entwickelt. ... Die betonierte Uferumrandung ist eingebrochen, der Abfluß undicht, und auf dem Boden hat sich eine über einen Meter dicke Schlammschicht angesammelt, die das Wasser wie einen Schwamm aufsaugt. Fische gibt es in der dicken Brühe kaum noch, dafür umso mehr Bisamratten, die zahlreiche Löcher in den Uferbereich gefressen haben."[48] Die Stadt konnte sich dieser Aufgabe nicht verschließen. Sie bewilligte die kostspielige Sanierung.

Neues Interesse an den Quellen erwachte mit der Gründung des Fördervereins Fürther Heilquellen im Jahr 2000. Durch das Engagement des Vereins fand auch die Espanquelle in der Kleinen Mainau wieder mehr öffentliche Beachtung. Neben verschiedenen informativen Führungen durch die Trink- und Parkanlage am Espan steht die „Kleine Mainau" seither jeweils besonders im Juli im Mittelpunkt eines vom Förderverein organisierten Quellenfestes. Seit 2001 lockt das Fest jedes Jahr viele Besucher an. Außer Kaffee und Kuchen werden weitere Attraktionen angeboten – Führungen für Quelleninteressierte, Dichterlesungen für Groß und Klein sowie Mal- und Schminkaktionen für Kinder. Euphorisch wird das erste Quellenfest in der Zeitung geschildert: „Die Fürther entdecken ihre Liebe zum Heilwasser wieder. So umlagert wie gestern Nachmittag war die Espanquelle schon lange nicht mehr. Dabei war kein lautes Fest angesagt. Vielmehr zauberte der rührige Heilquellen-Förderverein zum 100jährigen Jubiläum der ersten Wasserbohrung beschauliche Kuratmosphäre um den Quellpavillon in der Grünanlage Kleine Mainau. In historischen Kostümen aus der Zeit der Jahrhundertwende warben die Vereinsvorsitzenden Christel Beslmeisl und Grete Schwarz Sympathisanten für das Vorhaben einer besseren Nutzung der Fürther Mineralthermen. Als Kenner der Materie informierte der Fürther Arzt, Franz Kimberger, anschaulich über Herkunft und Qualität des Heilwassers. Natürlich konnten die Besucher das gehaltvolle Nass auch selbst kosten. Dazu hatte der Förderverein eigens Trinkgläser herstellen lassen. Durch die Kleine Mainau führte Stadtheimatpflegerin Barbara Ohm. ... Der rege Besuch zeigte, dass das Interesse an dem natürlichen Heilquell aus der Tiefe jetzt neue Kreise zieht."[49]

Gustav-Adolf-Quelle – Gescheiterter Neubeginn und Wiederentdeckung

Auch im Süden der Stadt war der Betreiber der Gustav-Adolf-Quelle, Otto Kriegbaum, bestrebt, nach dem Krieg das dort begonnene Bade- und Kurunternehmen wieder zu reaktivieren. Der Zustand der Anlagen war katastrophal. Im Juni 1947 erging deshalb von Kriegbaum die Mitteilung an das Städtische Gebührenamt: „Nachdem die Gustav-Adolf-Quelle bis auf die Grundmauern zerstört ist und die dort hinzeigenden Wegweiser wohl längst als Brennholz verwendet wurden, möchten wir die Grundbenützungsabgabe zum 31. Dezember 1947 kündigen."[50] Für die Beseitigung von Kriegsschäden musste Kriegbaum selbst aufkommen. „Durch eine Ortsbesichtigung des städtischen Tiefbauamtes wurde festgestellt, daß die durch den Bombeneinschlag beschädigte Eisenspundwand noch immer als Abflußhindernis in den Flußlauf ragt. Ebenso ist die Auffüllung des Bombentrichters und die Herstellung des Uferschutzes noch nicht durchgeführt."[51] Kriegbaums Tiefbohranstalt wurde 1948 in dem Schreiben aufgefordert, die Schäden sofort zu beheben. Ein Jahr später kündigte die Stadt Fürth den Mietvertrag für das zu Badezwecken genutzte Grundstück neben der Quelle.[52] Otto Kriegbaum erhob Einspruch und erklärte, dass nun die Anlage unter sehr großem Aufwand von ihm wieder hergestellt worden sei, nachdem sie 1944/45 durch Bombentreffer vollständig zerstört worden war. Durch die Wegräumung von Schutt, Bausteinen, Eisenkonstruktionen, Rohrleitungen und dergleichen, seien für ihn erhebliche Unkosten entstanden. Er kündigte an, die im Krieg unbeschädigt gebliebene Gustav-Adolf-Quelle, sobald es die wirtschaftliche Lage zuließe, wieder für einen Bade- und Kurbetrieb zu nutzen.[53] Die Stadt Fürth ließ sich von Kriegbaum überzeugen und zog daraufhin ihren Antrag zurück.[54]

In der Zwischenzeit entwickelte sich zwischen dem Quellenbesitzer Dr. Böhner und dem Nutzer Otto Kriegbaum ein Rechtsstreit bezüglich der seit Jahren ausstehenden Gegenleistungen im Rahmen des zwischen beiden geschlossenen Erbbauvertrages. Dr. Böhner und seine Rechtsanwälte bezweifelten 1952 Kriegbaums Zusicherung, „daß er den Betrieb der Quelle neu aufbauen wird, er habe hierfür schon eine umfassende Planung entwickelt, die Investitionen von ca. 250 000 DM vorsieht."[55]

Aber Kriegbaum verstand es, seine Pläne publikumswirksam vorzustellen und umzusetzen. Wenige Wochen später stand am 16.7.1952 in der Zeitung über das Projekt: „Gegenwärtig wird die durch Bombenschäden zerstörte Gustav-Adolf-Quelle in Fürth-Weikershof wieder aufgebaut. Im ersten Bauabschnitt werden Kriegsschäden beseitigt, das Schwimmbecken wieder instand gesetzt, Duschen, Toiletten und behelfsmäßige Entkleideräume errichtet. Die Quelle selbst, die ebenfalls beträchtliche Schäden

Abb. 151: Bombenbergung an der Gustav-Adolf-Quelle, 1945/46.

Abb. 152: Notdürftig reparierte Anlage der Gustav-Adolf-Quelle, 1950.

erlitten hat, wird nach Abschluß der Arbeiten der Bevölkerung vorerst zur unentgeltlichen Entnahme des Heilwassers zur Verfügung stehen. ... Nachdem von verschiedenen Seiten, nicht zuletzt von der Besatzungsmacht, Hilfeleistungen zugesagt wurden, hat sich Ingenieur Otto Kriegbaum jetzt für einen Wiederaufbau entschieden. ... Nachdem das Becken des Mineralbades wieder hergerichtet ist, soll auf dem 1,5 qkm großen Gelände, mit Unterstützung des Grundstücksbesitzers, ein Sportbecken errichtet werden, dessen Maße einer vorgeschriebenen Kampfbahn entsprechen. Für Zuschauer sind drei- bis viertausend Sitzplätze geplant."[56]

Am gleichen Tag, an dem der Zeitungsartikel erschien, fand eine Ortsbesichtigung des Tiefbauamtes durch Prof. Knorr, Direktor Dr. Eckerlein, Bauamtmann Fick und Oberinspektor Hartmann statt, wobei erhebliche Bedenken bezüglich der Nutzung der Gustav-Adolf-Quelle geäußert wurden. Die Stadt stand dem Vorhaben, wie schon vor dem Krieg, insgesamt skeptisch gegenüber. „Die gesamte Anlage ist derart primitiv, daß eine öffentliche Entnahme durch die Bevölkerung zu schwersten Bedenken Anlaß gibt und seitens des Gesundheitsamtes unterbunden werden sollte. ... Von Seiten der Stadtwerke ist es zum Schutze der Wasserfassung II und III völlig unerwünscht, daß kurz oberhalb der Fassungen eine Badeanstalt entsteht. Mit Inbetriebnahme des Badebeckens muß das Becken ja regelmäßig entleert werden. ... Damit werden in ganz kurzer Zeit schwefelhaltige Wässer in erheblichen Mengen (ca. 800 - 1000 cbm), die durch das Baden noch zusätzlich verunreinigt sind, der Rednitz zugeführt und dort eine nachhaltige Veränderung des Wassers im Flußlauf zur Folge haben, während der bisherige gleichmäßige Ablauf der Quelle ohne Einfluß war. ... Im Hinblick auf die unterhalb gelegenen Wasserfassungen und die Flußbadeanstalt sollte eine Erlaubnis versagt werden."[57]

Kriegbaum ließ sich nicht beirren. Ohne Genehmigung trieb er sein Freibadprojekt weiter. Am 28. Juli 1952 berichtet die Zeitung: „Das wiedererbaute Bad an der Gustav-Adolf-Quelle in Betrieb genommen". Unter dem Zeitungsbild, das einen Badegast beim Sprung in das von vielen Schwimmern benutzte Schwimmbecken zeigt, steht: „Der Startsprung in ein neues Fürther Bad, die Gustav-Adolf-Quelle – im Volksmund als ‚Gackerlesquell'n' bekannt. In den letzten Wochen stellte die Tiefbohr-Firma Kriegbaum das bombenzerstörte Bad wieder her, das nun am gestrigen Sonntag neu eingeweiht wurde. Es ging ganz ‚unfestlich' zu, wenn auch Landtagsabgeordneter Gräßler, der Vorsitzende des Stadtausschusses für Leibesübungen, der Einweihung beiwohnte. Das Becken wird durch die Quelle, deren Wasser mit einer Wärme von 18 Grad aus dem Boden strömt, ständig gespeist. Die Frischwasserzufuhr beträgt 5 Sekunden-Liter."[58]

Kein Wunder, dass die Polizeidirektion wegen der „Eröffnung einer Badeanstalt ohne behördliche Genehmigung" eingeschaltet wurde. An den Stadtrat und das Städtische Hochbauamt wurde in einem Situationsbericht der Polizei gemeldet: „Als Badegelegenheit dient ein bereits umfriedeter Grund von ca. 8 000 qm sowie ein Becken von ca. 25 x 10 x 2,70 Meter, unterteilt für Schwimmer und Nichtschwimmer, ferner der gesamte Flußlauf der Rednitz innerhalb der Umfriedung. Bei letzterem wurde durch Baggeraushub auf eine Länge von etwa 30 Meter der Grund auf ca. 3 Meter gesenkt und mittels über den Fluß gezogener Drahtseile sowie Warntafeln für Nichtschwimmer gekennzeichnet. An- und Auskleidekabinen sowie Bedürfnisanlagen für die zahlreich Badenden, deren Baden unter Aufsicht eines Bademeisters stillschweigends geduldet wird, sind nicht vorhanden. Im Interesse der Gesundheitspflege, Sittlichkeit sowie persönlichen Sicherheit ist die Einrichtung dieses Betriebs – bevor behördliche Erlaubnis vorliegt – in der aufgezeigten Form nicht ohne Bedenken. Laut Rücksprache mit der Bauaufsichtsbehörde ... liegt bis jetzt keine Genehmigung vor."[59]

Im Frühjahr 1953 beschloss die Stadtverwaltung endgültig die Schließung des Gustav-Adolf-Quellen-Bades. Die Hiobsbot-

schaft lautete in der Tageszeitung: „‚Gaggales-Quelle' für Badefreunde verboten". Mit Überraschung nahmen viele Fürther zur Kenntnis, dass das Baden in dem erst im Vorjahr wieder hergestellten Freibecken und „das Sonnenbaden" auf der dazugehörigen, eingezäunten Wiese von der Stadt untersagt wurde. Otto Kriegbaum befand sich in einem Dauerstreit mit den Genehmigungsbehörden der Stadt. Er fühlte sich im Recht. Seiner Argumentation nach stellte er mit den Badeanlagen lediglich den Vorkriegszustand wieder her. Deshalb meinte er, keine neuen Genehmigungen zu benötigen. Die Stadt jedoch berief sich darauf, dass das Gelände inzwischen zur Wasserfassung der städtischen Trinkwasserversorgung gehöre und deshalb jegliche bauliche Maßnahme verboten sei. Aufgrund der großartigen Ankündigungen bestand seitens der Stadt die Befürchtung, „daß hier im Überschwemmungsgebiet bei Weikershof ein ganz großer Badebetrieb aufgezogen werden soll." Von der Stadt geforderte Pläne für die Sanitäranlagen scheinen damals von Kriegbaum nicht zuverlässig eingereicht worden zu sein. Ein unumgängliches, umfangreiches wasserrechtliches Verfahren zur Genehmigung hätte laut Ankündigung der Stadt mehrere Jahre dauern können.[60]

Weil ein öffentlicher Betrieb nicht in Frage kommen sollte, bemühte sich Otto Kriegbaum nun verstärkt um den Erhalt der Anlage als sogenanntes „Privatbad". Bei einer Besprechung im Tiefbauamt wurde ihm grundsätzlich mitgeteilt, „daß die Errichtung eines Bades in der Südstadt seitens des Bauausschusses durchaus erwünscht ist." Kriegbaum erklärte sich bei diesem Treffen wiederholt bereit, „die erforderlichen Planunterlagen dem Stadtrat Fürth baldigst vorzulegen."[61] Allerdings blieb es auch hier bei dieser Ankündigung.

In der Folgezeit war Kriegbaum aber aus finanziellen Gründen zur Errichtung des Bades leider nicht mehr in der Lage. Außerdem erreichten ihn immer wieder Mahnschreiben, z. B. zum „Schutz der Wassergewinnungsanlagen der Stadt Fürth". Darin heißt es: „In den letzten Tagen wurde des

Abb. 153: Das neue Schwimmbecken wird eingelassen, 1952.

Abb. 154: Am Eröffnungstag, dem 27. Juli 1952.

Abb. 155: Badebetrieb im Mineralbad Weikershof, 1952.

Abb. 156: Schwimmbecken im Winter.

öfteren beobachtet, daß in dem angeführten Grundstück gebadet wurde. ... Das Baden in der engeren Schutzzone ist verboten. Wir bitten Sie, darum bemüht zu sein, daß das Baden im Grundstück unterbleibt."[62] Ein Jahr darauf sahen sich die Stadtwerke aus den bekannten Gründen bemüßigt, Herrn Kriegbaum aufzufordern, dass „künftig auch privates Baden auf dem dortigen Grundstück unterbleibt."[63] Nach den laufenden Reklamationen, besonders des unerlaubten Badens im Fluss, sah Otto Kriegbaum sich veranlasst, seinem Bohr- und Bademeister mitzuteilen, „ab heute den 27.9.1961 das Betreten des Grundstückes zu untersagen. Eine Ausnahme bilden die Wasserabholer und diese Leute, die an dieser Stelle Trinkkuren vornehmen wollen."[64]

Gleichzeitig beantragte Otto Kriegbaum weiterhin laufende Untersuchungen bei der Staatlichen Untersuchungsanstalt in Erlangen zur Bestimmung der Wasserqualität. Die Ergebnisse ergaben zwar einen beacht-lichen Keimgehalt des Rednitzwassers, das Quellwasser jedoch wurde „bakteriologisch einwandfrei" beurteilt.[65]

Da Kriegbaum aus der Sache seinerzeit keinen Nutzen ziehen konnte, geriet er zunehmend in Zahlungsschwierigkeiten gegenüber der Stadtverwaltung, aber auch bezüglich seiner Erbbau-Vertragsverpflichtungen. Der Rechtsstreit dauerte all die Jahre, die Einleitung einer Zwangsversteigerung konnte Kriegbaum mit Hilfe von Rechtsanwälten aber immer wieder abwehren.[66] Im Kleinen wurde der Kur- und Badebetrieb weiterhin von Otto Kriegbaum betrieben. Dazu installierte er einen Bauwagen als Badebaracke auf dem Gelände. Außerdem stellte er interessierten „Privatleuten" mit seiner Schreibmaschine private Ausweise aus, die die Inhaber berechtigten, „das Heilbad zu Trink- und Badekuren zu benützen." Durch einen Zusatz sicherte er sich vor Beschwerden ab. „Er/Sie aner-

Abb. 157: Bauwagen als provisorische Umkleidekabine und „Betriebsgebäude".

kennt, daß ein Baden im Fluß ausdrücklich verboten ist. Für Schäden jedweder Art wird nicht gehaftet."[67]

Zwecks Ermöglichung einer Neunutzung der Mineralquelle, nahm Kriegbaum Anfang der 70er Jahre Verbindung mit dem geologischen Büro des befreundeten Dr. Wilhelm Pickel auf. In einem persönlich gehaltenen Schreiben äußert sich der Geologe: „Ich bin ganz erstaunt über das gute Wasser und seine Schüttung. Das bedeutet, daß mit diesem Vorkommen ein guter Betrieb aufgebaut werden kann. Ich würde dir raten, keine voreiligen Verkaufsgespräche zu führen, sondern zielbewußt an die Dinge heranzugehen."[68] Diese Nachricht erreichte Otto Kriegbaum leider erst einige Wochen nach Einlieferung ins Krankenhaus, wo er wegen einer schweren Krankheit mit nachfolgender dauerhafter Behinderung behandelt werden musste. Um die gleiche Zeit verstarb der Grundbesitzer Dr. Böhner. Die Stadt kaufte daraufhin das Quellengelände von dessen Erben.[69] Das im Besitz von Kriegbaum befindliche Erbbaurecht bestand jedoch weiter.

1972 zeigte ein Supermarkt-Unternehmen Interesse für Flaschenabfüllung und Vertrieb des Mineralwassers. Es wurde eine Vereinbarung geschlossen, die Herrn Kriegbaum im Falle einer Nutzung, bzw. bei Ablösung des Erbbaurechts, mehrere tausend Mark eingebracht hätten.[70] Zusammen mit dem Geologischen Büro Pickel wurde das Chemische Laboratorium Fresenius mit einer aktuellen Wasseranalyse beauftragt.[71] Auch dieser letzte Versuch zur Erhaltung der Mineralwasserquelle scheiterte schließlich an Formalien. Im Jahre 1980 starb Otto Kriegbaum nach längerer Krankheit und schwerer körperlicher Behinderung.

Etwa zwei Jahre nach Eigentumsübertragung an die Stadt Fürth verkündete die Zeitung das Ende: „Die Gustav-Adolf-Quelle bei Weikershof ist seit geraumer Zeit nicht mehr zugänglich. Unerquickliches um die Heilquelle". Weiter stand zu lesen: „Die Stadt ließ das Brunnengelände einzäunen und abschließen. Der Grund: Unfallgefahr in

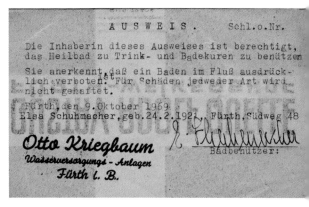

Abb. 158: Ausweis für „Privatbad-Benutzer".

Abb. 159: Otto Kriegbaum in seinem „Privatbad".

Abb. 160: Überschwemmung des Badegeländes.

dem brüchigen Schwimmbecken. ... da der Beckenrand nämlich sehr brüchig geworden ist und damit Unfallgefahr besteht, andererseits aber noch im Sommer in dem Schwimmbecken gebadet wurde, haben die Stadtwerke keine andere Möglichkeit gesehen, als das ganze Quellengelände einzuzäunen und abzuschließen. Da aber trotzdem immer noch heilwasserfanatische Leute über den Zaun stiegen und im unfallgefährdeten Schwimmbecken planschten, wollen die Stadtwerke demnächst das gar nicht so kleine Becken auffüllen lassen. ... Ob sich später, wenn das unfallgefährliche Schwimmbecken zugeschüttet ist, die Gustav-Adolf-Quelle einmal auf ähnliche Weise neu fassen lässt, wie die König-Ludwig-Quelle[72] in der ‚Kleinen Mainau‘, ist eine Kostenfrage. Stadtwerke-Direktor Staackmann versichert aber: Wir wollen die Quelle auf jeden Fall erhalten."[73]

Abb. 161: Das Wasser der Quelle fließt ungenutzt in die Rednitz, 1970.

Alles einmal Gewesene geriet offenbar bald in Vergessenheit. Am ehemaligen Quellengebiet begegnete man nur noch wenigen Spaziergängern. Viel gab es nicht mehr zu sehen: Eine verwucherte Wiese, irgendwo im Gestrüpp beim Rednitzufer ein verrostetes Rohr, aus dem das Wasser der Gustav-Adolf-Quelle sinnlos, Tag und Nacht, in den Fluss einströmte. Dreizehn Jahre nach dem Ende der Kriegbaumschen Kur- und Badeanlage, im Frühherbst 1993, wurden die Reste der Quelle Ziel einer naturkundlichen Wanderung mit dem Naturschutzwächter Herbert Schlicht. Ein Zeitungsbericht darüber weckte alte Erinnerungen.[74] Verschiedene engagierte Bürger und die Besuche von Spaziergängern bewahrten die Quelle vor dem totalen Vergessen.

Im Jahr 2000 wendete sich das Blatt für die Gustav-Adolf-Quelle. Die erste interessante Nachricht kam aus Nürnberg: „Bürgerverein Gebersdorf will Gaggales-Quelle wiederbeleben. Beliebtes Ausflugsziel bei Weikershof wird rekultiviert." Bereits seit zwei Jahren hatte sich der Bürgerverein Gebersdorf für die Idee des Neubaus einer Brunnenfassung, nach dem Vorbild der Espan-Quelle an der Kleinen Mainau, stark gemacht. Nun war es soweit. Die Vereinsmitglieder setzten sich engagiert für die Umsetzung des Projekts ein. Von der Kommune wurde im Vorgriff auf das Projekt der neuen Brunnenfassung im Brunnenschacht ein Abzweig eingebaut, die Stadt Nürnberg versprach, ausgediente Gehsteigplatten für den Bau zur Verfügung zu stellen. Für das geplante Brunnenhäuschen und die Untersuchung des Brunnenschachtes wurden Sponsoren gesucht. Die Erschließung des Geländes erfolgte in Eigenleistung. Der Bürgerverein Gebersdorf baute einen Fußweg unter der Fernabrücke hindurch. Man las: „Nun ist die verkehrsreiche Rothenburger Straße kein Hindernis auf dem Weg zum Heilwasser mehr." Auch die Stadt Fürth wollte das Vorhaben durch den Ausbau des Buckweges unterstützen. In der Zeitung stand als erfreuliches Resümee der städteübergreifenden Umsetzung: „So verbindet

Abb. 162: Brunnenpavillon der Gustav-Adolf-Quelle, 2002.

dann die König-Gustav-Quelle ein Jahrhundert nach ihrer Erschließung heilkräftig die Nachbarstädte."[75]

Tatkräftig schritt man ans Werk. Ende Juni war das neue Brunnenhäuschen über der jahrzehntelang eingemotteten Quelle im Rohbau fast fertig. Das Unternehmen wurde als „Musterbeispiel einer erfolgreichen Selbsthilfe" gelobt. Die Fürther erfuhren zum Baufortschritt: „Dass die Brunnenanlage ein wahres Kleinod wird, zeichnet sich bereits ab. Dabei waren für den Bau keineswegs edle Materialien nötig. Vielmehr handelt es sich um ein originelles Recycling-Produkt. Zur Einfassung des Brunnenbassins dient altes Kopfsteinpflaster. Das Dachgebälk stammt von einer Scheune aus dem 18. Jahrhundert, die acht Säulen, auf denen das Dach ruht, waren einmal Laternenmasten. Die Firma Habeland und Müller stiftete den Beton, die Stadt Fürth sorgte für den Wasserabzweig vom Brunnenschacht, die Stadt Nürnberg stellte Baumaterial und einen Gerätewagen zur Verfügung."[76]

Am 4. November 2000 war es so weit. Der Gebersdorfer Bürgerverein berichtete über das große Ereignis in seinem Mitteilungsblatt: „Einweihung der wiederbelebten Gaggerlasquelle und des neuen Durchgangs Rothenburger Straße. ... Nürnbergs Oberbürgermeister Ludwig Scholz und Wolfgang Lang vom Bürgerverein Gebersdorf schnitten am Durchgang Rothenburger Straße symbolisch das Trennungsband zwischen den beiden Städten Fürth und Nürnberg durch. Die Gebersdorfer haben schließlich die fußläufige Verbindung zur grünen Oase der auf Fürther Gebiet liegenden Gustav-Adolf-Quelle geschaffen. Vom Neumühlenweg auf Gebersdorfer Seite können Fußgänger nun unter der Fernabrücke hindurch gefahrlos den Buckweg in Fürth erreichen und sind in knapp zehn Minuten an der wiedererstellten ‚Gaggerlasquelle'. Wolfgang Lang würdigte in seiner Laudatio die zahlreichen Helfer, die an der Erschließung der Quelle beteiligt waren und übergab den Brunnenpavillon offiziell an die Infra Fürth, der das Grundstück gehört. Er bedankte sich bei Herrn Ingo Dittrich für sein großes Engagement bei der Einholung von Genehmigungen und der Erstellung von Plänen für die Errichtung der Quelle. Besonders gewürdigt wurde auch ... Herr Hans Schobig, der sich unermüdlich für die Wiedererrichtung der Quelle einsetzte, Pläne zeichnete und den gesamten Bau leitete und organisierte. ... Zum Schluss appellierte Wolfgang Lang an die vielen Gäste, das Quellwasser auch als Heilwasser zu nutzen, das schwefelhaltige Wasser aber nicht als Trinkwasser und nur unter ärztlicher Aufsicht zu verwenden."[77] Unter großem Andrang nahm die Bevölkerung an dem Ereignis teil. Ein katholischer und ein evangelischer Geistlicher segneten die neu sprudelnde Gustav-Adolf-Quelle. Zum Anstoßen auf das gelungene Werk gab es statt Sekt einen Schluck aus der Gustav-Adolf-Quelle.

Noch ist der Brunnenbau an traditionsreicher Stätte nur ein Verschönerungsdenkmal. Ob die Quelle tatsächlich noch einmal zu balneologischen Zwecken Verwendung finden wird, weiß niemand, wenn auch schon ein erster Schritt dazu getan wäre. Bislang bleibt festzustellen: „Die pittoresken Pavillons der Espanquelle ... und der Gustav-Adolf-Quelle sind beliebte Ausflugsziele der eingeschworenen Gemeinde von Fürther Heilwasserfreunden."[78]

Kavierleingelände – Thermalbadträume

Anfang 1980 rückte das „Kavierlein", ein ziemlich großes, unbebautes Gelände an der Poppenreuther Straße in den Mittelpunkt städtebaulicher Diskussionen. An diesem Ort fand man 1904, wie bereits beschrieben, anlässlich einer Probebohrung eine stark schüttende Quelle. Das dort entdeckte Mineralwasser besaß eine Temperatur von 20 bis 22 Grad Celsius. Leider wurde die Quelle damals aus Desinteresse schnell und unwiederbringlich verschlossen. (Vgl. S. 7f.)

Abb. 163: Nutzung des Kavierleingeländes als Schuttplatz ab 1933.

Abb. 164: 1952/53 wurde der nördliche Teil des Kavierleingeländes von Stadtgarten-direktor Schiller in eine idyllische kleine Parkanlage umgestaltet.

Abb. 165: Luftbild der Kleingartenanlage am Kavierlein, zwischen 1950 und 1960.

Abb. 166: Modell des geplanten Thermalbadkomplexes am Kavierlein, 1988.

Abb. 167: Kavierlein nach der Sanierung des Geländes, 1990.

Abb. 168: Verwilderte Baugrube am Kavierlein, 2000.

1933 wurde dann das brach liegende Gelände an der Ecke Poppenreuther und Espanstraße als Schuttplatz verwendet und für eine Kleingarten-Nutzung vorbereitet. Der Verfüllung stand man arglos gegenüber, ohne an Umweltschäden und deren Folgen für spätere Generationen zu denken. „Zunächst wandern noch ... Hunderte und Aberhunderte alter Eimer, Tiegel und Töpfe und sonstiger Allerweltsdinge mittels der großen Schuttautos des städtischen Betriebsamtes heran und füllen das große Aufschüttungsgelände brav und gewissenhaft um ein weiteres Stückchen." Nach der Verfüllung nutzte man das Gelände als Kleingartenanlage. Gleichzeitig überlegte man auch den Bau eines Freibades an dieser Stelle, ohne dass man aber an eine neuerliche Erbohrung und Nutzung der Thermalquelle dachte. „Das Kavierlein wird ... nicht nur ein dankbares Gelände für eine gärtnerische Anlage, sondern in zweiter und vornehmster Linie auch der ideale Raum für ein neues Fürther Schwimmbad. ... Die äußere Hauptvoraussetzung für stete Frischwasserzufuhr ist durch den vorhandenen klaren Bach gegeben. Man verwende ein Drittel des neu zu erschließenden Brachgeländes dazu, ein Becken auszubauen. Ein Schwimmbad inmitten einer schönen Grünanlage, scheint dieser Plan nicht geradezu ideal?"[79]

50 Jahre später holte die Vergangenheit die neuen Grundbesitzer und Bauträger des Kavierlein-Geländes, die Münchner Bayern Versicherung, ein.[80] 1982 wurde den bislang ansässigen Kleingärtnern gekündigt, ein Jahr später wurden die Gärten geräumt. Allerdings bestand wegen der Belastung des Grund und Bodens durch die frühere Müllhalde bald die Gefahr, dass die Stadt die Kavierlein-Fläche für viele Millionen wieder zurückkaufen müsse.

Neuer Grundbesitzer wurde daraufhin die „Renta-Gruppe". Nach der Sanierung des Geländes durch die Entsorgung der Problemstoffe, plante das Unternehmen an diesem Ort ein Gesundheitszentrum, in dessen Mittelpunkt ein Thermalbad stehen sollte.

Damit sorgte die Renta-Gruppe für großes Aufsehen in der Öffentlichkeit. In der Zeitung kündeten im Juni 1988 wieder einmal hoffnungsträchtige Schlagzeilen von dem neuen Vorhaben. „Mit einer neuen Attraktion in die Zukunft. Von dem geplanten Gesundheitszentrum erwarten sich die Planer bis zu 800 000 Besucher pro Jahr." Hinsichtlich der Stadtentwicklung wurde dem Projekt große Bedeutung beigemessen. Oberbürgermeister Uwe Lichtenberg stellte fest: „Die Stadt braucht Einrichtungen, die über ihre Grenzen hinaus wirken." Doch nicht nur die Wirkung nach Außen sei bedeutsam, sondern die damit verbundene Chance der Bürger „Genesung, Erholung und Freizeit verkehrsgünstig zu erleben."[81] In einer Pressekonferenz zusammen mit der Stadt stellte die Renta-Gruppe die Planung vor. „Die in drei Bauabschnitte gegliederte Fläche mit dem Thermalbad als Kernstück soll in wenigen Jahren schon – mit dem Bau beginnen möchte man in Jahresfrist – Fürth einen ganz neuen Ruf verleihen. Ein Jungbrunnen mitten in der Stadt, der ‚Gesundheit und Bildung' mit Kaufkraft verbindet werde für Fürth zukunftsweisend sein. Wichtigster Bestandteil des Projektes zwischen Poppenreuther und Espanstraße wird das Erholungs- und Gesundheitsbad mit Ludwigsquellen-Wasser; dazu kommen noch Sport- und Unterhaltungsbereiche, Frei- und Ruheflächen sowie eine großflächige ‚Sauna- und Solariumlandschaft'. Eng damit verbunden werden soll eine Rehabilitationsklinik mit ambulantem Bereich und Arztpraxen, die wiederum mit der Chirurgie im Klinikum zusammenarbeiten kann. Weil man mit vielen Rekonvaleszenten von außerhalb rechnet, die in Fürth kuren wollen, ist ein 150-Betten Hotel mit angeschlossenem Tagungsraum ebenfalls unverzichtbar. ... Die König-Ludwig-Quelle übrigens, die auf dem Grundig-Werksgelände gefasst ist, soll ins Thermalzentrum verlegt werden. Man überlegt auch, das Wasser, das früher im Kavierlein selbst austrat, aber zugeschüttet wurde, durch neue Bohrungen zu reaktivieren."[82]

Nach der ersten großen Euphorie, der Bauschuss der Stadt besuchte auf Einladung der Renta-Gruppe sogar die Kurhessentherme in Kassel um Erfahrungen für das Fürther Projekt zu sammeln,[83] traten in der nachfolgenden Zeit von verschiedenen Seiten Probleme auf. Die Rehabilitationsklinik kam nicht zustande, die Rentabilität war in Frage gestellt. Die Regierung von Mittelfranken äußerte zudem Bedenken, weil am Kavierlein „nicht nur ein Thermalbad, sondern zugleich ein breites Sortiment von Einzelhandelsgeschäften" vorgesehen war. „Die Überprüfung habe ergeben, daß sich das Projekt negativ auf die Attraktion des innerstädtischen Geschäftszentrums auswirkt, heißt es warnend."[84] Man suchte vergeblich nach Kompromissen auch hinsichtlich einer der Umgebung verträglichen Architektur selbst, doch die Meinungen gingen offenbar zunehmend auseinander. Außerdem lehnten sowohl die Grünen, als auch eine Bürgerinitiative das Vorhaben in der geplanten Form ab. „Während die Grünen argumentieren, daß nach dem ‚Aus' für die ursprünglich geplante Rehabilitationsklinik ein Kurbetrieb nicht mehr möglich sei und darüber hinaus Zweifel am Reinheitsgrad und der Ergiebigkeit des Quellwassers (es muss von der ‚Mainau' aus zugeführt werden) hegt, führt die Bürgerinitiative die Lärmbelästigung der Anwohner durch die 700 000 bis 800 000 geschätzten Badbesucher im Jahr an."[85] Unter den Aspekten des Naturschutzes wurde außerdem der Kahlschlag der „Grünen Lunge" am Kavierlein reklamiert. „Für die Naturschützer wurden die Pläne schließlich zum Alptraum, denn den Investoren reichte das Kavierlein-Areal nicht aus. Die Pegnitzauen sollten miteinbezogen werden. Stadtrat und bayerischer Umweltminister legten schließlich die Bremse ein und lehnten eine Genehmigung ab."[86]

In der Folgezeit gerieten die Thermalbadpläne an der Poppenreuther Straße in den Hintergrund und andere Nutzungskonzepte, vom Businesspark über ein Altenheim bis hin zum Entertainment-Center mit riesigem Multiplexkino, flackerten kurzfristig auf. Zur Jahrtausendwende war allerdings die Thermalwassernutzung am Kavierlein wieder im Gespräch. Die Stadt machte sich bei Investoren wieder für ein Badprojekt stark. „Denn immerhin schlummert unter dem Gelände medizinisch nutzbares Nass höchster Güte. ‚Flüssiges Gold', wie Schwärmer sagen, in den Augen eher nüchterner Zeitgenossen zumindest ein brachliegendes Kapital." Gleichzeitig dämpfte der städtische Wirtschaftsreferent Müller die Erwartungen in der Öffentlichkeit, „denn die Finanzierung eines Thermalbades stelle sich überaus schwierig dar. Damit sich das Projekt überhaupt rechnet, wäre bei geschätzten 350 000 bis 400 000 Besuchern im Jahr nach ersten Aussagen der potentiellen Investoren ein Zuschuss von mindestens 35 Millionen Mark nötig – aus den öffentlichen Kassen von Bund, Land oder wohl auch Stadt. Eine Größenordnung, die wohl kaum im Bereich des Machbaren liegen dürfte."[87]

Wenn auch bis zum heutigen Tag das Kavierleingelände noch brach liegt und die bisherigen Thermalbadpläne nur Träume geblieben sind, ist die weitere Entwicklung noch offen. Im Sommer 2003 schreibt die Zeitung über die Ziele von Oberbürgermeister Dr. Thomas Jung: „Eine weitere Weichenstellung strebt das Stadtoberhaupt noch in diesem Jahr mit der Standortentscheidung für ein Thermalbad an. Neben einem 15 000 Quadratmeter großen Gelände an der König-Ludwig-Quelle im ehemaligen Grundig-Areal (jetzt Ufer-Stadt) ist nach wie vor das 40 000 Quadratmeter große Kavierlein im Gespräch, wo in den 80er Jahren bereits Thermalbadpläne geschmiedet worden sind."[88]

Thermalbad Fürth – Chancen für die Zukunft

Expertenmeinungen

Seit Entdeckung der Fürther Heilquellen sind sich unabhängige Experten im Resümee ihrer wissenschaftlichen Arbeiten bezüglich der Bewertung der Fürther Heilquellen einig.

Der Landesgeologe Dr. Adolf Wurm stellte 1929, im Rückblick auf die erste Blütezeit, im Schlusswort einer ausführlichen fachwissenschaftlichen Abhandlung zweierlei fest. Einerseits stand zu Beginn der Geschichte der Fürther Heilquellen zwar die erfolglose Suche nach Steinkohle, „aber dieser praktische Misserfolg wird zum Teil aufgewogen durch den wertvollen Einblick in den tiefen Untergrund Nordbayerns." Andererseits resümiert er: „Die Nürnberger Bohrungen haben weiters zur Entdeckung von Mineralquellen geführt, denen zweifellos volkswirtschaftliche Bedeutung zukommt. Leider haben Krieg und die Nachkriegszeit mit ihren finanziellen Nöten eine Ausbeutung bisher nicht zugelassen. Umsomehr soll hier nochmals darauf hingewiesen werden, damit diese Werte nicht ungenützt bleiben und ganz der Vergessenheit anheimfallen."[1]

Ähnlich äußerte sich nach dem Zweiten Weltkrieg der Erlanger Professor Dr. Friedrich Birzer 1952 in seiner umfassenden Schrift über die „Mineralwasserbrunnen von Fürth in Bayern": „Der Brunnen am Espan ist technisch ausgezeichnet ausgeführt und könnte eine Wassermenge liefern, die für Kurzwecke ausreichen würde; ... Das Wasser wird heute nicht genutzt, obgleich es mit bekannten und ihrer Heilwirkung wegen hochgeschätzten Wässern verglichen werden kann. Es wäre sehr bedauerlich, wenn dieses wertvolle Mineralwasser völlig in Vergessenheit geraten würde."[2]

1971 bezeichnete Dr. Manfred Müller in einer Abhandlung über die Bedeutung der Fürther Tiefbohrungen, diese ebenfalls als Angelpunkt für die geologische Forschung. „Daß darüber hinaus die seinerzeit erschlossenen und teilweise noch produktiven Mineralwasserbrunnen nicht weiter in ihrem gegenwärtigen Dornröschenschlaf verharren, sollte ein allgemeines Anliegen sein. Angesichts der erheblichen Mittel, welche andernorts immer wieder zur Erschließung von Heilwässern aufgewendet werden, mutet der nutzlose Abfluß der Fürther Mineralwässer in die Rednitz und Pegnitz grotesk an."[3]

Dr. Alfons Baier, vom Geologischen Universitätsinstitut Erlangen, veröffentlichte im Jahr 2000 eine umfangreiche Beschreibung über „Die Espanquelle in Fürth – ein verborgener fränkischer Mineralwasserbrunnen". Er kam zu dem Schluss: „Heute ist die Espan-Quelle jedoch nur noch ein ‚Schmuckstück im Verborgenen', welches lediglich von wenigen Kennern besucht wird, die das Wasser – wohl ohne ärztliche Beratung – entweder gleich am Ort trinken oder in Flaschen gefüllt mit nach Hause nehmen. Ansonsten läuft das Wasser ungenutzt aus den Wasserspendern des Trinkpavillions in einen kleinen Vorfluter und letztlich in die Pegnitz. Es erscheint unverständlich und sehr bedauerlich, wenn dieses wertvolle fränkische Mineralwasser weiterhin in Vergessenheit bleiben sollte."[4]

Nachdem sich seit einigen Jahren auch die Stadt Fürth intensiv für eine sinnvolle Nutzung des Thermalwassers einsetzt, beauftragte die Stadt 2002 die Ingenieur- und Planungsgesellschaft Bauer-Polte Consult, die König-Ludwig-Quelle I sowie die Bohrung am Espan zu untersuchen und deren ausbautechnischen Zustand und ihre Verwendbarkeit zu bewerten. Dabei erfolgten verschiedene bohrlochphysikalische Messungen und umfangreiche Wasseranalysen. Zusammenfassend kamen die Experten zu dem Ergebnis: „Die an den Bohrungen der König-Ludwig-Quelle I und Espan durchgeführten Untersuchungen konnten belegen, dass die 1936 fertiggestellten bzw. überarbeiteten Bohrungen in einem nutzbaren Zustand sind. Technische Defekte an den Rohrtouren, wie sie anhand zurückliegender Untersuchungen vermutet wurden, konnten nicht festgestellt werden. ... Temperatur und chemische Zusammensetzung der artesisch austretenden Wässer sind seit ihrer Erbohrung im Bereich der natürlichen Schwankungsbreite weitgehend konstant. Die Mineralisation aller beprobten Quellfassungen übersteigt 1000 mg/l und würde somit eine Verwendung als Mineral-Heilwasser ermöglichen. Grundsätzlich ist nach den vorliegenden Untersuchungen auch eine staatliche Anerkennung der Espanquelle (Unterer Horizont) als Thermalquelle möglich."[5]

Insgesamt steht über all die Jahre hinweg, seit der Entdeckung der Fürther Thermalquellen, deren herausragende Wasserqualität und die erstaunliche balneologische Wirksamkeit sowie die mögliche wirtschaftliche Bedeutung für die Stadt Fürth und das gesamte Städtedreieck Mittelfrankens außer Frage. Die vergangenen Illusionen eines „Bad Fürth" entsprachen und entsprechen sicher nicht der Realität. Aber es steht außer Zweifel, dass die „sprudelnden Schätze" aus Fürths Untergrund möglichst bald eine sinnvolle Nutzung zum Wohle der Stadt und ihrer Bürger erfahren müssen.

Förderverein Fürther Heilquellen

Einen wichtigen Beitrag zur zukünftigen Nutzung der Fürther Heilwasservorkommen leistet der am 13. November 2000 gegründete, überparteiliche, gemeinnützige „Förderverein Fürther Heilquellen". „Eine neue Lobby für das ‚flüssige Gold'", lautete die Schlagzeile über einem Bericht der Gründungsveranstaltung. Mit der Gründung des Vereins ist die Hoffnung auf einen Neuanfang verbunden: „Zum ‚Bad Fürth' hat es nach dem ersten Weltkrieg nicht ganz gereicht. Doch nun soll das bislang weitgehend ungenützte ‚flüssige Gold' wieder zu neuen Ehren kommen. Zu seiner besseren Pflege wurde jetzt der Förderverein Fürther Heilquellen ins Leben gerufen. Rund 50 interessierte Bürgerinnen und Bürger sind zur Gründungsversammlung in die ‚Kartoffel' gekommen, wo sie Franz Kimberger mit

einem interessanten Dia-Vortrag auf die Thematik einstimmte. Nachdem sich der Bürgerverein Gebersdorf bereits in vorbildlicher Weise der Reaktivierung der König-Gustav-Quelle (Gaggerlasquelle) bei Weikershof angenommen hat, will sich nun der neue Verein insbesondere der König-Ludwig-Quelle auf dem Grundig-Areal annehmen."[6]

Auch wenn bei der Gründung die Neuplanung des Technologieparks zwischen Pegnitz und Dr.-Mack-Straße aktuell anstand, so beschränkt sich die satzungsgemäße Arbeit des Vereins nicht auf eine bestimmte Quelle. Die weit gesteckten Ziele des Vereins sind:

„a. Die ideelle Unterstützung der Bemühungen um eine Nutzung der Fürther Mineral- und Heilwässer.

b. Das Bemühen um das Zustandekommen entsprechender Anlagen.

c. Das Erholungsangebot für die Bürgerinnen und Bürger zu fördern.

d. Die Möglichkeit einer ortsnahen Gesundheitsvorsorge zu schaffen, zu erhalten und damit das Ansehen der Stadt Fürth weiter zu steigern."[7]

Unter dem Vorsitz der ehemaligen Senatorin Christel Beslmeisl setzt sich der Förderverein seitdem engagiert für die Fürther Heilquellen ein. Zum einen werden eigene Ideen und Initiativen zum Erhalt und zur Nutzung entwickelt und an die Stadt herangetragen sowie deren Bemühungen für eine sinnvolle Zukunft der Quellen tatkräftig unterstützt. Zum anderen wird versucht, Kontakte zu möglichen Investoren herzustellen. Außerdem betreibt der Verein durch Vorträge von Fachreferenten und die Durchführung verschiedener Veranstaltungen wirksame Öffentlichkeitsarbeit, die die Bürger der Stadt und des Umlandes auf die „Heilwasserschätze" aufmerksam macht. So hat sich das am 1. Juli 2001 zum ersten Mal stattfindende Quellenfest, das anlässlich des 100. Geburtstages der ersten Quellenerbohrung stattfand, inzwischen zu einem festen, erfolgreichen Bestandteil des Fürther Veranstaltungskalenders entwickelt.

Es ist zu hoffen, dass die Arbeit des „Förderervereins Fürther Heilquellen" durch weitere Mitglieder gestärkt wird und der Verein so als tatkräftiger Fürsprecher für eine baldige, zweckmäßige Nutzung der Heilwässer sowohl im Gesundheits- als auch im Wellnessbereich erfolgreich eintreten kann.

„Machbarkeitsstudie" – Weg in die Zukunft?

Aufgrund mehrerer Initiativen kam es 2001 zu einem Stadtratsbeschluss, der es ermöglichte, dass die Stadt entscheidende Vorarbeiten zu einer Mineralwasser-Neunutzung einleitete.

Zunächst wurde eilig eine dringend notwendige bergrechtliche Genehmigung vom zuständigen Bergamt Nordbayern für die Fürther Heilquellen beantragt.[8] Einerseits sollte dadurch verhindert werden, dass die bislang „ungenutzten" Thermalquellen, deren wertvolle, mineralstoffreiche Wässer einfach ins Oberflächenwasser der Flüsse abgeleitet werden, geschlossen werden müssen. Andererseits versucht die Stadt mit der bergrechtlichen Genehmigung, Fürther Rechte auf die bestehenden Bohrungen zu sichern, da die Heilwasservorkommen der gesamten Region aus derselben Tiefenwasserführung stammen. Nachbargemeinden, die ebenfalls zunehmend Interesse an einer Thermal- und Mineralwassernutzung zeigen, dürfen somit nur noch Neubohrungen vornehmen und Heilwasser entnehmen, wenn die Fürther Ansprüche nicht tangiert werden.

Neben der bereits seit 1912 bestehenden staatlichen Anerkennung der König-Ludwig-Quelle I wurde außerdem von den Verantwortlichen der Stadt die Absicht erklärt, das umfangreiche und kostspielige Verfahren zur staatlichen Anerkennung des Heilwassers der Espan-Bohrung durchzuführen.

Als weitere Voraussetzung für eine zukünftige Neunutzung mussten vor allem genaue Untersuchungen des Bohrungszustandes und aktuelle Wasseranalysen der vorhandenen Quellen erstellt werden. In drei ausführlichen Gutachten wurde 2002 bis 2003 von der Stadt Fürth die Basis für einen Neuanfang gelegt. Als Vorwort und Zielsetzung der ersten Studie, des Bohr- und Ausbautechnischen Zustandsberichts, ist vermerkt: „Die Stadt Fürth erwägt eine balneologische Nutzung der vorhandenen Heilwasservorkommen. Diese sind durch Bohrungen Anfang des 20. Jahrhunderts erschlossen worden. Mit Ausnahme einer kurzen Blüte vor dem ersten Weltkrieg liegt eine Nutzung der Quellen weitestgehend brach. Dieser Bericht dient dazu, die bohrtechnischen Daten der Bohrungen, soweit diese auffindbar waren darzustellen und den Kenntnisstand über den Zustand der Bohrungen zusammenfassend zu dokumentieren sowie Grundlagen für eine Neunutzbarmachung der Fürther Heilwasservorkommen zu schaffen. Weiterhin soll eine Anerkennung der Bohrung Espan als staatlich anerkannte Heilquelle vorbereitet werden."[9] Ein zweiter Teil des Gutachtens schlägt Maßnahmen für eine Nutzung der Bohrungen und die Sicherung des Thermalwasservorkommens vor. Aufgrund der durchgeführten Untersuchungen, empfahlen die Experten, „die Bohrungen König-Ludwig-Quelle I und Espan zu erhalten und ggf. zu sanieren. Alle weiteren Bohrungen sollten nach dem derzeitigen Stand gesichert werden, sofern sich keine weitere Verwendung mehr ergibt."[10] Im dritten Teil der Studie wird u. a. auf die balneologische Nutzung und die Heilquellenanerkennung eingegangen. Es wird festgestellt: „Die König-Ludwig-Quelle I wurde 1912 als Heilquelle anerkannt. Diesen Status besitzt sie noch heute. Sie kann daher ein wichtiges Standbein für eine balneo-therapeutische Nutzung bilden. Die Bohrung Espan mit der Fassung von drei unterschiedlich tiefen Horizonten besitzt noch keine Anerkennung als Heilquelle. Prinzipiell ist es aufgrund der vorliegenden Untersuchungsergebnisse, insbesondere der Wasseranalytik, nach unserer Einschätzung möglich, alle Horizonte als Heilquelle anerkennen zu lassen, da alle die geforderte Mineralisation von 1000 mg/l überschreiten."[11]

Auf der Grundlage dieser Untersuchungen veranlasste die Stadt Fürth 2002 bei einer auf Bäderwesen spezialisierten Firma eine professionell erstellte Machbarkeitsstudie, die Wege zur Verwirklichung der Thermalquellennutzung aufzeigen und ein zukunftorientiertes und wirtschaftlich tragfähiges Konzept für ein neues Thermalbad Fürth abklären sollte. Neben der beabsichtigten, speziellen medizinischen Nutzung der Heilquellen zeichnet die Machbarkeitsstudie ein sehr optimistisches Bild von der Zukunft eines Thermalbades Fürth.

Das Fazit lautet: „Die Marktanalyse und die Besucherzahlenprognose haben gezeigt, dass in Fürth die Nachfrage nach einem attraktiven Thermalbad als positiv beurteilt werden kann. Jedoch sollte sich dieses Angebot aufgrund der vorhandenen Bäder in der Region vornehmlich auf den Ballungsraum Fürth/Nürnberg/Erlangen sowie die gesundheits- und erholungssuchenden Gäste in dieser Region beschränken.

Das neue Thermalbad Fürth soll ein Angebot aufweisen, das zur Förderung der allgemeinen Gesundheit, der Lebensfreude und des Wohlbefindens beiträgt. Es soll für Ältere und Jüngere, für Familien und Singles ein Ort der Erholung und Gesundheitsförderung sein.

Es soll nicht der veralteten Definition eines Thermalbades zur Gesundheitsrehabilitation (entsprechen), sondern seinen Schwerpunkt vor allem in der Gesundheitsprävention (Wellness) haben.

Die Hauptzielgruppen können dementsprechend wie folgt definiert werden:
- „Freizeitschwimmer" (Ruhiges, gepflegtes Schwimmen und Baden in warmem Wasser)
- Erholungssuchende (Sauna- und Wellnessgast): Die ‚reifere Jugend‘ (Senioren), Eltern, Singles
- Kursbesucher (Wassergymnastik, Tai Chi etc.)
- Rehabilitierende (Therapiekunde)
- Gesundheitsorientierte Fitnesskunde (Breitensport)

Die Einzigartigkeit des Thermalbades Fürth wird von einem zeitgemäßen und ganzheitlichen Nutzungskonzept sowie von einer attraktiven Gestaltung und Ambiente bestimmt.

Die Standortanalyse ergibt v. a. aufgrund der zentralen Lage mit schönem Ausblick eine Präferenz für das ehemalige Grundig-Areal. Als zweites wurde das Kavierlein rangiert. Der dritte Platz wird von den Monteith-Barracks erreicht.

Mit dem Thermalbad Fürth wird ein Angebot geschaffen, das viele bisher nicht oder zumindest nicht im Raum Nürnberg befriedigte Bedürfnisse der Fürther und Nürnberger Bevölkerung abdeckt. Insofern leistet das neue Thermalbad Fürth einen wichtigen Beitrag zur Verbesserung des Freizeitangebotes als auch der Förderung der Gesundheitsprävention in Fürth und Nürnberg."[12]

An dieser Stelle soll allen Institutionen und Privatpersonen gedankt werden, die diese Veröffentlichung durch das zur Verfügungstellen von Unterlagen und Abbildungen sowie durch Anregungen tatkräftig unterstützt haben. Besonderer Dank sei in diesem Zusammenhang Herrn Dr. Richter vom Stadtarchiv Fürth sowie Herrn Brand vom Liegenschaftsamt der Stadt Fürth und ihren Mitarbeiterinnen und Mitarbeitern ausgesprochen. Nicht vergessen werden darf auch Hanne Kimberger, der großer Dank für das Korrekturlesen gebührt.

Anhang I: Fürther Tiefbohrungen und Quellen

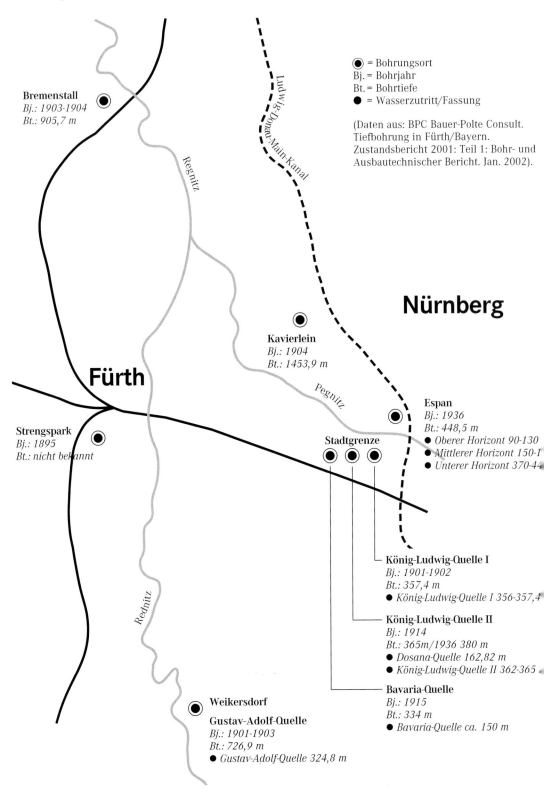

Bremenstall
Bj.: 1903-1904
Bt.: 905,7 m

● = Bohrungsort
Bj. = Bohrjahr
Bt. = Bohrtiefe
● = Wasserzutritt/Fassung

(Daten aus: BPC Bauer-Polte Consult.
Tiefbohrung in Fürth/Bayern.
Zustandsbericht 2001: Teil 1: Bohr- und
Ausbautechnischer Bericht. Jan. 2002).

Regnitz

Ludwig-Donau-Main-Kanal

Nürnberg

Kavierlein
Bj.: 1904
Bt.: 1453,9 m

Pegnitz

Fürth

Espan
Bj.: 1936
Bt.: 448,5 m
● Oberer Horizont 90-130
● Mittlerer Horizont 150-1
● Unterer Horizont 370-44

Strengspark
Bj.: 1895
Bt.: nicht bekannt

Stadtgrenze

König-Ludwig-Quelle I
Bj.: 1901-1902
Bt.: 357,4 m
● König-Ludwig-Quelle I 356-357,4

König-Ludwig-Quelle II
Bj.: 1914
Bt.: 365m/1936 380 m
● Dosana-Quelle 162,82 m
● König-Ludwig-Quelle II 362-365

Rednitz

Bavaria-Quelle
Bj.: 1915
Bt.: 334 m
● Bavaria-Quelle ca. 150 m

Weikersdorf
Gustav-Adolf-Quelle
Bj.: 1901-1903
Bt.: 726,9 m
● Gustav-Adolf-Quelle 324,8 m

Anhang II: König-Ludwig-Quelle I

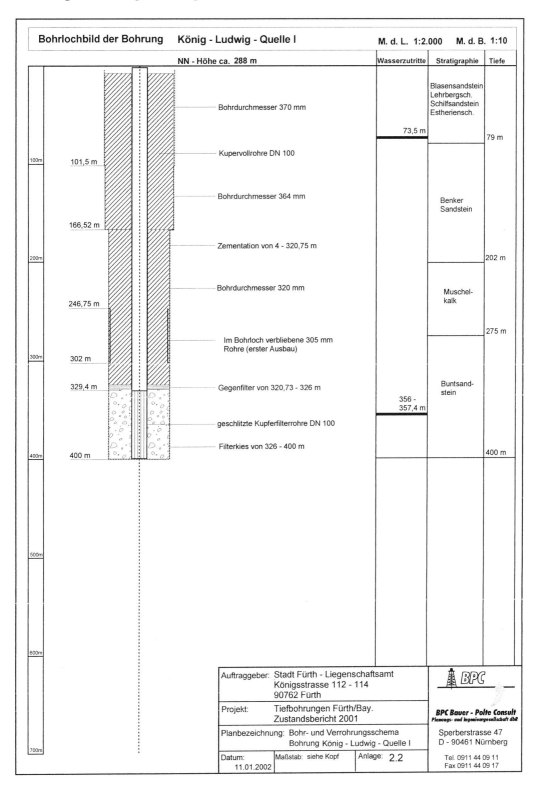

Bohrlochbild der Bohrung   König - Ludwig - Quelle I   M. d. L. 1:2.000   M. d. B. 1:10

NN - Höhe ca. **288 m**

	Wasserzutritte	Stratigraphie	Tiefe
Bohrdurchmesser 370 mm		Blasensandstein Lehrbergsch. Schilfsandstein Estheriensch.	
	73,5 m		79 m
Kupervollrohre DN 100			
101,5 m			
Bohrdurchmesser 364 mm		Benker Sandstein	
166,52 m			
Zementation von 4 - 320,75 m			202 m
Bohrdurchmesser 320 mm		Muschel-kalk	
246,75 m			
			275 m
Im Bohrloch verbliebene 305 mm Rohre (erster Ausbau)			
302 m		Buntsand-stein	
329,4 m Gegenfilter von 320,73 - 326 m	356 - 357,4 m		
geschlitzte Kupferfilterrohre DN 100			
Filterkies von 326 - 400 m			
400 m			400 m

Depth scale (left): 100m, 200m, 300m, 400m, 500m, 600m, 700m

Auftraggeber:	Stadt Fürth - Liegenschaftsamt Königsstrasse 112 - 114 90762 Fürth	**⚒ BPC**
Projekt:	Tiefbohrungen Fürth/Bay. Zustandsbericht 2001	**BPC Bauer - Polte Consult** *Planungs- und Ingenieurgesellschaft dbR*
Planbezeichnung:	Bohr- und Verrohrungsschema Bohrung König - Ludwig - Quelle I	Sperberstrasse 47 D - 90461 Nürnberg
Datum: 11.01.2002	Maßstab: siehe Kopf Anlage: 2.2	Tel. 0911 44 09 11 Fax 0911 44 09 17

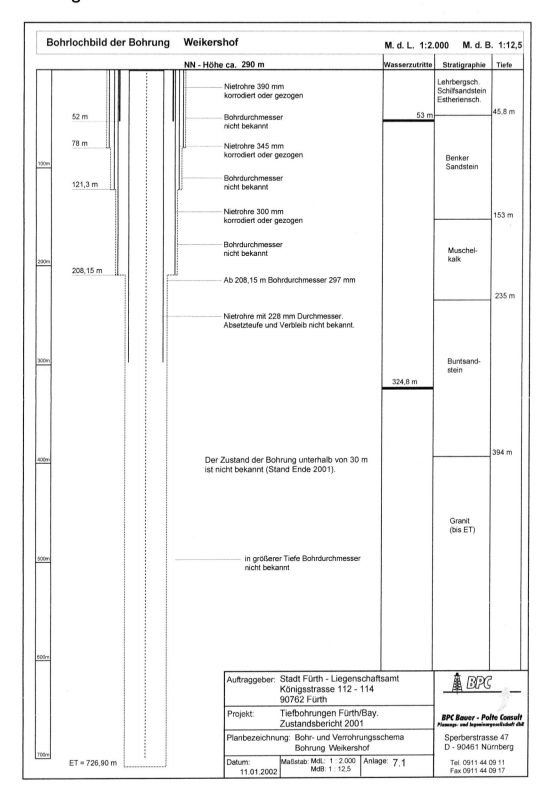

Bohrlochbild der Bohrung   Weikershof

M. d. L. 1:2.000   M. d. B. 1:12,5

NN - Höhe ca. 290 m

	Wasserzutritte	Stratigraphie	Tiefe

Nietrohre 390 mm
korrodiert oder gezogen

52 m

78 m

100m

Bohrdurchmesser
nicht bekannt

Nietrohre 345 mm
korrodiert oder gezogen

121,3 m

Bohrdurchmesser
nicht bekannt

Nietrohre 300 mm
korrodiert oder gezogen

Bohrdurchmesser
nicht bekannt

200m

208,15 m

Ab 208,15 m Bohrdurchmesser 297 mm

Nietrohre mit 228 mm Durchmesser.
Absetzteufe und Verbleib nicht bekannt.

300m

400m

Der Zustand der Bohrung unterhalb von 30 m
ist nicht bekannt (Stand Ende 2001).

500m

in größerer Tiefe Bohrdurchmesser
nicht bekannt

600m

700m

ET = 726,90 m

Wasserzutritte: 53 m, 324,8 m

Stratigraphie:
Lehrbergsch.
Schilfsandstein
Estheriensch.
Benker
Sandstein
Muschel-
kalk
Buntsand-
stein
Granit
(bis ET)

Tiefe: 45,8 m, 153 m, 235 m, 394 m

Auftraggeber:	Stadt Fürth - Liegenschaftsamt Königsstrasse 112 - 114 90762 Fürth
Projekt:	Tiefbohrungen Fürth/Bay. Zustandsbericht 2001
Planbezeichnung:	Bohr- und Verrohrungsschema Bohrung Weikershof
Datum: 11.01.2002	Maßstab: MdL: 1 : 2.000 MdB: 1 : 12,5 Anlage: 7.1

BPC

BPC Bauer - Polte Consult
Planungs- und Ingenieurgesellschaft dbR

Sperberstrasse 47
D - 90461 Nürnberg

Tel. 0911 44 09 11
Fax 0911 44 09 17

Anhang IV: Espanquelle

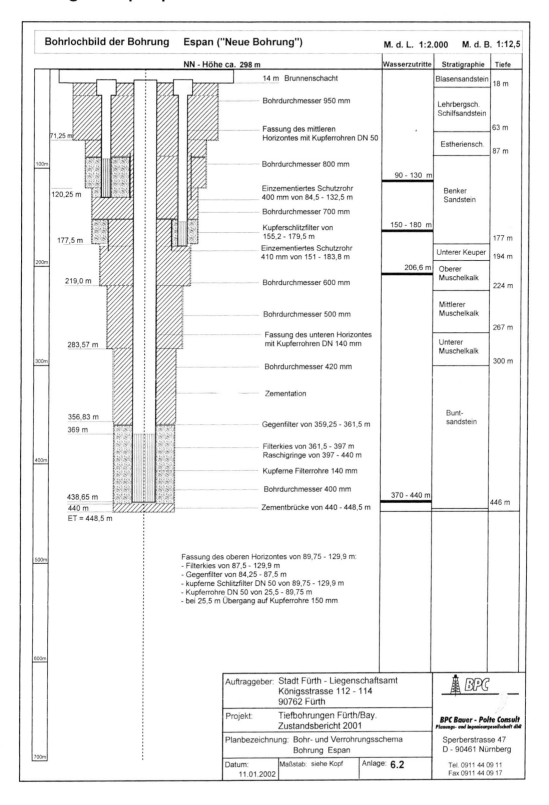

Bohrlochbild der Bohrung Espan ("Neue Bohrung") M. d. L. 1:2.000 M. d. B. 1:12,5

NN - Höhe ca. 298 m

Wasserzutritte	Stratigraphie	Tiefe
	Blasensandstein	18 m
	Lehrbergsch. Schilfsandstein	63 m
	Estheriensch.	87 m
90 - 130 m	Benker Sandstein	
150 - 180 m		177 m
	Unterer Keuper	194 m
206,6 m	Oberer Muschelkalk	224 m
	Mittlerer Muschelkalk	267 m
	Unterer Muschelkalk	300 m
	Bunt-sandstein	
370 - 440 m		446 m

14 m Brunnenschacht

Bohrdurchmesser 950 mm

Fassung des mittleren Horizontes mit Kupferrohren DN 50

71,25 m

Bohrdurchmesser 800 mm

100m

120,25 m

Einzementiertes Schutzrohr 400 mm von 84,5 - 132,5 m

Bohrdurchmesser 700 mm

Kupferschlitzfilter von 155,2 - 179,5 m

177,5 m

Einzementiertes Schutzrohr 410 mm von 151 - 183,8 m

200m

219,0 m

Bohrdurchmesser 600 mm

Bohrdurchmesser 500 mm

Fassung des unteren Horizontes mit Kupferrohren DN 140 mm

283,57 m

Bohrdurchmesser 420 mm

300m

Zementation

356,83 m

Gegenfilter von 359,25 - 361,5 m

369 m

Filterkies von 361,5 - 397 m
Raschigringe von 397 - 440 m

Kupferne Filterrohre 140 mm

400m

Bohrdurchmesser 400 mm

438,65 m

440 m

Zementbrücke von 440 - 448,5 m

ET = 448,5 m

500m

Fassung des oberen Horizontes von 89,75 - 129,9 m:
- Filterkies von 87,5 - 129,9 m
- Gegenfilter von 84,25 - 87,5 m
- kupferne Schlitzfilter DN 50 von 89,75 - 129,9 m
- Kupferrohre DN 50 von 25,5 - 89,75 m
- bei 25,5 m Übergang auf Kupferrohre 150 mm

600m

700m

Auftraggeber:	Stadt Fürth - Liegenschaftsamt Königsstrasse 112 - 114 90762 Fürth
Projekt:	Tiefbohrungen Fürth/Bay. Zustandsbericht 2001
Planbezeichnung:	Bohr- und Verrohrungsschema Bohrung Espan

Datum: 11.01.2002	Maßstab: siehe Kopf	Anlage: **6.2**

BPC

BPC Bauer - Polte Consult
Planungs- und Ingenieurgesellschaft dbR

Sperberstrasse 47
D - 90461 Nürnberg

Tel. 0911 44 09 11
Fax 0911 44 09 17

Anhang V: Analyse der König-Ludwig-Quelle I

(Auszug aus der „Kleinen Heilwasseranalyse" von K.-E. Quentin, Institut für Wasserchemie und Chemische Balneologie der TH München)

Datum der Probenahme: 30. Mai 1967 durch K.-E. Quentin
Schüttung der Quelle: ca. 460 l/min
Temperatur des Wassers: 22,2° C
pH-Wert des Wassers: 6,4

In einem Kilogramm des Wassers sind enthalten:

Kationen:	Milligramm	Millival	Millival-%
Natrium (Na$^+$)	2357,92	102,558	59,73
Kalium (K$^+$)	201,42	5,151	3,00
Ammonium (NH$_4^+$)	0,70	0,039	0,02
Magnesium (Mg$_2^+$)	145,62	11,975	6,98
Calcium (Ca^{2+})	1030,32	51,413	29,94
Strontium (Sr^{2+})	12,39	0,283	0,17
Mangan (Mn^{2+})	0,47	0,017	0,01
Eisen (Fe^{2+})	7,18	0,257	0,15
Summe:		171,693	100,00

Anionen:	Milligramm	Millival	Millival-%
Chlorid (Cl)	3902,36	110,059	64,11
Sulfat (SO$_4^2$)	2159,28	44,954	26,18
Hydrogenphosphat (HPO$_4^2$)	0,30	0,006	–
Hydrogencarbonat (HCO$_3$)	1017,17	16,670	9,71
Summe:	10835,13	171,689	100,00

Undissoziierte Stoffe:		Millimol
Kieselsäure (meta) (H$_2$SiO$_3$)	12,02	0,154
Summe:	10847,15	

Gasförmige Stoffe:		
Freies Kohlendioxid (CO$_2$)	993,35	22,571 = 505,90 ml bei
Summe:	11840,50	0° C und 760 Torr

Charakteristik der Quelle:

Der Mineralstoffgehalt im Wasser beträgt ca. 10,8 g/kg. Vorwaltende Bestandteile sind Natrium und Calcium bei den Kationen und Chlorid und Sulfat bei Anionen. Beachtenswert ist der erhöhte Kohlensäuregehalt, der fast den Grenzwert für Säuerlinge erreicht. Die Temperatur liegt über 20° C. Die Quelle ist als „Natrium-Calcium-Chlorid-Sulfat-Therme" zu bezeichnen.

Aus: Quentin, Karl-Ernst: Die Heil- und Mineralquellen Nordbayerns. In: Geologica Bavarica. Hg. vom Bayer. Geologischen Landesamt. Nr. 62. S. 91.

Anhang VI: Analyse der Gustav-Adolf-Quelle

(Auszug aus Analyse von P. Hirsch in der Quellenbegutachtung von H. Kionka, Pharmakologisches Institut der Universität Jena)

Datum der Probenahme: 25. September 1919
Schüttung der Quelle: 300 l/min
Temperatur des Wassers: 19,2° C
pH-Wert des Wassers: nicht bestimmt (schwach sauer)

In einem Kilogramm des Wassers sind enthalten:

Kationen:		Milligramm	Millival	Millival-%
Natrium (Na^+)		472,12	20,535	43,05
Kalium (K^+)		350,82	8,972	18,81
Magnesium (Mg^{2+})		69,93	5,751	12,06
Calcium (Ca^{2+})		243,79	12,165	25,51
Eisen (Fe^{2+})		7,58	0,271	0,57
	Summe:		47,694	100,00

Anionen:				
Chlorid (Cl^-)		799,10	22,537	47,24
Sulfat (SO_4^{2-})		937,96	19,527	40,93
Hydrogencarbonat (HCO_3^-)		344,24	5,642	11,83
	Summe:	3225,54	47,706	100,00

Undissoziierte Stoffe:			Millimol
Kieselsäure (meta) (H_2SiO_3)		148,93	1,907
	Summe:	3374,47	

Gasförmige Stoffe:			
Freies Kohlendioxid (CO_2)		369,98	8,407 = 187,16 ml bei
	Summe:	3744,45	0° C und 760 Torr

Bemerkungen: Ammonium (NH_4^+), Mangan (Mn^{2+}), Aluminium (Al^{3+}), Nitrat (NO_3^-), Bromid (Br^-) und Hydrogenphosphat (HPO_4^{2-}) in Spuren nachweisbar. − Die Radioaktivitätsbestimmung ergab einen Radonwert von 0,455 nCi/l entsprechend 1,25 M.E.

Charakteristik der Quelle:

Der Mineralstoffgehalt im Wasser beträgt ca. 3,3 g/kg. Vorwaltende Bestandteile sind Natrium und Calcium bei den Kationen und Chlorid sowie Sulfat bei den Anionen. Temperatur und Kohlensäuregehalt sind erhöht. Die Quelle ist als „Natrium-Calcium-Chlorid-Sulfat-Quelle" zu bezeichnen.

Aus: Quentin, Karl-Ernst: Die Heil- und Mineralquellen Nordbayerns. In: Geologica Bavarica. Hg. Vom Bayer. Geologischen Landesamt. Nr. 62. S. 97.

Anhang VII: Analyse der Espanquelle – oberer Horizont

(Auszug aus der „Großen Heilwasseranalyse" von R. Fresenius, Chemisches Laboratorium Fresenius Wiesbaden)

Datum der Probenahme: 27. Juni 1938
Schüttung der Quelle: ca. 30 l/min
Temperatur des Wassers: 17,1° C
pH-Wert des Wassers: 7,2

In einem Kilogramm des Wassers sind enthalten:

Kationen:		Milligramm	Millival	Millival-%
Natrium (Na^+)		445,60	19,381	47,37
Kalium (K^+)		34,15	0,873	2,14
Ammonium (NH_4^+)		0,96	0,053	0,13
Magnesium (Mg^{2+})		70,53	5,800	14,18
Calcium (Ca^{2+})		295,60	14,750	36,05
Mangan (Mn^{2+})		0,13	0,0005	0,01
Eisen (Fe^{2+})		1,41	0,050	0,12
	Summe:		40,912	100,00

Anionen:				
Chlorid (Cl)		1031,00	29,077	71,07
Sulfat (SO_4^2)		344,20	7,166	17,52
Hydrogencarbonat (HCO_3)		284,80	4,667	11,41
	Summe:	2508,38	40,910	100,00

Undissoziierte Stoffe:			Millimol	
Kieselsäure (meta) (H_2SiO_3)		12,58	0,165	
	Summe:	2520,96		

Gasförmige Stoffe:				
Freies Kohlendioxid (CO_2)		5,54	0,126 = 2,80 ml bei	
	Summe:	2526,50	0° C und 760 Torr	

Bemerkungen: Die Radioaktivitätsbestimmung ergab einen Radonwert von 0,2 nCi/l entsprechend 0,55 M.E.

Charakteristik der Quelle:

Der Mineralstoffgehalt im Wasser beträgt ca. 2,5 g/kg. Vorwaltende Bestandteile bei den Kationen sind Natrium und Calcium, bei den Anionen herrscht das Chlorid vor. Die Quelle ist als „Natrium-Calcium-Chlorid-Quelle" zu bezeichnen.

Aus: Quentin, Karl-Ernst: Die Heil- und Mineralquellen Nordbayerns. In: Geologica Bavarica. Hg. vom Bayer. Geologischen Landesamt. Nr. 62. S. 94.

Anhang VIII: Analyse der Espanquelle – mittlerer Horizont

(Auszug aus der „Kleinen Heilwasseranalyse" von R. Fresenius, Chemisches Laboratorium Fresenius Wiesbaden)

Datum der Probenahme: 28. Juni 1938
Schüttung der Quelle: ca. 9,8 l/min
Temperatur des Wassers: 18,2° C
pH-Wert des Wassers: 6,9

In einem Kilogramm des Wassers sind enthalten:

Kationen:		Milligramm	Millival	Millival-%
Natrium (Na^+)		1192,00	51,846	47,47
Kalium (K^+)		82,23	2,103	1,93
Ammonium (NH_4^+)		1,48	0,082	0,08
Magnesium (Mg^{2+})		156,10	12,837	11,75
Calcium (Ca^{2+})		846,40	42,235	38,67
Mangan (Mn^{2+})		0,09	0,003	-
Eisen (Fe^{2+})		3,07	0,110	0,10
	Summe:		109,216	100,00

Anionen:				
Chlorid (Cl)		2617,00	73,808	67,58
Sulfat (SO_4^2)		1290,00	26,857	24,59
Hydrogencarbonat (HCO_3)		521,50	8,547	7,83
	Summe:	6709,87	109,212	100,00

Undissoziierte Stoffe:			Millimol	
Kieselsäure (meta) (H_2SiO_3)		9,40	0,120	
	Summe:	6719,27		

Gasförmige Stoffe:				
Freies Kohlendioxid (CO_2)		294,40	6,689 = 148,93 ml bei	
	Summe:	7013,67	0° C und 760 Torr	

Bemerkungen: Schwefelwasserstoff (H_2S) in Spuren nachweisbar.

Charakteristik der Quelle:
Der Mineralstoffgehalt im Wasser beträgt ca. 6,7 g/kg. Vorwaltende Bestandteile sind Natrium und Calcium bei den Kationen sowie Chlorid und Sulfat bei den Anionen. Außerdem sind die erhöhte Temperatur und der beträchtliche Kohlensäuregehalt bemerkenswert. Die Quelle ist als „Natrium-Calcium-Chlorid-Sulfat-Quelle" zu bezeichnen.

Aus: Quentin, Karl-Ernst: Die Heil- und Mineralquellen Nordbayerns. In: Geologica Bavarica. Hg. vom Bayer. Geologischen Landesamt. Nr. 62. S. 95.

Anhang IX: Analyse der Espanquelle – unterer Horizont

(Auszug aus der „Großen Heilwasseranalyse" von R. Fresenius, Chemisches Laboratorium Fresenius Wiesbaden)

Datum der Probenahme: 28. Juni 1938
Schüttung der Quelle: ca. 323 l/min
Temperatur des Wassers: 21,8° C
PH-Wert des Wassers: 6,4

In einem Kilogramm des Wassers sind enthalten:

Kationen:	Milligramm	Millival	Millival-%
Lithium (Li$^+$)	3,73	0,537	0,29
Natrium (Na$^+$)	2488,00	108,216	58,03
Kalium (K$^+$)	218,60	5,591	3,00
Ammonium (NH$_4^+$)	2,52	0,140	0,07
Magnesium (Mg^{2+})	168,70	13,873	7,44
Calcium (Ca2$^+$)	1157,00	57,735	30,96
Strontium (Sr^{2+})	9,15	0,209	0,11
Mangan (Mn^{2+})	1,16	0,042	0,02
Eisen (Fe^{2+})	4,29	0,154	0,08
Summe:		186,497	100,00

Anionen:			
Chlorid (Cl)	4369,00	123,220	66,08
Bromid (Br)	10,61	0,133	0,07
Jodid (J)	0,04	–	–
Sulfat (SO$_4^2$)	2139,00	44,532	23,88
Hydrogenphosphat (HPO$_4^2$)	0,04	0,001	–
Hydrogenarsenat (HAsO$_4^2$)	0,20	0,003	–
Hydrogencarbonat (HCO$_3$)	1134,00	18,584	9,97
Summe:	11706,04	186,573	100,00

Undissoziierte Stoffe:		Millimol	
Borsäure (meta) (HBO$_2$)	4,11	0,094	
Kieselsäure (meta) (H$_2$SiO$_3$)	11,10	0,142	
Summe:	11721,25		

Gasförmige Stoffe:			
Freies Kohlendioxid (CO$_2$)	677,60	15,396 = 342,77 ml bei	
Summe:	12398.85	0°C und 760 Torr	

Bemerkungen: Spektralanalytisch waren neben den vorstehenden Elementen kleinere Mengen an Kupfer (Cu^{2+}), Silber (Ag$^+$), Aluminium (Al^{3+}), Beryllium (Be^{2+}), Zink (Zn^{2+}) und Barium (Ba^{2+}) nachweisbar. – Die Radioaktivitätsbestimmung ergab einen Radonwert von 0,3 nCi/l entsprechend 0,83 M.E.

Charakteristik der Quelle:
Der Mineralstoffgehalt im Wasser beträgt ca. 11,7 g/kg. Vorwaltende Bestandteile bei den Kationen sind Natrium und Calcium, bei den Anionen Chlorid und Sulfat. Die Temperatur des Wassers liegt über 20° C. Bemerkenswert ist der erhöhte Gehalt an Kohlensäure. Die Quelle ist als „Natrium-Calcium-Chlorid-Sulfat-Therme" zu bezeichnen.

Gasanalyse:
Eine Analyse der frei aufsteigenden Quellengase ergab 47,30 Vol.-% Kohlendioxid, 0,26 Vol.-% Sauerstoff, 0,63 Vol.-% Kohlenoxid, 0,06 Vol.-% Wasserstoff, 0,05 Vol.-% Methan und 51,70 Vol.-% Stickstoff (einschließlich Edelgase).

Aus: Quentin, Karl-Ernst: Die Heil- und Mineralquellen Nordbayerns. In: Geologica Bavarica. Hg. vom Bayer. Geologischen Landesamt. Nr. 62. S. 96 f.

Quellen und Anmerkungen

Abkürzungen und Fundorte:

BNB   Bergamt Nordbayern, Bayreuth
StF   Stadt Fürth
StaAN   Staatsarchiv Nürnberg
StAF   Stadtarchiv Fürth

[1] Schriftenkonvolut „Fürther Heilquellen" StAF, HS 370,4°.
[2] Archiv F. Kimberger. Kopien, Abschriften, Notizen und Bilder aus den Akten der Stadtwerke Fürth; eingesehen 1970; inzwischen verschollen.
[3] Archiv F. Kimberger. Text-, Bild- und Sachquellen zur Gustav-Adolf-Quelle aus dem Nachlass von Otto Kriegbaum.
[4] Archiv F. Kimberger. Sammlung von Text-, Bild- und Sachquellen zu den Fürther Heilquellen.

Bohrung im Strengspark

1 Chemische Untersuchung des Wassers aus dem artesischen Brunnen im Strengspark, Stadtwerke Fürth. 1957 und 1959.
2 Käppner, Paul: Chronik der Stadt Fürth. 1901. S. 449 vom 1.1.1901. StAF.
3 Ebenda 1902. S. 579 vom 20.11.1902. StAF.
4 Glockner, Hermann: Bilderbuch meiner Jugend. Band 2. S. 70 f.
5 Stadtwerke Fürth. Akt vom 26.10.1959.

Auf der Suche nach Bodenschätzen – Die Entdeckung der Heilwasservorkommen

1 Wurm, Adolf: Die Nürnberger Tiefbohrungen. München 1929. S. 5.
2 Nold, Carl: Handschriftliche Lebenserinnerungen (im Familienbesitz Nold).
3 Birzer, Friedrich: Die Mineralwasserbrunnen in Fürth in Bayern. In: Geologische Blätter NO-Bayern. Band 6. Heft 3. Erlangen 1956. S. 107.
4 Bergamt Nordbayern Bayreuth. Nr. 2871/2906. 14.11.1905. BNB.
5 Rieß, Paul: Sonderchronik 1909/10. Zeitungsausschnitt vom 8.6.1910. StAF.
6 Nürnberg-Fürther-Generalanzeiger vom 7.3.1902.
7 Käppner, Paul: Chronik der Stadt Fürth. 1902. S. 505. StAF.
8 Birzer, Friedrich: A.a.O., S. 106.
9 StaAN Grundsteuer-Kataster-Umschreibheft. Steuergemeinde Fürth. Fol. 2513. S. 2512 1/3 u. 2513 1/6. Das Grundstück Plan Nr. 1554 wurde von C. Nold von den Ökonomie-Eheleuten Johann Simon Krehn, Weikershof Hausnummer 2, für 3900 M erworben.
10 Göke, Wilhelm: Neufertigung des Bohrberichts der Böhnerquelle Fürth-Weikershof, 1919. [1]
11 BNB. Nr. 2871/2906. 14.11.1905.
12 BNB. Nr. 2906. Bericht vom 11.11.1905.
13 Göke, Wilhelm: A.a.O.
14 Akt StAF 6/872a. 17.6.1903.
15 Fürther Tagblatt vom 19.7.1933.
16 Käppner, Paul: A.a.O. 1905. S. 831 f.
17 BNB. Nr. 2906. Bericht vom 11.11.1905.
18 Käppner, Paul: A.a.O. 1904. S. 710.
19 Akt der Stadtwerke Fürth. Sitzungsprotokoll vom 11.2.1904. [2]
20 BNB. Nr. 2297. 21.11.1905. Bericht von der Berginspektion Bayreuth an das kgl. Oberbergamt München. Betreff: Tiefbohrungen bei Nürnberg.
21 BNB. Bericht vom 21.11.1905. Bohrung IV bei Bremenstall.
22 BNB. Nr. 2871/2906. 14.11.1905. Schreiben des kgl. Oberbergamtes München an die Berginspektion Bayreuth.
23 BNB. Nr. 2871/2906. 11.11.1905. Kommentar auf dem Schreiben des kgl. Oberbergamtes München an die Berginspektion Bayreuth.
24 BNB. Nr. 2225. 3.11.1905. Berginspektion Bayreuth. Betreff: Tiefbohrung in der Gemeinde Neunhof (Boxdorf).

Die „König-Ludwig-Quelle" wird anerkannte Heilquelle

1 Käppner, Paul: Chronik der Stadt Fürth. 1905. S. 810. StAF.
2 Akt der Stadtwerke Fürth vom 12.05.1905. [2]
3 Akt der Stadtwerke Fürth vom 22.06.1905. [2]
4 vgl. u. a. Analyse der Weikershofer Quelle. In: Käppner, Paul: A.a.O. 1905. S. 831.
5 Akt der Stadtwerke Fürth. Zeitungsausschnitt vom 25.5.1909. [2]
6 Verkaufsvertrag, Grundbuch für Fürth. Bd. 55. S. 226. Amtsgericht Fürth.

7 Spaet, Franz: Die König-Ludwig-Quelle in Fürth i. B. In: Münchener medizinische Wochenschrift. 16.5.1911. S. 1081.

8 Fürther Central-Anzeiger vom 8.6.1910.

9 Chemisches Laboratorium Fresenius. Bestimmung der Radioaktivität der König-Ludwig-Quelle Fürth. Wiesbaden. 24.6.1910. StAF.

10 Duisberg, Edmund/Held, Hans/Nold, Karl/Wacker, Alexander: Informationsblatt an Ärzte. Nürnberg. Juni 1910. [1]

11 Fürther Zeitung, Inserat vom 15.6.1910.

12 Rieß, Paul: Sonderchronik 1909/10. Zeitungsausschnitt vom 11.6.1910. StAF.

13 Rieß, Paul: A.a.O. S. 44. Zeitungsausschnitt vom 11.7.1910.

14 Ebenda. Zeitungsausschnitt vom 15.7.1910.

15 Ebenda. Zeitungsausschnitt vom 27.7.1910.

16 Ebenda. Zeitungsausschnitt vom 1.8.1910.

17 Ebenda. Zeitungsausschnitt vom 18.8.1910.

18 Ebenda. Zeitungsausschnitt vom 12.7.1910.

19 Ebenda. Zeitungsausschnitt vom 13.9.1910.

20 Stadtwerke Fürth. Verleihung eines Schutzbereiches 15.11.1910. [1]

21 Spaet, Franz: A.a.O. S. 1081 ff.

22 Nordbayerische Zeitung vom 28.5.1911.

23 Fürther Central-Anzeiger vom 14.6.1911.

24 Fürther Central-Anzeiger vom 17.6.1911.

25 Fresenius, H: Chemische und Physikalisch-Chemische Untersuchung der König Ludwig Quelle zu Fürth bei Nürnberg, sowie Untersuchung derselben auf Radioaktivität. Nürnberg 1911. StAF.

26 Kionka, L: Die König Ludwig Quelle in Fürth-Nürnberg. Beurteilt vom balneologischen Standpunkte. Nürnberg 1911. S. 16. StAF.

27 Rieß, Paul: A.a.O. Zeitungsausschnitt Juli 1910.

28 Ebenda. Zeitungsausschnitt vom 6.7.1910

29 Ebenda. Zeitungsausschnitt vom 10.6.1910.

30 Werbeprospekt für Dosana-Sprudel. Fürth. Juli 1911. [1]

31 Nordbayerische Zeitung vom 13.3.1912.

32 Spaet, Franz: A.a.O. S. 1081 ff.

33 Werbeprospekt für Dosana-Sprudel. Juli 1911. [1]

34 Rieß, Paul: Sonderchronik 1911. Eintrag vom 9.10.1911.

35 Rieß, Paul: Sonderchronik 1912. Zeitungsausschnitt vom 7.3.1912.

36 Ebenda. Zeitungsausschnitt vom 1.5.1912.

37 Ebenda. Zeitungsausschnitt vom 28.6.1912.

38 Fürther Central-Anzeiger vom 20.3.1912.

39 Fürther Central-Anzeiger vom 12.3.1912.

40 Ebenda.

41 Rieß, Paul: Sonderchronik 1912. Eintrag vom 7.6.1912.

42 Schwammberger, Adolf: Fürth von A-Z. Fürth o.J. S. 233.

43 Rieß, Paul: Sonderchronik 1912. Zeitungsausschnitt vom 28.6.1912.

44 Ebenda. Zeitungsausschnitt vom 7.7.1912.

45 Kutzer, Theodor: Verwaltungs-Bericht des Stadtmagistrats Fürth für die Jahre 1910 und 1911. Fürth 1913. S. 141. StAF.

46 Kreis-Amtsblatt von Mittelfranken. Ansbach, den 13.8.1912. StAF.

47 Kutzer, Theodor: A.a.O. S. 142.

48 Rieß, Paul: Sonderchronik 1912. Zeitungsausschnitt vom 7.7.1912.

49 Ebenda. Zeitungsausschnitt vom 16.7.1912.

Kurbad Fürth – Blütezeit und Niedergang

1 Bäder-Almanach. Mitteilungen der Bäder, Luftkurorte und Heilanstalten in Deutschland, Oesterreich-Ungarn, der Schweiz und den angrenzenden Gebieten für Aerzte und Heilbedürftige. Mit Karte der Bäder, Kurorte und Heilanstalten. 12. Ausgabe. Berlin 1913. S. 307 f. [4]

2 Brief des Immobilienhändlers Offenbacher an die Stadt Fürth vom 29.4.1914 und Antwort des Stadtmagistrats vom 18.9.1914. [1]

3 Rieß, Paul: Sonderchronik 1912. Zeitungsausschnitt vom 21.12.1912.

4 Vgl. Skizzen und Modelle auf verschiedenen Postkarten. [4]

5 Rieß, Paul: Sonderchronik 1914. Zeitungsausschnitt vom 6.1.1914.

6 Ebenda.

7 Das neuklassizistische, markante Eckgebäude zur Ludwig-Quellen-Straße ist von den vielerlei Umbaumaßnahmen in der Umgebung bis heute unberührt geblieben. Der Name der Gaststätte „Zum Kurgarten" erinnert noch an den ursprünglich günstigen Standort gegenüber des Kurgartens. Der Wirtschaftsbetrieb existiert bis heute.

8 Kurprospekt 1914. Druckerei Lion & Co. Fürth. StAF.

9 Ebenda. S. 3 f.

10 Ebenda. S. 6 f.

11 Ebenda. S. 8.

12 Die König Ludwig Quelle, Fürth-Nürnberg. Informationsschrift und Kuranleitung für Kurgäste. 1914. 28 Seiten. StAF.

13 Ebenda. S. 3 f.

14 Ebenda. S. 7 ff.

15 Rieß, Paul: Sonderchronik 1914. Zeitungsausschnitt vom 4.5.1914.

16 Spaet, Franz: Zum 13. Jahrestag der Erbohrung der König Ludwig Quelle in Fürth in Bayern. In: Nordbayerische Verkehrs- und Touristen-Zeitung. 1914. S. 281 ff.

17 Betriebsaufstellung, Stand vom 1. Januar 1915. I. Umfang des König-Ludwig-Bades in Fürth i.B. an Grundstücken, Gebäuden mit Zugehörungen, Quellen, Inventar und Mobiliar. S. 16. [1]

18 Ebenda S. 6 ff.

19 Blessing, Werner: Die gute alte Zeit von unten gesehen. In: Unbekanntes Bayern. Die kleinen Leute. München 1980. S. 140.
20 Ebenda. S. 18.
21 Kurprospekt 1914. A.a.O. S. 13 f.
22 Ebenda. S. 17.
23 Ebenda. S. 21 f.
24 Ebenda. S. 23.
25 Ebenda. S. 24.
26 Ebenda. S. 24 f.
27 Betriebsaufstellung, Stand vom 1. Januar 1915. A.a.O. S. 1 und 5. [1]
28 Ebenda. S. 5.
29 Ebenda. S. 18.
30 Ebenda. S. 14.
31 Ebenda. S. 4 f.
32 Rieß, Paul: Sonderchronik 1914. S. 38. Anzeige der Brunnenverwaltung der König-Ludwig-Quellen-GmbH Fürth vom Mai 1915.
33 Rieß, Paul: Sonderchronik 1915. Zeitungsausschnitt vom 23.5.1915.
34 Kimberger, Franz: Geschichte des Roten Kreuzes in Stadt- und Landkreis Fürth in Bayern. 1986. S. 30 ff.
35 Brief der König-Ludwig-Quellen-GmbH an die Stadt Fürth vom 19.11.1914. [2]
36 Rieß, Paul: Sonderchronik 1915. Zeitungsausschnitt vom 14.5.1915.
37 Ebenda. Zeitungsausschnitt vom 23.3.1915.
38 Ebenda. Zeitungsausschnitt vom 19.5.1915.
39 Ebenda. Handschriftlicher Eintrag vom 6.6.1915.
40 Brief der König-Ludwig-Quellen-GmbH an die Stadt Fürth vom 8.1.1916. [2]
41 Brief der König-Ludwig-Quellen-GmbH an die Stadt Fürth vom 25.4.1917. [2]
42 Rieß, Paul: Sonderchronik 1918. Zeitungsausschnitt vom März 1918. S. 45.
43 Ebenda.
44 Nold, Carl: Handschriftliche Lebenserinnerungen (im Familienbesitz Nold).

45 Rieß, Paul: Sonderchronik 1920. Handschriftlicher Eintrag vom 23.5.1920. S. 78.
46 Ebenda. Handschriftlicher Eintrag vom 22.5.1920. S. 82.
47 Ebenda. Zeitungsausschnitt. S. 77.
48 Fränkische Tagespost vom 30.7.1920.
49 Ebenda. Rubrik „Nürnberger Chronik". Artikel „Unrentierlich".
50 Ebenda.
51 Rieß, Paul: Sonderchronik 1921. Zeitungsausschnitt. S. 69.
52 Verkaufsangebot der Fa. Egmont Offenbacher vom 4.8.1921. [1]
53 Rieß, Paul: Sonderchronik 1922. Zeitungsausschnitt vom 1.3.1922. S. 45.
54 Ebenda. Handschriftlicher Eintrag. S. 28.
55 Wie viel später über Betriebsarzt Dr. Triebel in Erfahrung gebracht werden konnte, bestanden geringe Überreste der alten Raumausstattung noch bis zum Umbau dreißig Jahre später, durch die Firma Grundig. [4]
56 Brief des „Verein zur Wahrung der Interessen der Stadt Fürth e.V." Treu Fürth an den Stadtrat Fürth vom 22.8.1922. [2]
57 Fürther Neue Zeitung vom 24.8.1922.
58 Nordbayerische Zeitung vom 29.11.1922.
59 Fürther Neue Zeitung vom 25.1.1923.
60 Ebenda vom 6.2.1923.
61 Brief des Verkehrsvereins Fürth an das Stadtkrankenhaus vom 6.6.1923. [2]
62 Nordbayerische Zeitung vom 13.4.1928.
63 Sitzungsprotokoll vom 23.9.1929. [1]
64 Fürther Tagblatt vom 2./3.5.1931.
65 Verkaufsangebot vom 17.6.1931. [2]
66 Antwort auf das Verkaufsangebot vom 30.7.1931. [2]
67 Nordbayerische Zeitung vom 3.7.1933. Anmerkung der Redaktion auf einen Leserbrief zur Wiedernutzung der Ludwigsquelle.

Die Espanquelle – Große Pläne im Dritten Reich

1 Fürther Tagblatt vom 19.1.1933.
2 Fürther Tagblatt vom 6.6.1933.
3 Vereinigte Bayerische Spiegel- & Tafelglaswerk AG. Interne handschriftliche Aufzeichnungen vom 5.7.1933. [1]
4 Nordbayerische Zeitung vom 11.7.1933. Ähnlicher Wortlaut im: Fürther Anzeiger vom 12.7.1933 und im Fürther Kurier vom 13.7.1933.
5 Brief von Vincenz Lehrieder, erste Bayerische Backofen-Fabrik, an Oberbürgermeister Jakob vom 25.7.1933. [1]
6 Fürther Tagblatt vom 3.8.1933. Vgl. auch Fürther Anzeiger vom 4.8.1933.
7 Ebenda.
8 Nordbayerische Zeitung vom 5.8.1933.
9 Ebenda.

10 Fürther Tagblatt vom 23.8.1933.
11 Gutachten der BLGA Nürnberg, beantragt am 29.8.1932. [2]
12 Schreiben von Prof. Dr. Weigelt vom März 1934. [2]
13 Fürther Tagblatt vom 24.5.1935. Artikel „Fürth entwickelt sich zur Bäderstadt".
14 Gutachten von Ing. Arnold Scherrer von 1934 und in Ergänzung vom 14.8.1940. [1]
15 Geheimer Stadtratsbeschluss vom 13.12.1934. StAF.
16 Stadtratssitzung vom 16.5.1935. StAF.
17 Fürther Tagblatt vom 24.5.1935. Artikel: „Fürth entwickelt sich zur Bäderstadt".
18 Fränkische Tageszeitung vom 24.5.1935.
19 Fürther Tagblatt vom 24.5.1935. Artikel: „Fürth entwickelt sich zur Bäderstadt".

20 Ebenda.

21 Ebenda. Vgl. auch Fürther Anzeiger vom 24.5.1935. Artikel: „Nationalsozialistische Tatkraft: Verwirklichung großzügiger Pläne der Stadt Fürth" und Fürther Nachrichten vom 24.5.1935. Artikel: „Unser Fürth – der Badeort der Zukunft".

22 Auswertung des Mineralwasservorkommens. Stadt Fürth, Ref. II, vom 27.1.1936. [1]

23 Brief von Direktor Wolf (Bad Elster) an die Stadtwerke Fürth vom 16.1.1936. [2]

24 Bergamt Nordbayern Bayreuth. Bergamtliche Genehmigung vom 10.7.1935. BNB.

25 Nürnberger Zeitung vom 25.6.1935.

26 BNB. Befahrungsbericht vom 20.7.1935.

27 Fränkische Tageszeitung vom 2.10.1935.

28 Aktennotizen der Stadtwerke Fürth. [2]

29 Fürther Nachrichten vom 3.6.1936.

30 Fürther Nachrichten vom 2.10.1936. Sowie Fürther Tagblatt vom 3.6.1936.

31 Fresenius: Die Chemisch-Physikalische Untersuchung der Fürther Heilquellen. 1936. StAF.

32 Ebenda.

33 Stadtwerke Fürth. Akten vom 8.10.1938 und 24.1.1939. [2]

34 Birzer, Friedrich: Eine Tiefbohrung durch das mesozoische Deckgebirge in Fürth in Bayern. Sonderabdruck aus dem Zentralblatt f. Min. etc. Jahrg. 1936. S. 425-433.

35 Fürther Anzeiger vom 4.12.1936.

36 Fürther Tagblatt vom 3.6.1936.

37 Völkischer Beobachter vom 1.6.1936.

38 Fürther Nachrichten vom 24.5.1935.

39 Fürther Anzeiger vom 4.12.1936.

40 General-Anzeiger für Fürth und Umgegend vom 29.2.1936.

41 Erinnerungen von F. Kimberger.

42 Stadt Fürth, Ref. II; Aktennotiz vom Januar 1936. [1]

43 Stadtwerke Fürth. Aktennotiz vom 18.6.1935. [2]

44 Scherrer, Arnold: Gutachten über die Erschließung und Fassung der Fürther Mineralquellen vom 14.8.1940. S. 5. [1]

45 Ebenda. S. 5 f.

46 Ebenda. S. 6 f.

47 Ebenda. S. 6 f.

48 Kupferzuteilung. Vermerk vom 9.4.1936. [2]

49 Fürther Anzeiger/Fürther Tagblatt/Nordbayerische Zeitung/Fränkischer Kurier am 1.8.1936.

50 Fick, Roderich: Gutachten zu den geplanten Kur- und Badeanlagen der Stadt Fürth. 5.4.1936. Vorentwurfsvertrag vom 18.8.1936 (Bebauungsskizzen, Programmskizzen mit Modellen); Architektenvertrag vom 7.12.1936. [2]

51 Ebenda.

52 Ebenda.

53 Architektenvertrag mit der Fa. Friedrich Mieddelmann & Sohn in München und Wuppertal-Barmen vom 20.2.1936. Protokoll aus geheimer Ratsherrensitzung vom 19.11.1936. [2]

54 Plan: Städtisches Mineralquellenbad Fürth/Bay. vom 1.9.1936. [2]

55 Protokoll aus geheimer Ratsherrensitzung vom 19.11.1936. [2]

56 Stadtwerke Fürth. Akt vom 14.5.1937. [2]

57 Ebenda. Planskizzen übertragen und nachgezeichnet von F. Kimberger.

58 Fürther Anzeiger vom 12.2.1937.

59 Fränkischer Kurier vom 30.6.1937.

60 Fürther Tagblatt vom 19.5.1938. Vgl. auch: Fränkischer Kurier vom 19.5.1938 „Bäume wandern aus". Fürther Anzeiger vom 3.6.1938 „Eine Eiche im ‚Blumentopf' rollte durch Fürth". Fürther Tagblatt vom 8.6.1938 „Die letzten Eichen rollten an".

61 Fränkischer Kurier vom 25.1.1939.

62 Stadtwerke Fürth. Akteneintrag vom 25.7.1939. [2]

63 Stadtwerke Fürth. Akteneintrag vom Dezember 1939. [2]

64 Stadtwerke Fürth. Akteneintrag vom 8.3.1940. [2]

65 Stadtwerke Fürth. Akteneintrag vom 14.4.1940. [2]

66 Stadtwerke Fürth. Schreiben des Staatsministeriums des Inneren (München) an den Regierungspräsidenten von Ansbach vom 31.1.1941. [2]

67 Stadtwerke Fürth. Antwortschreiben der Stadt Fürth vom 3.4.1941. [2]

Die Weikershofer Quelle – Eigene Heilbadträume

1 Grundsteuer-Kataster-Umschreibheft, Rentamtsbezirk Fürth, Fol. 2656. S. 2636 1/3; IV. Quartal 1905. Reg. Nr. 1613. Amtsgericht Fürth.

2 Brief von Prof. Kionka an J. Chr. Böhner vom 1.8.1919. Abschrift Otto Kriegbaum. [1]

3 Die frühere Mache-Einheit ist nur für Radon 222 definiert und für andere Stoffe nicht anwendbar. Die heute gebräuchliche Einheit ist das Becquerel. Zur Einschätzung der Radioaktivität: um als radonhaltiges Wasser anerkannt zu werden, müssen mindestens 50 Mache-Einheiten bzw. 666 Bq/l vorliegen.

4 Bericht von Prof. Kionka vom 3.10.1919. Abschrift Otto Kriegbaum. [1]

5 Brief von J. Chr. Böhner an Prof. Kionka vom 22.10.1919. Abschrift Otto Kriegbaum. [1]

6 Brief von Prof. Kionka an J. Chr. Böhner vom 14.11.1919. Abschrift Otto Kriegbaum. [1]

7 Ebenda.

8 Gutachten von Prof. Kionka vom 29.3.1920. Abschrift Otto Kriegbaum. [1]

9 Ebenda.

10 Ebenda.

11 Als offizielle Inhaberin der Firma „Fürther Tiefbohranstalt und Pumpenbau vormals Gebr. Gilde" wurde Frau Anna Kriegbaum geführt. Otto Kriegbaum firmierte als Betriebsführer.

12 Nordbayerische Zeitung vom 30.3.1932. Artikel von G. P. Ries.

13 Ebenda.

14 Brief von Otto Kriegbaum an die Fa. Hesse Großdruckerei Fürth i. B. vom 5.6.1931. [3]

15 Anmeldeschein beim Gewerbepolizeiamt Fürth i. B. vom 12.6.1931. [3]

16 Kriegbaum, Otto: Unterlagen über den Flaschenverkauf 1932-1943. [3]

17 Brief des Reichsbundes Deutscher Kriegsbeschädigter und Kriegerhinterbliebener e.V. an Otto Kriegbaum vom 9.9.1932. [3]

18 Coburger Zeitung vom 22.10.1932; Nürnberg-Fürther Rundschau vom 22.10.1932.

19 Nordbayerische Zeitung vom 5.4.1932.

20 Nordbayerische Zeitung vom 1.4.1932.

21 Fürther Tagblatt vom 11.5.1932.

22 Schreiben von Otto Kriegbaum an die Stadt Fürth vom 6.7.1932. [3]

23 Pachtvertrag zwischen der Stadtgemeinde Fürth und Otto Kriegbaum vom 5.11.1932. [3]

24 Schreiben des Stadtrats Fürth an Anna Kriegbaum vom 30.11.1932. [3]

25 Bescheid der Polizeidirektion Nürnberg-Fürth vom 7.2.1933. [3]

26 Kostenschätzung und Plan von Leonhard Wiesner vom Februar 1933. [3]

27 Bescheid der Stadt Fürth vom 9.3.1933. [3]

28 Verpflichtungsanerkennung des Polizeiwirtschaftsamtes Bay./Nord vom 30.5.1933. [3]

29 Fürther Tagblatt vom 10./11.6.1933.

30 Fürther Tagblatt vom 24.4.1934.

31 Aktennotizen zum Plangenehmigungsverfahren Nr. 915H vom 25.6.1934 und 13.7.1934. [3]

32 Schreiben an Anna Kriegbaum vom 18.07.1934. [3]

33 Nürnberger Zeitung vom 30.7.1934.

34 Baugesuch über die Herstellung eines Schwimmbeckens und die Errichtung von Behelfsbauten mit Lageplan vom 4.8.1934. [3]

35 Erinnerungen von F. Kimberger, A. Sandner, W. Schlaghauser und R. Walz. [4]

36 In der Urkunde findet sich hierzu die Anmerkung: „Eine Goldmark bedeutet den Preis für 1/2790 Kilogramm Feingold nach Maßgabe des Gesetzes vom 23. Juni 1923 mit § 2 der Verordnung vom 29. Juni 1923 und der Verordnung vom 17. April 1924, mindestens aber eine Reichsmark. Stichtag für die Umrechnung in die deutsche Währung ist für jede Zahlung der Tag, an dem sie erfolgt." [3]

37 Erbbaurechtsbestellung für Otto Kriegbaum vom 27.4.1935. [3]

38 Personalaufstellung der Gustav-Adolf-Quelle vom 3.11.1935. [3]

39 Handschriftliche Notizen von Otto Kriegbaum. [3]

40 Schreiben von Otto Kriegbaum an den Stadtrat Fürth vom 23.6.1936. [3]

41 Pachtvertrag zwischen der Stadt Fürth und Otto Kriegbaum vom 14.2.1936. [3]

42 Mahnschreiben des Oberbürgermeisters Jakob an Otto Kriegbaum vom 27.5.1936 und 17.6.1936. [3]

43 Schreiben des Oberbürgermeisters Jakob an die Amtsanwaltschaft beim Amtsgericht Fürth vom 10.6.1936. [3]

44 Kündigungserklärung vom 30.7.1936; Antwortschreiben von Otto Kriegbaum vom 28.08.1936. [3]

45 Beschluss der Stadt Fürth vom 11.8.1936; Antwortschreiben von Otto Kriegbaum vom 28.08.1936. [3]

46 Schreiben der Regierung von Mittelfranken Nr. 2600 i 38 vom 3. Dezember 1936. [3]

47 Bittgesuch von Otto Kriegbaum an Rudolf Hess vom 26.1.1937. [1]

48 Antwortschreiben des Stabs von Rudolf Hess an Otto Kriegbaum vom 6.2.1937. [3]

49 Baupolizeiliche Anordnung vom 12.5.1937. StAF 6/872a.

50 Auflagen der Baupolizei vom 30.8.1937. StAF 6/872a.

51 Brief von Otto Kriegbaum an den Oberbürgermeister der Stadt Fürth vom 6.4.1938. [3]

52 Personenbefragung. W. Schlaghauser, geb. 1926, Weikershof. [4]

53 Schreiben des Wehrmachtskommandeurs an den Oberbürgermeister der Stadt Fürth vom 13.10.1942 und Schreiben des Oberbürgermeisters an Otto Kriegbaum vom 24.10.1942. [3]

54 Schreiben des Oberbürgermeisters der Stadt Fürth an die Fürther Tiefbohranstalt und Pumpenbau vom 16.11.1942. [3]

55 Schreiben von Otto Kriegbaum an den Polizeipräsidenten der Städte Nürnberg und Fürth vom 7.6.1944. [3]

56 Meldezettel vom 23.3.1945. [3]

57 Zeitzeugenbericht von Jürgen Schmidt vom 2.4.1996. [1]

58 Schreiben von Otto Kriegbaum an Justizrat Fischer vom 16.1.1953. [3]

Vier Quellenstandorte – vier verschiedene Entwicklungen von 1945 bis zur Jahrtausendwende

1 Schreiben der Stadt Fürth an das bayerische Innenministerium vom 25.2.1947. [2]
2 Schreiben der Stadtwerke an Ref. II vom 24.4.1947 [2]
3 Schreiben der Stadtwerke an Ref. III vom 5.5.1947 [2]
4 Auftrag der Stadt an die Fa. Ochs & Co vom 3.7.1947 zur Instandsetzung der Mineralwasserbrunnen König-Ludwig I und II, des Bavariabrunnens sowie der Espanbohrung. [2]
5 Brief von Dr. Genser an die Regierung von Mittelfranken vom 14.11.1947. [2]
6 Brief von Prof. Dr. Birzer an die Stadt Fürth vom 20.12.1947 [2]
7 Gesuch von Martin Bauer an die Stadt Fürth vom 10.3.1948. [1]
8 Nürnberger Nachrichten vom 18.8.1948.
9 Fein, Egon: Sieben Tage im Leben des Max Grundig. München 1983. S. 191 ff.
10 Fürther Nachrichten vom 11.2.1948.
11 Fürther Nachrichten vom 4.3.1949.
12 Unterlagen zur Stadtratssitzung vom 3.9.1950. StaF.
13 Vergleich vom 13.1.1950. [1]
14 Quentin, Karl-Ernst: Die Heil- und Mineralquellen Nordbayerns. In: Geologica Bavarica Nr. 62. München 1970. S. 88 ff.
15 Fürther Nachrichten vom 4./5.8.1962.
16 Fürther Nachrichten vom 25.7.1968.
17 Uricosurica: Arzneimittel, die die renale Harnsäureausscheidung steigern. (Pschyrembel. Klinisches Wörterbuch. Berlin. New York. 1998. S. 2631)
18 Hausärztliche Mitteilung 1970 von Dr. med. Rolf-Christian Triebel, Sozialdirektor und Werkarzt der Werke Grundig, Triumph und Adler. [4]
19 Behandlungsanweisung auf Rezept von Dr. med. Rolf-Christian Triebel. 1970. [4]
20 Aktennotiz von 1971. Vgl. auch Impressum im Prospekt Anm. 21. [4]
21 Prospekt. Biologische Hautpflege C23, um 1970. [4]
22 Kimberger, Franz. Aktennotiz anlässlich einer Betriebsbesichtigung vom 26.2.1971. [4]
23 Bildzeitung vom 13.1.2003.
24 Nürnberger Zeitung vom 7.5.2003.
25 Ohm, Barbara: Natur und Kunst – Leben und Werk des Fürther Stadtgartendirektors Hans Schiller. In: Fürther Heimatblätter 1/1999.
26 Fürther Nachrichten vom 1.11.1961.
27 Fürther Nachrichten vom 24.8.1961.
28 Ebenda.
29 Fürther Nachrichten vom 27.4.1956.
30 Ebenda.
31 Nordbayerische Zeitung vom 17.12.1958.
32 Nordbayerische Zeitung vom 4.6.1960.
33 Fürther Nachrichten vom 30.7.1961.
34 Schreiben des Stadtarztes Dr. Kläß an den Vorsitzenden des Ärztlichen Kreisverbandes Fürth vom 16.7.1963 und Rundschreiben des Ärztlichen Kreisverbandes vom 17.8.1963. [4]
35 Fränkische Tagespost vom 14.5.1966.
36 Fränkische Tagespost vom 20.8.1970.
37 Schreiben von F. Kimberger an Stadtrat Rektor W. Wilde vom 16.10.1970. [4]
38 Kimberger, Franz: Zur Geschichte der Fürther Heilquellen. In: Fürther Heimatblätter 1/1972. S. 11-35.
39 Abendzeitung vom 26.1.1972; Fürther Nachrichten vom 10.2.1972; Fürther Nachrichten vom 19./20.2.1972; Nürnberger Nachrichten vom 21.2.1972; Fürther Nachrichten vom 2.3.1972.
40 Fürther Nachrichten vom 15.4.1972.
41 Fürther Nachrichten vom 15.6.1972.
42 Schriftwechsel des Ärztlichen Kreisverbandes von 1967. Bezüglich der Vorschläge einer neuen Fassung im Stadtpark und der Nachfrage nach allgemeinen medizinischen Nutzungsmöglichkeiten gab der Ärztliche Kreisverband zu bedenken, dass eine nicht ärztlich überwachte, sachgemäße Anwendung von Heilquellen nicht propagiert werden kann. [4]
43 Fürther Nachrichten vom 17.10.1974.
44 Fürther Nachrichten vom 13.6.1988.
45 Fürther Nachrichten vom 10.5.1988.
46 Fürther Nachrichten vom 15.8.1984.
47 Fürther Nachrichten vom 2.8.1988.
48 Fürther Nachrichten vom 14.6.1994.
49 Fürther Nachrichten vom 2.6.2001.
50 Schreiben von Otto Kriegbaum an das Städtische Gebührenamt Fürth vom 23.6.1947. [3]
51 Schreiben des Stadtrats Fürth an die Fürther Tiefbohranstalt vom 3.9.1948. [3]
52 Kündigung des Mietvertrages der Stadt Fürth gegenüber der Firma Gustav-Adolf-Quelle vom 14.5.1949. [3]
53 Einspruch von Otto Kriegbaum an den Stadtrat Fürth vom 8.6.1949. [3]
54 Kündigungsrücknahme des Stadtrates Fürth vom 17.8.1949. [3]
55 Schreiben von Rechtsanwalt Dr. Linhardt an die Rechtsanwälte von Otto Kriegbaum vom 29.5.1952. [3]
56 Nordbayerische Nachrichten vom 16.7.1952; Fürther Zeitung vom 16.7.1952.
57 Schreiben des Städtischen Tiefbauamtes vom 16.7.1952. StAF 6/872a.
58 Fürther Nachrichten vom 28.7.1952.
59 Schreiben der Polizeidirektion, Polizeirevier 4 an den Stadtrat und das Städtische Hochbauamt vom 5.8.1952. [3]
60 Fürther Nachrichten vom 30.4.1953.
61 Protokoll mit einer Erklärung von Otto Kriegbaum vom 8.12.1953. [3]
62 Mahnung der Stadtwerke Fürth vom 16.5.1960. [3]
63 Brief der Stadtwerke Fürth an Herrn Kriegbaum vom 16.5.1961. [3]

64 Schreiben von Otto Kriegbaum an Herrn Karl Glück betreffs: Öffentliche Ordnung und Sicherheit vom 27.09.1961. [3]

65 Staatliche Bakteriologische Untersuchungsanstalt Erlangen am 18.6.1965. [3]

66 Schreiben der Rechtsanwälte Patutschnick und Luthardt an das Landgericht Nürnberg-Fürth vom 20.12.1967. [3]

67 Ausweis für Frau Elsa Schuhmacher vom 9.10.1969. [3]

68 Brief vom Geologischen Büro Dr. Pickel an Otto Kriegbaum vom 7.10.1971. [3]

69 Brief von Otto Kriegbaum an Dr. W. Pickel vom 29.9.1971. [3]

70 Vereinbarung zwischen dem EWS-Supermarkt und Herrn Otto Kriegbaum vom 28.4.1972. [3]

71 Schreiben vom Chemischen Laboratorium Fresenius an Otto Kriegbaum vom 23.8.1972. [3]

72 Siehe Ausführung unter „Espanquelle - Kleine Mainau" S. 134. Hier handelt es sich um die Espan-Quelle.

73 Fürther Nachrichten vom 18.2.1980.

74 Fürther Nachrichten vom 16.9.1993.

75 Fürther Nachrichten vom 22.3.2000.

76 Fürther Nachrichten vom 30.6.2000.

77 Mitteilungsblatt des Bürgervereins Gebersdorf e.V. Jg. 2001/1.

78 Nürnberger Zeitung vom 21./22.4.2001.

79 Nordbayerische Zeitung vom 28.6.1933.

80 Fürther Nachrichten vom 18.12.1984.

81 Fürther Nachrichten vom 11.6.1988.

82 Ebenda.

83 Fürther Nachrichten vom 29.07.1988.

84 Fürther Nachrichten vom 18.12.1989.

85 Fürther Nachrichten vom 16.03.1990.

86 Fürther Nachrichten vom 24.10.1998.

87 Fürther Nachrichten vom 29.09.2000.

88 Fürther Nachrichten vom 7.5.2003.

Thermalbad Fürth – Chancen für die Zukunft

1 Wurm, Adolf: Die Nürnberger Tiefbohrungen, ihre wissenschaftliche und praktische Bedeutung. München 1929.

2 Birzer, Friedrich: Die Mineralwasserbrunnen von Fürth in Bayern. In: Geologische Blätter von NO-Bayern. Band 6. Heft 3. S. 106-118. Erlangen 6.8.1956. S. 117.

3 Müller, Manfred: Die Bedeutung der Fürther Tiefbohrungen für die geologische Forschung.. In: Fürther Heimatblätter. 21. Jg. 1971. Nr. 5. S. 81.

4 Baier, Alfons: Die Espanquelle in Fürth in Bayern – ein verborgener fränkischer Mineralwasserbrunnen. In: Geologische Blätter von NO-Bayern. 50 (2000). Heft 1-2. S. 17-40. Erlangen Juli 2000. S. 35.

5 Bauer-Polte Consult, Ingenieur- und Planungsgesellschaft dbR.: Tiefbohrungen in Fürth/Bay. - Zustandsuntersuchungen 2003 – König-Ludwig I und Espan-Quelle. 26.05.2003. S. 21. Stadt Fürth (StF).

6 Fürther Nachrichten vom 15.11.2000.

7 Satzung des Fördervereins Fürther Heilquellen. § 2 Zweck des Vereins.

8 Antrag der CSU-Stadtratsfraktion an Herrn Oberbürgermeister Wenning vom 30.01.2001. [4]

9 Bauer-Polte Consult, Ingenieur- und Planungsgesellschaft dbR.: Tiefbohrungen in Fürth/Bay. - Zustandsbericht 2001 – Teil 1: Bohr- und Ausbautechnischer Bericht. Nürnberg Januar 2002. S. 4. StF.

10 Bauer-Polte Consult, Ingenieur- und Planungsgesellschaft dbR.: Tiefbohrungen in Fürth/Bay. - Zustandsbericht 2001 – Teil 2: Vorschläge und Empfehlungen. Nürnberg Januar 2002. S. 3. StF.

11 Bauer-Polte Consult, Ingenieur- und Planungsgesellschaft dbR.: Tiefbohrungen in Fürth/Bay. - Zustandsuntersuchungen 2003 – König-Ludwig I und Espan-Quelle. 26.05.2003. S. 14. StF.

12 Kannewischer Management AG: Thermalbad Fürth – Machbarkeitsstudie (Marktanalyse, Projektdefinition, Standortanalyse und Wirtschaftlichkeitsprognose). CH-Zug. 9.12.2002. StF.

Bildnachweis